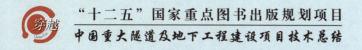

"十二五"国家重点图书出版规划项目

中国重大隧道及地下工程建设项目技术总结

Chengshi Guidao Jiaotong
Gongcheng Yingyan Juejinji Jishu

城市轨道交通工程硬岩掘进机（TBM）技术

仲建华　主编

人民交通出版社

China Communications Press

内 容 提 要

本书基于TBM技术在重庆轨道交通6号线的成功实践应用，全面而系统地介绍了城市轨道交通工程TBM技术。全书共分十一章，主要内容包括：绪论，城市轨道交通工程TBM设备选型及技术要求，敞开式TBM技术，复合式TBM技术，TBM施工隧道防排水技术，TBM过站技术，TBM下穿建（构）筑物控制技术，TBM小净距隧道掘进技术，TBM施工筹划，TBM施工控制以及总结与展望。

本书可供从事城市轨道交通、隧道及地下工程的技术人员使用，也可作为高等院校相关专业师生的参考用书。

图书在版编目(CIP)数据

城市轨道交通工程硬岩掘进机(TBM)技术/仲建华主编.——北京：人民交通出版社，2013.5
ISBN 978-7-114-10526-5

Ⅰ.①城… Ⅱ.①仲… Ⅲ.①城市铁路—铁路工程—岩石隧洞—全断面掘进机—工程施工 Ⅳ.①U239.5②U455.3

中国版本图书馆CIP数据核字(2013)第067530号

书　　　名：	城市轨道交通工程硬岩掘进机(TBM)技术
著　作　者：	仲建华
责任编辑：	刘彩云　吴燕伶
出版发行：	人民交通出版社
地　　　址：	(100011)北京市朝阳区安定门外外馆斜街3号
网　　　址：	http://www.ccpress.com.cn
销售电话：	(010)59757973
总 经 销：	人民交通出版社发行部
经　　销：	各地新华书店
印　　刷：	北京盛通印刷股份有限公司
开　　本：	787×1092　1/16
印　　张：	18
字　　数：	410千
版　　次：	2013年5月　第1版
印　　次：	2017年8月　第2次印刷
书　　号：	ISBN 978-7-114-10526-5
定　　价：	108.00元

(有印刷、装订质量问题的图书由本社负责调换)

城市轨道交通工程硬岩掘进机(TBM)技术

主　　编：仲建华

副 主 编：安光保　张继奎

顾　　问：张　弥　薛备芳　杜彦良　徐明新

编　　委：杨国柱　黄双林　刘锦华　吴焕君　赵建兴
　　　　　刘　赪　洪开荣　韩珠江　叶康慨　周虎利
　　　　　林　莉　史书荣　陈小平　张志勇　陈　建
　　　　　胡　剑　苏明辉　王　飞　向　亮

主编单位：

重庆市轨道交通(集团)有限公司

中铁第一勘察设计院集团有限公司

中国中铁隧道集团有限公司

中咨工程建设监理公司

重庆市轨道交通设计研究院有限责任公司

重庆单轨交通工程有限责任公司

序

目前,中国城市轨道交通正处在快速发展时期,无论是城市轨道交通规划的城市数量、总体规模,还是已经运营里程、在建里程,中国城市轨道交通的建设规模及建设速度均在世界上首屈一指。目前,全国已批准建设地铁的城市有 25 个以上,每年投入地铁建设的资金在数千亿元以上,地铁建设市场前景广阔。国内地铁隧道建设主要采用钻爆法、浅埋暗挖法、盾构法及明挖法施工,采用 TBM(Tunnel Boring Machine)进行城市地铁隧道施工,在国内尚属首次。

TBM 是目前国际上最先进的隧道施工机械,依靠设备的强大推力和剪切力破碎岩石,使隧道的掘进、出渣、支护、洞内运输、测量导向等工序平行作业,实现一次成洞。TBM 施工对围岩扰动小,开挖面平整圆顺,无超欠挖,安全环保,可有效降低地质灾害的发生,实现连续快速作业。20 世纪 60 年代,TBM 技术引入国内,自 90 年代以来,TBM 技术逐渐广泛应用于铁路、水工及市政隧道的建设,均取得了成功,并成为岩石地层长大隧道施工的首选。采用 TBM 进行城市地铁施工,进一步拓宽了 TBM 的应用领域,成为我国隧道修建技术的一项突破。

重庆是著名的山城,两江交汇,高低起伏,轨道交通穿山越江串联各城市组团,市区内建筑密集,高楼林立,寸土寸金。重庆以岩石地层为主,传统的地铁修建采用钻爆法,其爆破开挖施工不仅振动扰民,而且污染环境、施工受限,已成为制约轨道交通快速建设的瓶颈,亟待新工艺。TBM 技术采用机械开挖,其快速、安全、优质、环保的施工特点,针对性地解决了钻爆法的诸多弊端,是一种适合于重庆地质及轨道交通特点的新工法。本书以重庆轨道交通 6 号线为依托,对 TBM 技术应用于城市轨道交通工程所遇到的设备选型、下穿建筑物、小间距掘进、TBM 过站、施工组织及施工控制等技术问题进行研究总结,并将研究成果与现场实践相互验证,是一本专业性、技术性、实用性较强的著作。本书紧密联系实际,图文并茂,系统真实地反映了 TBM 技术在重庆城市轨道交通工程中的应用情况,开创了国内城市轨道交通修建技术的先河,极大丰富和提高了我国城市轨道交通工程的设计和修建水平。相信本书的出版，将使广大读者受益匪浅，并可供从事城市轨道交通建设的同行们学习参考。

  本书主编带领的作者团队全部亲身经历过项目，大都长期从事城市轨道交通及隧道工程的方案设计研究、施工技术和施工管理工作，具有扎实的理论功底和丰富的现场经验，他们以辛勤的汗水、认真的钻研，和相关单位及人员紧密协作，经过多年的研究实践，将 TBM 在城市轨道交通中的应用技术系统总结，编著成书，对我国城市轨道交通建设及隧道地下工程事业的发展具有推动作用。

  我愿意将本书推荐给大家，特别是从事城市轨道交通、隧道地下工程的技术人员以及高等院校的广大师生，相信本书将为你们提供宝贵的参考资料及类似的工程经验，阅读后将大有收获。同时，还要感谢并祝贺本书的编者们，祝你们不断进步！

中国工程院院士 施仲衡

2013 年 1 月

前 言

　　随着我国城市现代化建设进程的不断加快,城市轨道交通已成为解决城市交通拥堵和控制环境污染最有效的交通方式,其具有节能、环保、快捷、高效的特点,在国内各大城市得到了飞速发展。目前,中国已成为世界上城市轨道交通发展最迅速的国家。截至2011年年底,中国内地已有14座城市拥有56条运营线路,总运营里程达1714公里;在建线路数量达70条,总在建里程接近2000公里。运营、建设及规划发展城市轨道交通的城市总数已达到53座,总规划线路超过400条,总规划里程超过13000公里。

　　城市轨道交通地下线常用的施工方法有明挖法、盖挖法、暗挖法等,采取的施工工艺主要包括钻爆法、盾构法、掘进机法、浅埋暗挖法、顶管法、新奥法等。在岩石地层,城市轨道交通地下线通常采用钻爆法施工,钻爆法具有地层适应性好、断面布置灵活、设备简单、经济性好等优势,一直是施工中最成熟、最常用的工法。但随着城市轨道交通建设规模的加大,钻爆法自身的局限性和诸多无法克服的缺点,如施工噪声、振动对城市环境和居民生活的干扰,施工爆破对城市既有建筑物的影响,施工出渣对城市环境及交通的影响等问题日益严重,成为制约城市轨道交通建设发展的瓶颈。TBM(Tunnel Boring Machine)是一种采用非爆破开挖方式的全断面隧道掘进机,集机电、液压、传感、信息技术于一体,同时完成破岩、出渣、支护等作业,具有快速、优质、高效、安全、环保、自动化、信息化等诸多优点,可以满足城市地区高速、高效、安全、文明施工的要求。从构建和谐社会、推进文明施工、加快科技创新与技术进步等层面的需求出发,TBM的应用逐渐受到人们的青睐,应用范围也越来越广阔。

　　自20世纪50年代第一台现代意义上的硬岩TBM成功开发应用以来,国外TBM技术已经相当成熟。TBM在我国实质性应用始于20世纪80年代,主要用于水利水电工程及铁路隧道工程,已积累了丰富的应用经验。我国城市轨道交通工程TBM技术应用的时间不长,目前仅在重庆轨道交通建设中应用。由于其对围岩扰动小,无爆破振动,一次性施工距离长,施工速度快,施工质量高,在城市施工环境中体现出了独特的优势。TBM在重庆轨道交通6号线的成功应用实现了我国城市轨道交通工程岩石地层修建技术的重大突破,为同类地质条件的城市轨道交通修建模式提供了宝贵经验和成功范例。本书在广泛总结国内外 TBM 工程应用经验的基础上，基于 TBM 在国内城市轨道交通工程中的首次应用实践，全面而系统地对城市轨道交通工程 TBM 技术进行了深入分析、研究和总结。

本书内容共分十一章：第一章对 TBM 结构组成、国外 TBM 发展历史和现状进行介绍，对国内外典型 TBM 施工隧道进行简要的介绍，同时针对城市轨道交通工程运用 TBM 的优势、意义及前景进行了详细的论述；第二章探讨了城市轨道交通工程 TBM 设备选型及技术要求，详细介绍了 TBM 的分类、TBM 设备选型原则、TBM 选型应考虑的因素、设备选型适应性分析及选型步骤；第三章对敞开式 TBM 在城市轨道交通中的应用进行分析研究，详细介绍了敞开式 TBM 在城市轨道交通应用中的结构设计方法、敞开式 TBM 掘进工作参数、敞开式 TBM 后配套及运输方式的选择以及敞开式 TBM 的始发和接收设置等；第四章介绍城市地铁复合式 TBM 技术，详细研究了复合式 TBM 在城市地铁应用中的结构设计内容及设计方法、复合式 TBM 掘进机主要工作参数、复合式 TBM 后配套及运输方式的选择方法、复合式 TBM 始发及到达设计等；第五章介绍 TBM 隧道防排水技术，针对敞开式 TBM 及复合式 TBM 施工的隧道，分别论述相应的防排水措施；第六章论述城市轨道交通工程 TBM 过站技术，针对不同的过站形式提出了与车站施工相协调的 TBM 过站方案，辅以动态调整的过站预案，形成了成套的 TBM 过站技术，填补了国内 TBM 过站技术的空白；第七章论述城市轨道交通工程 TBM 下穿建(构)筑物控制技术，并提出控制范围、控制标准及工程措施，结合工程实例，分析控制技术的可行性；第八章探讨了 TBM 小净距掘进技术，分别就水平及竖向小近距工况提出了 TBM 能够安全施工的最小净距值，以及具体的施工技术、隧道支护措施；第九章论述城市轨道交通 TBM 施工组织设计，首先概括施工组织设计分类、设计原则及主要内容，进而结合工程实例对 TBM 工程筹划、段落选择、进度、运输方式、出发场地选择、出渣进料转场选择、拆卸形式及场地选择等内容进行了详细的介绍；第十章详细介绍城市轨道交通工程 TBM 施工控制，内容包括测量及导向、掘进技术、TBM 步进施工、监控量测、拆机方法、通风及临时工程配置、设备管理等。

重庆轨道交通 6 号线在规划、TBM 论证、设计及实施过程中，邀请国内多家高校、设计单位、科研单位、施工单位先后展开了一系列针对本工程特点(轨道交通、城市环境、地质特性等)所设立的专题论证及研究，并取得了丰硕的研究成果。本书充分吸收了这些研究成果，参考了相关设计、施工和管理技术，融入了工程实施过程中存在和遇到的一些重点、难点问题及处理措施，同时借鉴了国内 TBM 施工的水利水电及铁路隧道工程经验，经反复酝酿，分析提炼，多次增删修改而成，第一次全面系统地论述了 TBM 在城市轨道交通工程中的应用技术。全书内容丰富，立足理论，注重实践，希望能为土木工程专业的学生及从事相关工程的技术人员提供一本实用的参考资料，也希望读者通过本书能对 TBM 技术有所认识和提高，进而有利于

TBM 技术在城市轨道交通工程中的推广应用。如此,笔者将深感欣慰。

在本书的编写过程中,参加重庆轨道交通 6 号线工程建设的有关专家、学者,以及设计单位、监理单位、施工单位的管理人员、技术人员毫无保留地为本书的编写提供了丰富的基础资料,并提出了很好的建议,在此对他们给予的支持和帮助表示衷心感谢!

国内著名的地下工程和城市轨道交通专家、中国工程院院士施仲衡先生为本书提出了宝贵意见,并为本书作序,在此表示衷心感谢!

受水平所限,本书虽经反复修改,数易其稿,仍难免存在疏漏甚或失误之处,敬请广大读者批评指正。

作　者
2013 年 1 月

目 录

| 第一章 | 绪论 | 1 |

第一节 综述 … 1
第二节 国内外发展动态 … 5
第三节 城市轨道交通工程 TBM 技术应用 … 21

第二章 城市轨道交通工程 TBM 设备选型及技术要求 … 26
第一节 全断面隧道掘进机概述 … 26
第二节 城市轨道交通 TBM 设备选型 … 34
第三节 城市轨道交通 TBM 设备选型实例 … 39

第三章 城市轨道交通工程敞开式 TBM 技术 … 50
第一节 敞开式 TBM 工程设计方法 … 50
第二节 敞开式 TBM 掘进工作参数 … 68
第三节 敞开式 TBM 后配套及运输系统 … 76
第四节 敞开式 TBM 的始发和接收 … 85

第四章 城市轨道交通工程复合式 TBM 技术 … 88
第一节 复合式 TBM 结构设计 … 88
第二节 复合式 TBM 结构计算方法 … 95
第三节 复合式 TBM 掘进机主工作参数匹配理论与技术 … 102
第四节 复合式 TBM 后配套及运输方式 … 109
第五节 复合式 TBM 的始发和到达 … 114

第五章 城市轨道交通工程 TBM 施工隧道防排水技术 … 120
第一节 TBM 施工隧道防排水原则及标准 … 120
第二节 敞开式 TBM 施工隧道防排水技术 … 121
第三节 复合式 TBM 施工隧道防水技术 … 127

第六章 城市轨道交通工程 TBM 过站技术 ... 135
第一节 概述 ... 135
第二节 TBM 过站方式 ... 136
第三节 TBM 车站 ... 145
第四节 敞开式 TBM 过站案例 ... 149
第五节 复合式 TBM 过站案例 ... 156

第七章 城市轨道交通工程 TBM 下穿建(构)筑物控制技术 ... 161
第一节 TBM 下穿建(构)筑物的影响及工程措施 ... 161
第二节 隧道沿线新建建筑物的控制 ... 167
第三节 TBM 下穿建(构)筑物案例分析 ... 168

第八章 城市轨道交通工程 TBM 小净距隧道掘进技术 ... 182
第一节 TBM 小净距隧道掘进技术 ... 182
第二节 TBM 水平小净距掘进案例 ... 185
第三节 TBM 上下立体小净距掘进案例 ... 191

第九章 城市轨道交通工程 TBM 施工筹划 ... 196
第一节 施工筹划研究重点及原则 ... 196
第二节 敞开式 TBM 施工筹划主要内容 ... 199
第三节 复合式 TBM 施工筹划主要内容 ... 205
第四节 重庆轨道交通 TBM 施工筹划实例 ... 206

第十章 城市轨道交通工程 TBM 施工控制 ... 222
第一节 TBM 步进施工 ... 222
第二节 TBM 掘进施工 ... 224
第三节 TBM 的测量及导向 ... 234
第四节 施工监控量测 ... 241
第五节 TBM 拆机技术 ... 247
第六节 TBM 配套临时工程及资源配置 ... 250
第七节 TBM 设备管理系统 ... 258

第十一章 总结与展望 ... 267
第一节 总结 ... 267
第二节 展望 ... 269

参考文献 ... 271

第一章 绪 论

第一节 综 述

一、TBM 概况

TBM(Tunnel Boring Machine)是一种采用非爆破开挖方式的隧道掘进机,包括全断面岩石掘进机和盾构(软土掘进机),但习惯上通常所说的掘进机是专指全断面硬岩掘进机,可分为敞开式、护盾式、复合式三种主要形式。全断面掘进机采用机械式破岩,集开挖、出渣、支护、通风除尘、铺设轨线以及风、水、电延伸于一体,具有快速、优质、安全、环保等特点。

硬岩掘进机使用盘形滚刀,将刀圈的刀刃挤压楔入岩体进行破岩,其破岩形式属于楔入式碾压破碎。刀尖压入岩体,当压力大于岩石的抗压强度时,与刀尖接触部位的岩石被压碎,在刀尖前形成一压碎区,如图 1-1 所示。压碎区向外形成的压力,使压碎区的周边产生裂纹,裂纹随压力增加而扩展,直到渣片形成而剥离,完成一个成渣过程,并随刀盘的转动和刀具在岩面上继续向前滚压又开始下一渣片的形成。刀盘上的盘形滚刀在破岩掘进面上形成同心圆的滚动轨迹,轨迹之间是鱼鳞状凹坑。刀尖前的岩石被压碎,碾成细小的岩粉,而刀尖两侧的岩体被剥成一块块的渣片。岩渣是一片片形成的,有时在刀圈的内侧形成,有时是在外侧形成。刀圈碾压生成的岩渣块形状呈中间厚、周边薄的长片形,近似鱼背的形状,渣块的大小与刀间距和切深有关。

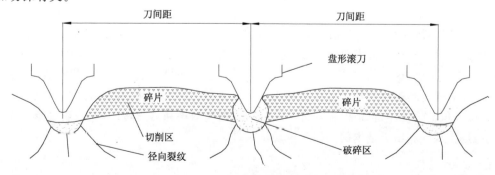

图 1-1　刀具破岩原理示意图

TBM结构组成包括主机和后配套两大部分,是由几十个独立的子系统有机地连接成的一个完整的大系统,综合了钢结构、机械传动、起重、运输、液压、润滑、气动、水流、通风防尘、减振降温、控制噪声、电气、程序控制、监控、遥控、超前支护、喷射混凝土机械手、激光导向等多学科的技术。主机由刀盘、护盾、主轴承、支撑系统、推进系统、刀盘驱动系统等组成。后配套设备一般包括：

（1）主机的配套设备,如液压泵站、润滑系统、给排水系统、变压器与配电柜、应急发电机等。

（2）主机辅助设备,如通风除尘系统、降温设备、初期支护系统（锚杆、喷射混凝土、挂网、钢拱架等）、仰拱块铺设或者管片拼装设备等。

（3）出渣、施工材料运输、隧道通风系统等。

后配套、洞内辅助设施与主机协调匹配工作,方能顺利完成掘进施工各个工序,任何一个环节的脱节,都将影响施工全局。

二、TBM基本功能

全断面岩石掘进机的结构一般由以下部分组成：切削头工作机构,切削头驱动机构,推进及支撑(护)装置,排渣装置,液压系统,除尘装置,电气和操纵等。在掘进施工时,具有掘进、出渣、导向、支护、排水五个基本功能。

（一）掘进功能

掘进功能包括破碎掌子面岩石的功能和不断推进掘进机前进的功能。掘进机理是通过安装在刀盘上的不同作用的盘形滚刀或球齿滚刀,靠刀盘的旋转和滚刀的自转,在掘进中形成钻压,使岩石受挤压而破碎。为此,掘进机必须配置合适的破岩刀具并给予足够的破岩力,即推力和转动刀盘变换刀具破岩位置的回转力矩,还必须配置合适的支撑机构将破岩用的推力和刀盘回转力矩传递给洞壁,同时推进和支撑机构还应具有步进作用以实现掘进机前进的功能。

刀具、刀盘、刀盘驱动机构、推进机构、支撑机构是实现掘进功能的基本机构。掘进推力大于岩石破碎所需的力、刀盘回转力矩大于在推力下全部刀具的回转阻力矩、支撑力产生的比压小于被支撑物的许用比压、整机接地比压小于洞底许用比压是实现掘进功能的基本力学条件。

（二）出渣功能

出渣功能细分为导渣、铲渣、溜渣、运渣。

掌子面上被破碎的岩石受重力作用顺掌子面会下落到洞底,在刀盘上设置耐磨的导渣条,既可增加刀盘的耐磨性,又可将岩渣导向铲斗,这就是导渣。刀盘四周设置有足够数量的铲斗,铲斗口缘配置铲齿或耐磨铲板,将每转落入洞底的岩渣铲入铲斗,这就是铲渣。随着刀盘的回转,铲斗将岩渣运至掘进机的上方,超过岩渣堆积的安息角时,岩渣靠自重下落,通过溜渣槽溜入运渣胶带机,这就是溜渣。最后胶带输送机将岩渣向机后运出。掘进机具有破、导、铲、溜、运一气呵成连续进行的特点。导渣条、铲斗、溜渣槽、胶带输送机是出渣的基本装置。

足够容积量的铲斗,合适的铲斗进、出口,合理的溜渣槽和刀盘转速,足够输送能力的胶带输送机,是实现顺利出渣基本的几何和运动学条件。

（三）导向功能

导向功能又可细分为方向的确定、方向的调整、偏转的调整。

采用先进的激光导向装置来确定掘进机的位置。当掘进机偏离预期的洞线时,采用液压调向油缸来调整水平方向和垂直方向的偏差。当掘进机受刀盘回转的反力矩作用而整体发生偏转时,采用液压纠偏油缸来纠正。

激光导向、调向油缸、纠偏油缸是导向与调向的基本装置。

(四)支护功能

支护功能可分为掘进前未开挖地质的预处理、开挖后洞壁的局部支护和全部洞壁的衬砌。对已预报的掘进机前方未开挖段不良地质的预处理,主要采用混凝土灌浆、化学灌浆和冰冻固结。对开挖后局部不良地质的处理,主要采用喷混凝土、锚杆、挂网和设置钢拱架。对开挖后的洞壁接触空气不久全线水解、风化的隧道采用全洞混凝土预制块衬砌、密封、灌浆的方法防护。

采用不同的支护方法应相应配置不同的设备,如锚杆钻机、钢拱架安装机、混凝土管片安装机、喷混凝土机、混凝土灌浆机、化学注浆泵、冰冻机等。

上述掘进、出渣、导向、支护四个基本功能中,掘进、出渣、导向这三个功能贯穿在掘进机掘进全过程中,支护功能只是在必要时才使用。

三、TBM施工特点

全断面岩石隧道掘进机作为一种隧道快速施工的先进设备,其在隧道施工中的主要优点是快速、优质、安全、经济、环保。

(一)快速

掘进速度快是掘进机施工的核心优点,其开挖速度一般是钻爆法的3~5倍。目前全断面岩石掘进机设计的最高掘进速度已达6m/h。实际月进尺还取决于两个因素:一是岩石破碎程度决定的实际发生的每小时进尺;二是反映管理水平的掘进机作业率。根据不同的岩质和管理水平,我们可以预测掘进机月进尺,见表1-1。

掘进机设计月进尺 表1-1

岩石种类	每小时实际进尺(m/h)	各种作业率下的月进尺(m/月)				
		30%	40%	50%	60%	70%
韧性片麻岩	1	216	288	360	432	504
片麻岩	1.5	324	432	540	648	756
花岗岩	2	432	576	720	864	1008
石灰岩砂岩	3	648	864	1080	1296	1512
粉砂岩	5	1080	1440	1800	2160	2520
页岩	6	1296	1728	2160	2592	3024

掘进机结构确定情况下,较高的管理水平可使作业率达到50%。在花岗片麻岩中,月进尺可达500~600m/月;在石灰岩、砂岩中,月进尺可达1000m/月;在粉砂岩中,月进尺可达1500~1800m/月。这样的速度已在秦岭隧道、磨沟岭隧道、桃花铺1号隧道、引大入秦隧洞、引黄入晋隧洞中实现,是钻爆法无法达到的。但这样的速度还不是最高的,只要进一步提高管

理水平,还有可能创造更高的月进尺。

(二)优质

掘进机开挖的隧道由于是刀具挤压和切割洞壁岩石,所以洞壁光滑美观。掘进机开挖隧道的洞壁糙率一般为0.019,比钻爆法的光面爆破的糙率还小17%。掘进机开挖的洞径尺寸精确、误差小,可以控制在±2cm范围内;开挖隧道的洞线与预期洞线误差也很小,可以控制在±5cm范围内。

(三)安全

掘进机开挖隧道对洞壁外围岩扰动少,影响范围一般小于50cm,容易保持原围岩的稳定性,得到安全的边界环境。掘进机自身有局部或整体护盾,使人员能在护盾遮护下工作,有利于保护人员安全。掘进机配置有一系列支护设备,在不良地质处可及时支护。掘进机是机械破岩,没有钻爆法的炸药等化学物质的爆炸和污染。掘进机采用电视监控和通信系统沟通信息,自动化、信息化程度高,作业人员少,便于安全管理。

(四)经济

目前我国使用的掘进机,若只单纯核算开挖成本是会高于钻爆法的,其经济性主要表现在成洞的综合成本上。掘进机施工,使单头掘进20km隧道成为可能,可以改变钻爆法长洞短打、直洞折打的费时费钱的施工方法,代之以聚短为长、截弯取直的思想,从而省时省钱。掘进机施工洞径尺寸精确,对洞壁影响小,可以不设衬砌或减少衬砌,从而降低衬砌成本。掘进机的作业面少、作业人员少,人工成本低。掘进机的掘进速度快,可提早成洞,缩短工期;超挖量小,节省了大量回填费用。这些因素促使掘进机施工的综合成本降低到可与钻爆法竞争。随着人工费用的不断增长,掘进机施工手段越来越具备竞争优势。发达国家更是以法规条文将其作为隧道施工的必备手段。掘进机开挖隧道的经济性在长隧道,尤其是长度超过3km时更能得到体现。

(五)环保

掘进机施工不用炸药爆破(特殊情况除外),施工现场环境污染小;减少了长大隧道的辅助导坑数量,保护了生态环境。如果使用双护盾TBM还可以减少隧道内水的流失,有利于环境保护和减少水土流失。

(六)局限性

全断面岩石隧道掘进机作为大型施工设备也具有一定局限性,在选用时应加以考虑。

1. 运输困难,对施工场地有特殊要求

TBM属大型专用设备,全套设备重达几千吨,最大部件质量达上百吨,拼装长度最长达200多米。同时洞外配套设施多,主要有混凝土搅拌系统、管片预制厂、修理车间、配件库、材料库、供水、供电、供风系统、运渣和翻渣系统、装卸调运系统、进场场区道路、TBM组装场地等。这些对隧道的施工场地和运输方案等都提出了很高的要求。

2. 断面适应性较差

隧洞断面直径过小时,后配套系统不易布置,施工较困难;而断面过大时,又会带来电能不足、运输困难、造价昂贵等种种问题。一般来说,较适宜采用 TBM 施工的隧道断面直径为 3～12m。对直径在 12～15m 的隧道应根据围岩情况、掘进长度、外界条件等因素综合比较。就目前的技术而言,还达不到圆满实现运用 TBM 进行硬岩开挖的水平。对于直径大于 15m 的隧道,则不宜采用 TBM 施工。虽然掘进机的动力及推力等的配置可以调整,但结构件的尺寸改动是需要时间、费用及满足一定规范要求的,不易实施。

3. 地质适应性较差

TBM 施工对隧道的地层最为敏感,不同类型的 TBM 适用的地层也不同,一般的软岩、硬岩、断层破碎带,可采用不同类型的 TBM 辅以必要的预加固和支护设备进行掘进,但对于大型的岩溶暗河发育的隧道、高地应力隧道、软岩大变形隧道、可能发生较大规模突水及涌泥的隧道等特殊不良地质隧道,则不适合采用 TBM 施工。在这些情况下,采用钻爆法更能发挥其机动灵活的优越性。

第二节 国内外发展动态

一、TBM 技术发展

(一)国外 TBM 技术发展历史和现状

近两个世纪以来,隧道建设者们在努力发展并完善钻爆法技术的同时,为了从根本上克服钻爆法的缺点,也在不断探索新的隧道掘进方法,快速、安全、优质、文明施工是隧道建设者们的理想。

TBM 的诞生实现了隧道建设者们的理想。它为隧道施工走向机械化、标准化创造了条件,使施工程序大大简化,基本实现了流水线作业,隧道开挖、出渣、支护可同时进行并连续作业,独头掘进可达 15～20km。在硬岩中,TBM 的有效进尺率可达 3～5m/h,为钻爆法一个掘进循环的 1～2 倍,平均日进尺率为钻爆法的 5～8 倍。TBM 掘进技术除了有较钻爆法快速掘进的优势外,还为隧道工作者提供了更为安全、文明的施工条件,为工程的规划和设计者们提供了更多的选择,使其不再为长隧洞的施工发愁而感到困扰。过去不可避免的"Z"字形隧洞,现在可以做成"一"字形了,从而缩短了洞线长度,取消了不必要的辅助通道和相应的临建设施,减少了施工对围岩及周边环境的扰动,由此带来的经济效益、时间效益和社会效益是巨大的。为了实现这一理想,设计者们曾进行了许多尝试。

1846 年,在意大利与法国之间的 MONCENIS 隧洞施工中,为加速隧洞施工,Henri-JosephMaus 开始将一组机械岩钻安装在钻架台车上掘进。

1851 年,美国工程师 Charles Wilson 设计了一台可连续开挖的掘进机,但由于设计上存在难以克服的滚刀问题和其他各种困难,无用武之地。

其后 70 年间(1851～1920 年),虽然在美国和欧洲也曾做过 TBM 掘进机的尝试,但均未达到发展此项技术的积极效果。这以后的 30 年中,TBM 掘进机渐渐从人们的脑海中消失了,也未曾有过更多的尝试。

直到 1952 年,美国的 James Robbins 开始将索镐与滚刀相结合,试图克服 Charles Wilson

在设计 TBM 中存在的刀具问题,但初期的试验均失败了。4 年后,即 1956 年,James Robbins 再次仿照 100 年前 Charles Wilson 的设计,即只采用滚刀,取得了成功,美国罗宾斯公司也成为世界第一台 TBM 的生产厂家。

此后 30 年间,TBM 掘进机的应用得到了很大的推广,共生产了 200 多台掘进机,从软岩到中硬岩,均取得了成功。在刀具和其他机械系统方面,也做了许多改进和发展,使 TBM 在硬岩中的掘进速度超过了钻爆法的掘进速度。

美国罗宾斯(Robbins)公司自 1952 年开发制造出了现代意义上的第 1 台软岩 TBM 后,1956 年又研制成功中硬岩 TBM。从此,TBM 进入了快速发展时期。20 世纪 60～70 年代,全世界范围内的 TBM 制造商有 30 余家,业内普遍认为世界上有 6 家实力较强的 TBM 制造商,即美国罗宾斯公司、佳瓦公司、德国维尔特公司和德马克公司。另外,加拿大罗瓦特公司、德国海瑞克公司从 20 世纪 90 年代也开始生产掘进机,日本小松、川崎、石川岛、三菱等公司也有 TBM 制造业绩。

德马克公司早先被奥地利的奥钢联公司兼并,几经易主于 1999 年停止生产掘进机;德国维尔特公司也出现了产品转型,不再独立生产 TBM,而由法国法马通下属子公司 NFM 继续生产;德国海瑞克十几年前开始制造硬岩掘进机,并正在不断扩大;美国罗宾斯公司则仍然占有最大的市场份额。

国外掘进机公司各自生产的 TBM 产品大多自成系列,其设计、产品、零部件已经在公司内部形成系统,具有一定的通用性。掘进机产品系列的主要参数,如刀盘驱动功率、刀盘扭矩及推力是根据岩石物理性能、刀盘额定转速及每把盘形滚刀最大承载力等确定的。通常情况下,TBM 制造商均按照其系列参数设计产品,并且认为掘进机系列产品适应性强,主要性能并不局限于单一工程地质条件。

目前,TBM 主要分为以下三种类型,并分别适应于不同的地质条件。

(1) 敞开式 TBM。常用于硬岩,在敞开式 TBM 上,配置了钢拱架安装器和喷锚等辅助设备,以适应地质的变化。当采取有效支护手段后,也可应用于软岩隧道。

(2) 双护盾 TBM。适用于各种地质,既能适应软岩,也能适应硬岩或软硬岩交互地层。

(3) 单护盾 TBM。常用于劣质地层,单护盾 TBM 推进时,要利用管片作为支护,其作业原理类似于盾构。与双护盾 TBM 相比,掘进与安装管片这两者不能同时进行,施工速度较慢。单护盾 TBM 与盾构的区别有两点:一是单护盾 TBM 采用皮带机出渣,而盾构则采用螺旋输送机出渣或采用泥浆泵通过管道出渣;二是单护盾 TBM 不具备平衡掌子面的功能,而盾构则采用土压力或泥水压力平衡开挖面的水土压力。

一般情况下,在整条隧道地质情况都较差的作业条件下,使用单护盾 TBM;在良好地质中,则使用敞开式 TBM;双护盾 TBM 常用于复杂地层的长隧道开挖,一般适用于中厚埋深、中高强度、地质稳定性基本良好的隧道,对各种不良地质和岩石强度变化有较好适应性。

国外全断面掘进机技术仍在不断地发展中,主要表现在以下几个方面。

(1) 整机结构更加紧凑,性能更加完善,自动化程度更高,对岩层的适应范围不断扩大,整机质量和刀盘功率均向大型化方向发展。

(2) 改进刀具结构及材料,提高刀具寿命,使之能够用于坚硬的岩石,并根据岩石条件,决定最佳刀具类型及刀具在刀盘上的最佳阵列方式。

(3) 研究辅助破岩技术。碳化钨硬质合金刀用于切削岩石已经是最好的材料，很难指望在冶金技术上有更大的改进。对于抗压强度大于 170MPa 的硬岩及超硬岩，刀具损耗增大，经济性和生产能力随之降低，因此技术人员希望在机械切岩刀具前方预先输入一种能量，弱化或破裂岩石。在诸多方法中，火焰、激光、电热器辐射等在经济上都不适用，而喷水射流及微波辅助破岩技术表现出较好的前景。水射流直接清除圆盘刀刀口前破碎的岩石，改善了切岩过程和性能，是一种很有前途的方法。其优点是能降低刀具作用力，减少粉末的产生，使出渣更方便有效，同时由于冷却作用，还能延长刀具寿命。

(4) 非圆断面掘进机的开发。以前大多数全断面掘进机只能开挖圆形断面的隧道，在使用上有一定的局限性。如马蹄状断面的扁平形公路隧道，圆形断面实际上是多开挖了岩石，是不经济的。目前，TBM 开挖断面形状从单一的圆形断面发展为双圆或多圆、甚至不规则断面。

(5) 不同隧道走向的 TBM 研究。研制成功了水平掘进、竖井和斜井使用的 TBM。

(6) 努力改进提高掘进机后援系统的能力。后援系统包括渣石清运与消耗品的运输设备、混凝土管片安装及回填灌浆设备、支护及除尘设备、供电、供水和通风设施等。后援系统极大地影响着掘进机的利用率，从而对工程进度和经济效益造成重大影响。

(二) 国内 TBM 应用概况

国内 TBM 事业开始于 20 世纪 50～60 年代，发展于 20 世纪 90 年代。1964 年，经周恩来总理批准，在国家科委领导下成立的全断面岩石隧道掘进机攻关小组，完全自力更生，先后制造出 50 多台各类掘进机。由于核心技术不过关，在地下工程建设中基本没有发挥作用。20 世纪 80 年代初，国家科委成立的掘进机办公室，采取联合攻关方式制造了 8 台掘进机，先后在云南西洱河水电站等工程应用，但与国际水平相比差距甚大。20 世纪 80 年代中期，在天生桥水二级水电站引水隧洞工程中采用了美国罗宾斯公司的一台直径 10m 的二手掘进机施工，但由于选型与地质不适应，进度较低，最低月进尺为 31m，最高月进尺也仅为 92m，效果并不理想。

进入 20 世纪 90 年代以后，在甘肃引大入秦工程、山西万家寨引黄入晋工程中，由外国承包人采用岩石掘进机施工多条输水隧洞取得成功。20 世纪 90 年代初，在西安—安康铁路 18.46km 长的秦岭铁路 I 线隧道工程中，铁道部从德国引进 2 台直径 8.8m 的敞开式掘进机，由中铁第一勘察设计院集团有限公司设计，中国铁道建筑总公司和中国铁路工程总公司操作施工，取得了成功。其中，秦岭北口 TBM 掘进长度为 5.244km，秦岭南口 TBM 掘进长度为 5.621km。之后，该工程中的 2 台掘进机又成功运用在西安—南京铁路磨沟岭隧道和桃花铺 1 号隧道工程中。TBM 在以上工程中的成功运用，推动了我国掘进机技术的应用。2000 年后，云南昆明掌鸠河引水隧洞工程也由外国承包人应用掘进机施工，并且由中国第二重型机械集团与美国罗宾斯公司合作制造了 1 台双护盾岩石掘进机在该工程中使用。

以西安—安康铁路秦岭隧道为标志，我国已完全掌握了岩石掘进机隧道的设计施工及掘进机的使用技术，不但在秦岭特长铁路隧道施工中得到成功的使用，而且在磨沟岭隧道、桃花铺隧道长距离破碎带岩石中施工也发挥了其优异的机械性能，在配件、配套国产化方面迈出了第一步，打破了较长时间以来我国岩石隧道掘进机施工由国外承包人一统天下的局面。进入

21世纪,TBM法在我国逐步得以推广,除上述已经完工的桃花铺1号隧道与磨沟岭隧道外,还有辽宁大伙房输水工程隧洞、锦屏电站隧洞、吐库Ⅱ线铁路中天山隧道、兰渝铁路西秦岭隧道、引大济湟、引红济石、引洮工程以及重庆轨道交通工程(采用敞开式TBM施工,区别于其他城市轨道交通采用盾构机施工)等,均采用TBM掘进方式。目前,我国隧道施工已经从以前单纯的钻爆法发展到钻爆法及TBM法并存,并且TBM法将会占有越来越多的份额。

国外TBM制造商进入中国市场之后,便与中国具有相应实力的厂家合作,部分部件生产、工厂总装、后配套系统生产等逐步由国内厂家承担。近两年也有国内厂家开始寻求与国外制造商共同生产TBM,即外方以提供技术支持为主,中方参与设计、部件制造等工作,工厂总装等也由中方承担,这对于发展我国TBM事业可以说是一大进步。据不完全统计,参加过TBM制造的国内公司有20多家,如首钢集团、上海隧道工程股份有限公司、中国第二重型机械集团公司、中国铁建长沙盾构产业基地、中铁隧道股份有限公司、成都南车隧道装备有限公司、中国第一重型机械集团公司等。

二、TBM工程实例

从20世纪50年代以来,TBM已广泛应用于地下工程施工。在国外,TBM已应用于铁路、公路、城市轨道交通及城市给排水等重大工程建设;在国内,TBM也应用于水工及铁路隧道的建设。国内外TBM施工实例见表1-2~表1-4。

国外采用直径8m以上全断面TBM施工的隧道实例　　　　表1-2

序号	工程名称	主要岩性及岩体抗压强度(MPa)	TBM生产厂家、类型及直径	掘进长度(m)	掘进进度(m/d)	开工年度
1	美国沃赫水坝水工隧洞	页岩1.4~2.8	罗宾斯 8.00m	16856	42.6	1952
2	巴基斯坦Mangle坝水工隧洞	砂岩、黏土、石灰岩	罗宾斯 开敞式 11.2m	500×5	—	1963
3	美国芝加哥TARP73-160-2H下水道	白云质石灰岩,局部风化页岩35~226	罗宾斯 开敞式 10.77m	5408	18.60	1977
4	美国芝加哥TARP73-126-2H下水道	白云质石灰岩,局部风化页岩120~175	罗宾斯 开敞式 10.74m	7725	15.40	1977
5	美国芝加哥TARP73-125-2H下水道	白云质石灰岩,局部风化页岩	佳瓦 开敞式 9.83m	7526	14.60	1977
6	美国芝加哥TARP73-127-2H下水道	白云质石灰岩,局部风化页岩84~225	罗宾斯 开敞式 9.86m	3978	17.80	1978
7	美国芝加哥TARP73-123-2H下水道	白云质石灰岩,局部风化页岩84~225	罗宾斯 开敞式 9.83m	6682	19.80	1978
8	美国芝加哥TARP73-126-CK下水道	白云质石灰岩,局部风化页岩35~226	罗宾斯 开敞式 10.77m	893	19.00	1979

续上表

序号	工程名称	主要岩性及岩体抗压强度(MPa)	TBM生产厂家、类型及直径	掘进长度(m)	掘进进度(m/d)	开工年度
9	瑞士 Cubrist 道路隧道	泥灰岩、砂岩	罗宾斯 护盾式 11.55m	3000×2	9.80~11.90	1979
10	美国芝加哥 TARP73-049-2H 下水道	白云质石灰岩,局部风化页岩	佳瓦 开敞式 9.17m	8534	16.80	1984
11	瑞士 Zurichberg 道路隧道	泥灰岩、砂岩	罗宾斯 护盾式 11.52m	4355	12.60	1985
12	美国 Minvankee 下水道	石灰岩、砂岩	罗宾斯 开敞式 9.70m	8334+6494	—	1985~1987
13	挪威 Bergen 绕越干道隧道	花岗片麻岩	罗宾斯 开敞式 7.80m	3200+3800	30.4	1986
14	美国芝加哥 TARP73-160-2H 下水道	白云质石灰岩,局部风化页岩 105~226	罗宾斯 开敞式 10.77m	6454	17.70	1988
15	美国芝加哥 TARP73-132-2H 下水道	白云质石灰岩,局部风化页岩 35~226	罗宾斯 开敞式 9.83m	6313	24.00	1988
16	瑞士 Bozberg 公路隧道	石灰岩、砂岩 100	罗宾斯 开敞式 11.80m	3681+3726	8.00	1990
17	瑞士 Mt. Russein 道路隧道	泥灰岩、砂岩、黏土	罗宾斯 护盾式 11.81m	3400	—	1990
18	美国波士顿 Marbour. Dutfall 下水道	黏土层、灰绿岩石灰岩	罗宾斯 护盾式 8.10m	2670×2	—	1992

国外采用 TBM 施工铁路隧道实例　　　　　　表 1-3

序号	工程名称	主要岩性及岩体抗压强度(MPa)	TBM直径(m)	TBM掘进长度(m)	TBM生产厂家
1	瑞士 Heitersberg	砂岩	10.65	2600	美国罗宾斯
2	加拿大 Rogers Pass	石英岩 56~211	6.80	8537	美国罗宾斯
3	意大利 Condotted	绿岩 211~238	8.20	4000	美国罗宾斯
4	意大利 Castiglione	—	10.87	7396	美国罗宾斯
5	西班牙 毕尔包	石灰岩 58~98	5.79	1065	美国罗宾斯
6	瑞士 Stodttunnel Aarau	石灰岩	6.00	1100	德国威尔特
7	瑞士 F.A.R. T3	片麻岩	6.70	1500	德国威尔特
8	南非 Isangoyana	砂岩	9.00	2400	德国威尔特
9	瑞士 F.A.R. T2	片麻岩、漂石	9.10	17000	德国威尔特
10	英法海峡隧道	白垩纪泥灰岩	主隧道 8.62~8.78	150000	美国罗宾斯、日本川崎、三菱共11台

续上表

序号	工程名称	主要岩性及岩体抗压强度（MPa）	TBM直径（m）	TBM掘进长度（m）	TBM生产厂家
11	瑞士 Zugwald	白云岩、泥页岩	7.70	2160	德国威尔特
12	瑞士 Vereina	闪长岩、片麻岩	7.70	9385	德国威尔特
13	新西兰 凯密山	凝灰岩 60～200	6.30	8000	德国佳瓦
14	加拿大 麦克唐纳	片岩、大理石、石灰岩 70～280	6.80	6000	美国罗宾斯

注：本表仅列举直径6m以上铁路隧道。除序号10一栏外均采用隧道掘进机。
英法海峡采用护盾式掘进机。英国端5台，主隧道2台，直径8.62m；法国端6台，主隧道2台，直径8.78m。表中掘进长度包含服务隧道等。

国内采用 TBM 施工工程一览表　　　　　　表 1-4

序号	工程名称	主要岩性及岩体抗压强度（MPa）	TBM型号，直径（m），使用台数	TBM掘进长度（m）	平均进度（m/d）	最高月进尺（m）	施工时间（年.月）	承建单位
1	河北引滦入津工程新王庄隧洞	白云质石灰岩 80～160	上海水工机械厂 SJ58A 型 φ5.80，1台	1448	135	201.50	1981.12～1983.3	00613部队
2	河北引滦入津工程新古人庄隧洞	石英岩 60～200	上海水工机械厂 SJ58A 型 φ5.80，1台	1247	—	213.40	1983.6～1984.9	00613部队
3	天生桥水电站引水隧洞	灰岩、白云岩 80～150	美国罗宾斯 353-196型全断面开敞式 φ10.80，1台	4160.53	68.55	240	1985～1990	水电武警一总队
4	山西古交矿区东曲煤矿	砂岩、页岩、灰岩 30～14	上海重机厂 EJ-50型 φ5.00，1台	4500	—	202	1986～	山西矿务局
5	甘肃引大入秦工程30A隧洞	砂砾岩、粉砂岩、砂岩、灰岩 2.79～133.7	美国罗宾斯188型双护盾式 φ5.53，1台	9080	650以上（成洞）	1300	1990.12～1992.1	意大利 CMC公司、中国华水公司
6	山西引黄入晋工程8条隧洞	灰岩 100～140 砂岩 15～50	美国罗宾斯双护盾式 φ6.11，1台；φ4.82～4.92，5台	121800	860（成洞）	1821.50	1994.7～2001	意大利 CMC-SELL 公司、中水四局
7	西安—安康铁路秦岭I线隧道	混合片麻岩 79～325 混合花岗岩 117～192	德国威尔特 TB880E 开敞式 φ8.80，2台	进口5243 出口5621 合计10864	310	509	1998.1～1999.8	中铁隧道局、中铁十八局

续上表

序号	工程名称	主要岩性及岩体抗压强度（MPa）	TBM型号,直径(m),使用台数	TBM掘进长度(m)	平均进度(m/d)	最高月进尺(m)	施工时间(年.月)	承建单位
8	西安—南京铁路桃花铺1号隧道	石英片岩及大理岩 70～130	德国威尔特TB880E 开敞式 φ8.80,1台	6016	301	511.82	2000.8～2002.5	中铁铁建、中铁十八局
9	西安—南京铁路磨沟岭隧道	云母石英片岩	德国威尔特TB880E 开敞式 φ8.80,1台	4820	Ⅱ～Ⅴ级围岩 371.20	573.90	2000～2002	中铁工程总公司、中铁隧道局

（一）国外使用 TBM 施工的典型工程实例

在国际上,已经建成了许多轨道交通、公路和水利方面的隧道,还有的处于正在建设或计划阶段。这些工程建设为我们开发和运用新技术都提供了很好的例证和经验。下面简要介绍一些使用 TBM 施工的隧道工程实例。

1. 英吉利海峡隧道（铁路隧道）

英吉利海峡隧道包括 2 条直径 7.6m 的铁路隧道和 1 条处于中轴线位置直径 4.8m 的服务隧道,每条隧道总长为 51km。工程于 1987 年 9 月正式开工,1991 年 6 月 29 日隧道贯通。

海峡隧道共使用全断面隧道掘进机 11 台,英国端 6 台,法国端 5 台。其中用于海底施工的 3 台掘进机为了预防张开的裂缝或老的钻孔向隧道灌水,在结构上采用了输送设备以便能从开挖面及时退出。其液压操纵的门,在紧急情况下,可迅速关闭,以保证其后的隧道部分不致被大水淹没。

隧道掘进机在编组场隧道内进行组装,零部件从较高的场地通过一个 100m 深的新建竖井输送到场内,第一台掘进机的组装用了 6 个月。

海峡隧道采用了预制混凝土和铸铁衬砌两种衬砌,它们都是在掘进机施工中边掘进边施作的。接头采用肘接,为防止接点爆裂,采用焊接强度为 20MPa 的梯形钢筋架。混凝土砌块浇筑后,立即在 50℃ 的温度里进行蒸汽养护以获得 $10N/mm^2$ 的 6h 强度。

内径 7.6m 的主隧道由 9 个弓形砌块外加一键块组成一个完整的衬砌环。每个弓形砌块的侧表面有 4 块 20mm 厚的垫板,以便键块嵌入后,垫块与灰岩接触并留下 20mm 厚的环形空间用于注浆。注浆是先于其他堵漏方法的控制水浸入的第一步有效措施。隧道施工中出现的部分技术问题及采取的措施见表 1-5。

隧道施工中出现的部分技术问题及采取的措施　　表1-5

位置	问题	采取措施
服务隧道掘进 1km 后的 5km 长度内	水从高度裂隙的岩体中流出,冲刷岩石碎块周围细屑,在掘进机后面形成楔形坍落,将支承在此处的指状板条夹住或使其变形	在支承板条间安装不锈钢薄板
上区段的主隧道	较上更严重	从服务隧道灌注以二氧化硅为主要原料的浆液,以形成保护罩

续上表

位　置	问　题	采取措施
服务隧道段	变硬的土粒聚集在掘进机尾端,造成衬砌环安装困难	用风铲或带有弹簧的刮削器铲除
电力线路	在潮湿含盐的状态下地层泄漏电,常使电力系统短路跳闸	设计并制造出全新的180马力的电力机车

在掘进速度方面,海峡海底服务隧道的平均掘进速度为150～250m/周,海底主隧道的平均掘进速度为265m/周。

此项工程投资100多亿美元,工程资金全部利用私人资本,英法两国政府均不提供公共建设资金。工程项目结构如图1-2所示,资金来源见表1-6。

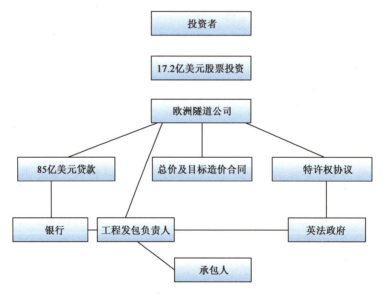

图1-2　英吉利海峡隧道项目结构

项目资金来源　　　　　　　　　　　　　　　表1-6

来　源	金额(亿美元)	备　注
股票投资		
银行和承包人	0.8	股东发起人
私营团体	3.7	第1部分(1986年末)
公众投资	8.0	第2部分(1987年末)
公众投资	2.75	第3部分(1987年末)
公众投资	2.75	第4部分(1989年末)
贷款		
商业银行	68	主要贷款
商业银行	17	备用贷款
总计	103	

2. 莱索托水利隧洞工程

南非—莱索托输水工程规模巨大，隧洞总长约为 200km，工程由三段组成（见图 1-3），包括 45km 长的引水隧洞、15km 长的南段输水隧洞和 22km 长的北段输水隧洞，最大埋深 1km 左右。引水隧洞由抗压强度为 85~190MPa 的坚硬玄武岩组成；南段输水隧洞整体位于砂岩层中，抗压强度 20~180MPa，平均值 50~85MPa；北段输水隧洞所处地层比较复杂，不仅包括原生软弱的沉积泥质岩和砂岩，而且在几个地段还包括挤压地层。

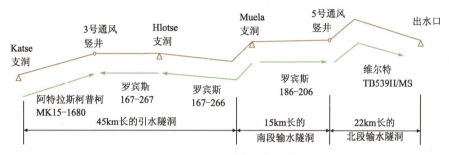

图 1-3 莱索托水利隧洞工程概况

一期工程中，南非境内直径约为 5m、长 22km 的引水隧洞为整个项目的控制工程。隧洞通过的地层主要为砂岩、黏土岩及泥岩，岩层破碎。整个工程采用一台直径 5.39m 双护盾施工，衬砌采用预制混凝土管片，管片按有压隧洞进行设计。

双护盾 TBM 于 1992 年 5 月开始进入始发洞，并开始第一条 11km 隧洞的掘进。TBM 掘进的最高月进尺为 1076.6m，该隧洞于 1993 年 11 月 12 日贯通，历时 18 个月。第二条长 8.15km 的隧洞于 1994 年 3 月 12 日开始掘进，前 5 个日进尺为 30.3m，平均月进尺超过 800m，该隧洞于 1995 年 3 月 3 日贯通，累计掘进时间不到 1 年。

1993 年 8 月当隧洞掘进到 8km 时，月完成管片安装 769 环，最高班进尺为 36.4m，最高日进尺 70.0m，平均日进尺 28.0m，最高周进尺 306.6m，最高月进尺 1076.6m。

强研磨性的砂岩中刀具消耗是每掘进 120m，边刀的磨损量约为 15mm。在软弱研磨性的泥岩中，边刀的寿命在 1.5~2km 之间。

管片宽度为 1.4m，每环管片分为 5 块，厚 24cm，每块管片的质量为 2.5t。

莱索托水利隧洞工程属超大型工程，工程的施工组织和施工单位间的关系如图 1-4 所示。各施工单位用 TBM 施工的掘进速度情况见表 1-7。

莱索托水利隧洞工程各 TBM 施工速度　　　　表 1-7

掘进机型号	MK15-1680	TB539H/MS	167-267	167-266	186-206
最大日进尺(m)	60.9	—	66.8	86.3	83.0
最大周进尺(m)	289.0	—	325.0	399.8	384.0
最大月进尺(m)	987.0	—	1221.0	1344.3	1324.4
平均月进尺(m)	376.0	624	699.0	636.0	784.0

特殊地质情况及处理如下：

(1) TBM 机型：TB539H/MS；所遇到的地质灾害：地下水较发育。

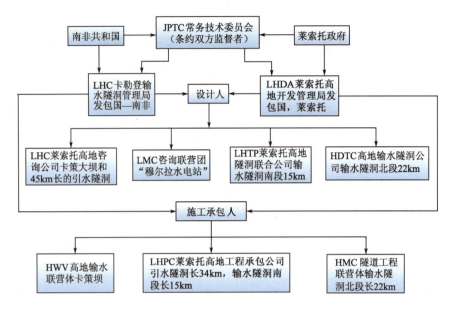

图 1-4 莱索托水利隧洞工程施工组织及各单位关系图

采取措施：在 1.5km 长的地段铺设塑料防水薄膜。

(2)TBM 机型：167～2670；所遇到的地质灾害：高温地段。

采取措施：用一台降温的冷却设备，让冷却水在隧洞内循环，使工作面温度降至 27℃。

(3)TBM 机型：186～206。

1992 年 10～11 月，遇到涌水(涌水量为 25L/s)，停机 3 周，进行水泥注浆阻止涌水，以便通过长度为 140m 的地段，注浆总量为 120t。这段隧洞最高日进尺为 68.9m，平均日进尺为 38.1m。

为探明地质情况，每台掘进机上配有超前钻机，最小钻孔深度为 10m。也可用这些孔注浆，以改善地质结构。

3.加拿大 Niagara 隧道

加拿大 Niagara 输水隧道工程位于加拿大与美国交界，该工程由 Niagara 河流上游引水到 Sir Adam Beck 电站(见图 1-5)，工程于 2005 年开工，工期为 7 年，隧道全长 10.4km，主要穿越岩层有石灰岩、白云岩、砂岩、页岩、泥岩，岩石抗压强度 15～180MPa。

其工程特点如下：

(1)目前为止世界最大的硬岩掘进机项目，刀盘直径为 14.3m；

(2)挑战性的施工方案；

(3)复杂的支护系统；

(4)纵坡坡度达 7.5%；

(5)地质情况复杂，包括硬岩、软岩及软硬复合情况；

(6)在掘进时同步进行二次衬砌。

对该工程进行技术调研，总结其成果如下：

(1)进洞方式。采用开挖基坑，垂直吊装的方式，在基坑顶部设龙门吊，在基坑内部进行掘进机组装，然后开始始发(见图 1-6)。

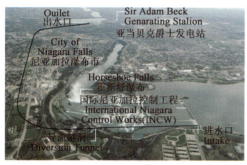

| 图 1-5 工程平面示意图 | 图 1-6 TBM基坑垂直吊装进洞 |

(2) 从设计考虑处理不良地质。从图 1-7 中可以看到河床覆盖层(Overburied)在接近出水后位置(st. davids buried gorge)侵入基岩层,在隧道设计上将隧道底标高降到侵入岩层底标高下方,而不是穿越侵入岩层。这样保障隧道施工安全,以防止隧道在穿越侵入岩层施工过程中出现透水事故。

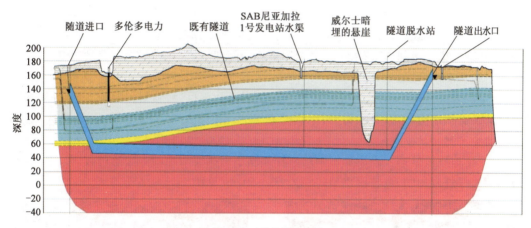

图 1-7 工程地质剖面图

(3) 出渣方式。由于为特大直径,内部具备较大空间,所以采用无轨运输方式。

(4) 塌方区处理。在掘进机 L1 区增加延伸机械臂、喷射混凝土机械手、导管钻机等设备,增加设备功能以适应地质情况。在塌方段通过延伸机械臂进行人工挂网,再通过区型钢拱架支撑,打小导管、喷混凝土的方式,通过人工操作处理塌方事故(见图 1-8)。

(5) 隧道支护方式及施工流程。采用掘进→初期支护→仰拱→防水→拱部衬砌流程(见图 1-9)。

4. 秘鲁 Olmos 隧道

秘鲁 Olmos 输水隧道采用直径为 5.3m 敞开式掘进机施工,该隧道穿越安第斯山脉,计划从 Huancabamba 河流取水引到秘鲁东部干旱地区,隧道全长超过 13.9km。该隧道于 2007 年开工,计划采用掘进机施工 8.3km,其特点是高地应力深埋隧道,主要

图 1-8 塌方事故处理

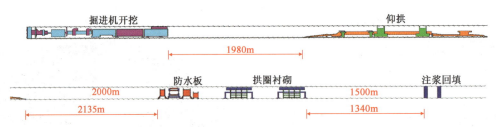

图 1-9 隧道施工方式及施工流程

穿越岩层为花岗岩,岩石强度较高。

其工程特点如下:

(1)深埋隧道,最大埋深达 2000m,存在高地应力。

(2)岩石强度高,主要穿越地层为花岗岩层,抗压强度 100～250MPa。

(3)采用锚喷支护为永久结构。

对该工程进行技术调研,总结其成果如下:

(1)出渣方式。采用单线有轨运输方式,每隔 3km 左右设会车线,采用内燃机机头,增加牵引功率,提高运输效率,同时有利于环保,内燃机车速度为 10km/h。

(2)衬砌方式。预制仰拱,采用仰拱专用模板预制仰拱块,在仰拱块上铺设轨道,轨道下方有凹槽有利于排水(见图 1-10)。

(3)支护方式。采用锚喷支护方式,即锚杆、钢筋网、钢拱架、喷射混凝土支护,并将初期支护作为永久支护结构,不设二次衬砌;钢拱架有 H 型钢、特大 H 型钢、槽钢三种形式,适用于不同的地质工况。

(4)不良地质段处理。采用加密钢筋网片和缩小钢拱架间距的方法通过破碎岩层,对破碎岩层采用锚杆进行加固,调整钢拱架间距为 50～60cm(见图 1-11)。

图 1-10 仰拱预制块

图 1-11 不良地质处理

(5)始发洞施工。由于设备晚到,在掘进机进场前已采用钻爆法施工了 1.8km,钻爆法施工部分采用了复合式衬砌,即设二次衬砌。

(6)掘进机过桥。掘进机进洞前要从一钢架桥上通过,为了减轻掘进机整机对钢架桥的影响,确保安全,掘进机的最重件之一的刀盘过桥时,没有安装,是过了桥后才安装的。在类似情况下,掘进机通过时,应进行荷载计算,论证下部支撑结构是否满足要求。

(7)材料运输。由于洞径较小,没有运输空间,钢拱架、锚杆等材料采用人工搬运方式。

(8)通风。采用独头通风方式,由于隧道穿越安第斯山脉,埋深在2000m左右,无法设通风竖井,在靠近工作面采用大功率空调冷却。因此,工作面的空气粉尘含量低、温度较低,而通道内由于空气不流通,空气粉尘含量较高、温度也较高,达35℃。

(9)刀具修理。现场设置刀具修理车间,每个滚刀约修理3~4次,主要以手工堆焊为主(见图1-12)。

5. 美国纽约地铁East Side Access(ESA)隧道

该工程将连接长岛铁路和皇后区线到曼哈顿中央车站,将大幅缩短长岛与皇后区东部的通行时间。设计为双洞双线,采用直径为6.6m敞开式掘进机施工。

其工程特点如下:
(1)车站采用非爆破开挖方式施工。
(2)不设混凝土仰拱预制块,采用预制钢枕梁。
(3)洞内采用皮带机运输方式,洞口采用垂直提升方式出渣。

对该工程进行技术调研,总结其成果如下:
(1)出渣方式。采用皮带机出渣,水平运至洞口,再通过垂直提升机将泥渣转运到地面临时存渣场(见图1-13)。

图1-12　刀具修理　　　　　　　　图1-13　出渣方式

(2)材料运输。采用高清洁内燃机车牵引,采用单线运输方式,在局部设会车道。
(3)无仰拱。将轨道安装在钢枕梁上。
(4)初期支护。采用锚喷支护,即钢筋网、锚杆、钢拱架、喷射混凝土的支护方式。
(5)二次衬砌。在掘进机施工完成出洞后再进行二次衬砌施工,初期支护与二次衬砌施工间隔时间较长。
(6)地下车站施工方法。美国纽约地铁采用非爆破施工,包括地下车站、隧道和岔线等的施工,这样既可以减少爆破对围岩的扰动,又能解决爆破振动和噪声扰民的问题。ESA隧道地下车站施工,是通过全断面掘进机(TBM)和巷道掘进机(小炮头)配合(见图1-14),先利用掘进机施工上台阶左侧,施工到车站后端头,将掘进机退回到车站前端[掘进机倒退方式见第(7)款]。然后通过岔线将掘进机移至上台阶右侧,施工车站右侧部分,上台阶掘进机开挖剩余部分利用巷道掘进机开挖,上台阶施工完成后,依此工艺施工下台阶,直至整个车站施工完成。
(7)掘进机后退方式。当掘进机施工到车站端头时,将主机和后配套分为两段,先将后配套通过滚动小车装置利用钢轨拖回到车站前端,主机依靠主大梁支撑的平板小车向后退 2.5m 左右。然后将刀盘分解为 4 块,每次卸下 1/4,通过刀盘旋转将刀盘完全卸下,再将主机和刀盘分别拖到车站前端,然后再重新组装(见图 1-15、图 1-16)。

图 1-14　巷道掘进机(小炮头)

图 1-15　主机放在滚动小车装置上

此外,在国外用 TBM 建设的隧道(洞)还有瑞士费尔艾那铁路隧道、丹麦大贝尔特海峡铁路隧、阿尔卑斯铁路运输线布热那尔(Brenner)山岭隧道、瑞士哥特哈德山岭隧道、法国里昂和意大利都灵之间的蒙特塞尼斯(Mont Cenis)隧道等,此处不一一介绍。

(二)国内使用 TBM 施工的工程实例

1.秦岭隧道掘进机施工

秦岭隧道位于西安至安康铁路的青岔至营盘车站之间,是西安至安康铁路关键性工程,隧道全长 18456m,是我国首次设计采用 TBM 施工建成的最长铁路隧道。

秦岭山脉是我国长江、黄河两大水系的分水岭,山高谷深,人烟稀少,地形、地貌及地质条件十分复杂。秦岭隧道地质条件比较复杂,岩石坚硬、干燥状态下的平均抗压强度 130～200MPa,洞身通过多条断层带,并在较大断层带地段可能产生突然涌水、坍塌等地质灾害。另外,隧道最大埋深 1600m,埋深超过 1000m 的地段长约 4km,自重应力大,构造应力、残余应力的影响大,隧道施工时可能发生岩爆。

秦岭隧道设计为双洞单线隧道,Ⅰ线隧道长 18456m,进出口分别采用一台直径为 8.8m 的 TBM 施工,如图 1-17 所示;Ⅱ线隧道全长 18456m,采用钻爆法施工,先期设置为平导,为Ⅰ线 TBM 施工探明地质情况,后期再扩挖为正洞。

图 1-16　滚动小车装置

图 1-17　秦岭敞开式掘进机

进口工区掘进机于 1997 年 9 月 8 日开始组装,12 月 18 日进行试掘进,至 1998 年 8 月 29 日贯通,累计掘进 5243m,最高月掘进进度为 528m。出口工区掘进于 1997 年 10 月 10 日开始组装,1998 年 2 月 16 日正式掘进,至 1999 年 8 月 22 日贯通,累计掘进 5621m,最高月掘进进度为 512m。

秦岭隧道是我国首次采用全断面、大直径 TBM 施工的铁路隧道,并创新了许多新技术、新方法、新工艺,取得了一批实用性强、技术含量高、有创新意义的科研成果,部分主要技术指标和成果达到了同类条件下国际先进水平,推动了我国采用 TBM 修建隧道的进程。

2. 大伙房引水隧洞

辽宁省某水库输水工程位于辽宁省东部本溪市桓仁县和抚顺市新宾县境内,主要向辽宁中部地区部分城市提供工业、生活及环境用水。

该工程设计引水流量为 70m³/s,加大调水流量为 77m³/s,多年平均调节水量 17.88 亿 m³。输水工程主体建筑物为一条长 85.308km、底坡为 1:2380 的输水隧洞,埋深 100～300m,整个隧洞共设置 16 条施工支洞。隧洞进口端 24.85km 采用钻爆法施工,其余 60.73km 中除有 2km 采用钻爆法施工外,其余均采用 3 台 TBM 施工,每台 TBM 掘进长度控制在 18～20km。其平面施工布置图如图 1-18 所示。

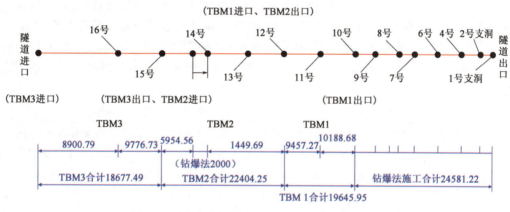

图 1-18　大伙房引水隧洞施工地段平面图(尺寸单位:m)

洞身穿越太古代、元古代、中生代三套地层,岩性主要有混合岩、混合花岗岩、白云石大理岩、大理岩夹变粒岩、浅粒岩、石英砂岩、砂岩、页岩、火山角砾岩、安山岩、凝灰岩、正长斑岩,中硬岩。风化程度为微风化～新鲜,围岩干燥状态下的平均抗压强度 30～60MPa,稳定性总体较好。

如图 1-19 所示,TBM 直径为 8m,一次支护采用喷锚支护,局部地段采用模筑衬砌。TBM1 掘进长度大约为 19215.95m;TBM2 掘进长度大约为 19814.25m,其中步进通过 2000m;TBM3 掘进长度大约为 18487.49m。根据前 6 个月施工情况统计,TBM1 平均进度为 383m/月,TBM2 平均进度为 468m/月,TBM3 平均进度为 556m/月。

图 1-19　大伙房引水隧洞敞开式掘进机

3. 新疆大阪输水隧洞工程

新疆大阪输水隧洞工程位于新疆伊犁地区，线路总长31887.6m，其中引水隧洞总长约30.6km，纵坡为1:1020，为无压引水隧洞。进口1860m、中部4000m及出口5000m采用钻爆法施工，其余约19.7km采用一台双护盾TBM施工。隧洞设计断面为圆形，衬砌采用混凝土预制管片。平面施工布置如图1-20所示。

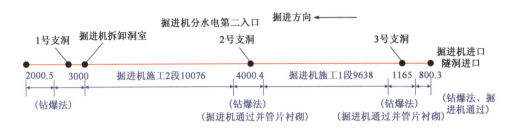

图1-20　大阪输水隧洞施工平面图(尺寸单位:m)

初步施工组织确定：掘进机施工进尺为910m/月，掘进机滑行并安装管片进尺为160m/d；钻爆法施工段落长10966m，设3条支洞辅助施工，支洞总长718.6m。

隧洞施工采用1台双护盾掘进机(见图1-21)自隧洞出口向上游掘进，整个掘进机施工段共分两段，第一段长度9637.4m，第二段长度10076m，预计掘进机总掘进长度约19714m。采用六边形预制钢筋混凝土管片衬砌，衬砌后内径为6.0m，管片宽1.6m，厚度28cm，每块管片质量约5.6t。管片与围岩之间的空隙用豆砾石填充并进行水泥灌浆。出渣采用有轨运输出渣方式，轨距900mm。

4. 青海引大济湟引水隧洞

引水隧洞位于青海门源、大通县境内，出口位于大通县境内宝库河牛场至孔家梁之间的纳拉，距西宁市91km。调水总干渠隧洞全长24165.83m，采用直径为5.93m的双护盾TBM施工(见图1-22)。沿引水隧洞轴线出露地层由新到老为第三系、侏罗系、三叠系上统第二段、三叠系上统第一段、二叠系、志留系下统、奥陶系上统、下元古界。经过统计，TBM段Ⅱ类围岩7634m，占隧洞总长的36.6%；Ⅲ类围岩4147m，占隧洞总长的19.9%；Ⅳ类围岩4419m，占隧洞总长的21.1%；Ⅴ类围岩4677m，占隧洞总长的22.4%。

图1-21　新疆大阪输水隧洞护盾式掘进机

图1-22　青海引大济湟引水隧洞双护盾掘进机

引水隧洞最大埋深约 1028m,平均埋深约 480m。拟采用 TBM 掘进 19965.8m,刀盘直径为 5.93m,衬砌采用预制混凝土管片,内径为 5m,管片厚 35cm,环宽 1.5m,每环 6 片(含封顶块),单片最大质量约 4.5t。

第三节 城市轨道交通工程 TBM 技术应用

一、城市轨道交通工程施工现状及存在问题

城市轨道交通具有高效、节能、环保、运量大、速度快、安全性好、占用城市道路面积少、防空好等优点,对解决城市交通堵塞,改变城市布局,实现城市环境和交通综合治理,引导城市走可持续发展之路起到了很大的作用。城市轨道交通所到之处,交通压力缓解,楼宇兴旺,土地增值。随着经济的发展,城市轨道交通将有着越来越广阔的发展空间。

(一)城市轨道交通工程施工的现状

在城市中修建地下铁道,其施工方法受到地面建筑物、道路、城市交通、水文地质、环境保护、施工机具以及资金条件等因素的影响较大,因此各自所采用的施工方法也不尽相同。经过 40 余年的发展,我国轨道交通修建方法已由最初单一的明挖法发展到现在多种方法并存,施工技术不断发展提高,已初步形成了专门的学科体系。轨道交通常用的施工方法有明挖法、盖挖法、暗挖法等。暗挖法主要包括钻爆法、盾构法、掘进机法、浅埋暗挖法、顶管法、新奥法等。区间隧道通常采用暗挖法施工,并根据地质、线路等情况采用不同的施工方法。

明挖法是各国地下铁道施工的首选方法,在地面交通和环境允许的地方通常采用明挖法施工。浅埋轨道交通车站和区间隧道经常采用明挖法,明挖法施工属于深基坑工程技术。由于轨道交通工程一般位于建筑物密集的城区,因此深基坑工程的主要技术难点在于对基坑周围原状土的保护,防止地表沉降,减少对既有建筑物的影响。明挖法的优点是施工技术简单、快速、经济,常被作为首选方案。但其缺点也是明显的,如阻断交通时间较长,噪声与振动等对环境的影响大。如上海轨道交通 M8 线黄兴路轨道交通车站采用明挖法施工,该车站位于上海市控江路、靖宇路交叉口东侧的控江路中心线下。车站为地下 2 层岛式车站,长 166.6m,标准段宽 17.2m,南、北端头井宽 21.4m。标准段为单柱双跨钢筋混凝土结构,端头井部分为双柱双跨结构,共有 2 个风井及 3 个出入口。车站主体采用地下连续墙作为基坑的维护结构,地下连续墙在标准段深 26.8m,墙体厚 0.6m。车站出入口、风井采用 SMW 桩作为基坑的维护结构。

钻爆法通常用于岩石地层的轨道交通施工。钻爆法施工的过程可以概括为钻爆、出渣、喷锚支护、衬砌,再辅以施工通风、排水、供电等措施。在通过不良地质地段时,常采用注浆、钢架、管棚等一系列支护及加固手段。根据隧道工程地质条件和断面尺寸,钻爆法隧道开挖可采用各种不同的开挖方法,如全断面开挖法、台阶法、双侧壁导坑法、CD 法、CRD 法等。目前,重庆采用钻爆法建成了轨道交通 2 号线,1、3 号线正在建设中。广州轨道交通 1、2、3 号线的某些区段、某些区间或车站下部的坚硬岩石地层也采用了微震控制爆破来辅助开挖。南京轨道交通一期 TAL 标段处于岩石地层中的 3 座隧道,均采用钻爆法施工。

盾构法施工是以盾构这种施工机械在地面以下暗挖隧道的一种施工方法。盾构是一个既可以支承地层压力又可以在地层中推进的活动钢筒结构。钢筒的前端设置有支撑和开挖土体的装置，钢筒的中段安装有顶进所需的千斤顶，钢筒的尾部可以拼装预制或现浇隧道衬砌环。盾构每推进一环距离，就在盾尾支护下拼装（或现浇）一环衬砌，并向衬砌环外围的空隙中压注水泥砂浆，以防止隧道及地面下沉。盾构推进的反力由衬砌环承担。盾构施工前一般先修建一竖井，在竖井内安装盾构，盾构开挖出的土体由竖井通道送出地面。盾构法的主要优点是除竖井施工外，施工作业均在地下进行，既不影响地面交通，又可减少对附近居民的噪声和振动影响；盾构推进、出土、拼装衬砌等主要工序循环进行，施工易于管理，施工人员也比较少；土方量少；穿越河道时不影响航运；施工不受风雨等气候条件的影响；在地质条件差、地下水位高的地方建设埋深较大的隧道，盾构法有较高的技术经济优越性。目前，盾构在国内外城市轨道交通施工中广泛应用，如北京、上海、广州、深圳、西安、杭州、南京等轨道交通工程中，盾构作为区间隧道的主要施工方法，发挥了极其重要的作用。

（二）岩石地层中轨道交通施工存在的问题

我国地域广大、地质类型多样，如重庆、青岛等城市处于岩石地层中，广州轨道交通也有部分区段处于坚硬岩石地层中，这种地质条件下修建轨道交通通常采用钻爆法开挖、喷锚支护（与通常的山岭隧道相当）。城市轨道交通采用钻爆法施工，主要存在以下几个方面的问题。

（1）施工扰民问题。钻爆法施工对于产生噪声和振动以及粉尘污染等诸多环境问题是不可避免的，对此沿线居民反映强烈。在施工过程中市政府、市建委、业主不断收到居民的投诉，影响了市民的工作、学习和休息。

（2）对既有建筑物的影响。由于爆破振动对围岩扰动范围较大，可能对沿线房屋结构产生破坏，出现开裂等现象；穿越已有地下结构物（如隧道和地下洞室）时，可能影响既有地下结构物的稳定性；穿越山体时，爆破振动可能导致山体危岩掉块、崩落等现象，甚至诱发不稳定坡面崩塌，出现山体滑坡。

（3）对施工的影响。由于爆破振动扰民，政府要求施工单位不得在夜间进行爆破施工；由于出渣车对城市环境、交通和安全的影响，白天和雨天限制出渣；由于担心爆破诱发大的伤亡事故，在重大节日，国家和当地大型政治、经济、文化、体育活动期间以及高考期间都要求停工，少则两三天，多则十天半月，甚至更长，极大地影响施工工期和施工组织；同时，由于爆破振动影响的不可预见性，在施工穿越地表高层建筑密集区和既有地下结构物区域时，施工难度大，施工存在的风险也较高。另外，在城市使用雷管、炸药不仅审批手续繁多，而且大量炸药、雷管的运输及存放也存在安全隐患。

（4）对环境的影响。随着国家对环境保护的重视和人民对环境质量要求的提高，施工带来的环境问题也日益突出。钻爆法采用长洞短打的方式以满足工期的要求，需要沿线修建大量的出渣支道，由此带来了地面围挡严重影响地面交通等问题。此外，大范围出渣对环境和市容也影响较大，且许多出渣支道在建设完成后成为废弃工程，资源浪费较大。

钻爆法施工工程进度缓慢，且存在以上诸多弊端，随着城市轨道交通建设强度逐年增加，完全采用钻爆法施工已无法满足建设工期、安全、环保等各方面的要求，这成为顺利完成轨道交通建设任务的制约瓶颈。

二、TBM 施工的优势

在城市轨道交通工程中采用 TBM 施工,具有以下主要优势。

(一)施工对围岩的扰动少,洞内施工人员及地面构筑物安全易得到保障

TBM 在城市轨道线网中应用的安全性体现在两方面:一是由于掘进机采用机械破岩的方式对周围岩体扰动范围小,有利于地面建筑物和地下结构物,以及山体危岩和不稳定坡面的安全;二是由于设备的机械化程度高,如开挖、安设钢支撑、挂钢筋网、打锚杆、喷混凝土、安装管片、注浆等传统危险性和危害性较高的作业均可实现机械自动化操作,即使发生掉块、塌方等灾害,内部工作人员也有机械设备保护,安全性较高。

(二)无爆破,方便出渣,施工环保

TBM 采用机械掘进,避免了爆破作业,从根源上避免了大的振动,其在施工过程中产生的振动和噪声几乎对附近居民生活没有影响。所以采用 TBM 施工可以大大减少区间隧道段由于开挖爆破而带来的持续振动影响,有效地保护和保证了沿线居民的正常生产生活。

减少地面环境和交通的影响:TBM 施工掘进速度远高于钻爆法施工,因此可以通过先期施工区间隧道的方式,利用区间隧道出渣,可以解决 70% 以上的出渣量,大幅减少出渣支洞的数量,减小对地面交通的影响。

(三)开挖断面光滑,施工质量好

TBM 采用刀具挤压、切割方式掘进,超挖量少,减少了支护量;形成的开挖断面光滑,开挖断面呈圆形,不易产生应力集中,有利于结构稳定;挂网、打锚杆、立钢拱架、安装管片、注浆均采用机械作业,精度高、速度快、质量好。

(四)工厂化作业,文明施工

TBM 施工从隧道掘进到衬砌,完全实现了机、电、液一体化和智能化,是一座隧道移动工厂,实现了工厂化作业;开挖时洞内粉尘、烟雾较少,空气清新,极大地保护了施工人员的健康,体现了文明施工。

(五)施工快速、高效,缩短了建设工期

TBM 可以实现连续掘进,能同时完成掘进、出渣、支护等作业,掘进速度快,效率高,采用 TBM 施工区间可大大缩短建设工期。

三、TBM 施工的意义

(一)有利于提高施工技术水平

在国外采用敞开式 TBM 修建轨道交通隧道已经拥有较成熟的技术,但在国内使用敞开式 TBM 进行轨道交通施工仅在重庆轨道交通 6 号线中首次应用,复合式 TBM 在重庆市也属首次应用。通过城市轨道交通中使用 TBM 进行区间隧道施工,可以提高硬岩城市轨道交通隧道的施工技术,进一步完善城市硬岩隧道的技术水平和施工工艺,提高城市地下工程的整体建设水平。

(二)代表城市地下工程修建技术的发展方向

硬岩掘进技术(TBM)从 20 世纪 80 年代由国外引入国内后,在水利、铁道、公路工程等多个领域得到应用,施工完成引黄、秦岭隧道等多个重难点工程,其高效等特点,逐步得到建设各方认可,已由一种国外引进技术逐步发展成为国内隧道施工的主要技术方法。重庆轨道交通 6 号线首次在国内轨道交通工程中采用 TBM 施工,实现了硬岩掘进技术在城市轨道交通工程领域的突破。

目前,随着城市人口的增多以及城市建设规模的不断发展,市内土地资源极为短缺,人们日益重视地下空间的开发利用。依托重庆轨道交通工程区间隧道采用 TBM 施工成功后,TBM 还可应用于市政工程隧道、市政管网隧道的建设,全面提升城市地下工程建设的总体技术水平。

(三)有利于加快轨道交通工程的建设

为尽快改善城市客运拥挤现状,加快城市轨道交通建设进度,提高工程建设技术水平,减少施工对周围环境的影响,并为了贯彻"以人为本"的指导思想,依托高新技术,满足工程沿线环境保护要求,尽量减少扰民,有必要对城市轨道交通线网区间隧道采用 TBM 施工。

目前,我国正处于轨道交通快速发展阶段,国家把"发展城市轨道交通"列入国民经济"十五"计划发展纲要,并作为拉动国民经济,特别是大城市经济持续发展的重大战略。截至 2011 年 8 月,全国已建成城市轨道交通线路 50 条,共计 1568km;"十二五"期间,全国各城市轨道交通线路建设里程将达到 2600km;2020 年规划总里程达 6100km。TBM 通过发挥其高效、快速、安全等特点,逐步发展成为国内岩石隧道施工的主要技术方法,有利于加快轨道交通工程的建设。

(四)有助于带动相关产业的发展

TBM 掘进机生产属机械制造行业,对炼钢、零部件生产加工等行业具有明显的带动作用。目前我国在上海、广州、沈阳等已建立了 TBM 生产基地,TBM 的大规模应用必将提升我国的机械制造水平,带动相关行业的整体发展,为我国城市的经济发展做出贡献。

四、TBM 技术在城市轨道交通应用中需解决的重难点问题

TBM 在岩石城市轨道交通中,存在以上优势,具有十分广阔的应用前景。但要把 TBM 应用于城市轨道交通工程中必须解决 TBM 施工选型、施工支护、TBM 防排水、TBM 过站、下穿建筑物及小净距掘进等一系列关键技术问题。

(一)设备选型是否合理决定工程成败以及能否按期建成

轨道交通工程基本位于城市繁华地段,周边环境复杂,对工程建设的质量、安全及进度要求比较严格。TBM 不仅要确保岩石段掘进施工快速、安全,同时还要确保在局部回填土段安全掘进通过,并不对工程质量、工期、及周边环境造成影响。

轨道交通区间隧道在线形上的最大特点就是小半径、大坡度,这就要求 TBM 掘进方向能够根据线形条件及时调整并有效控制,所配置的导向系统应能保证隧洞最后贯通误差要求。这是轨道交通隧道不同于铁路隧道或水工隧道最大的不同,如果所选 TBM 不能满足,不但影

响工期、造价,甚至造成部分地段无法施工。

(二)轨道交通隧道防水要求高,防水压力大

TBM 隧道防排水技术是确保工程质量的关键环节之一,是实现结构物功能的重要保障。TBM 开挖面光滑,开挖轮廓圆顺,这为防水设施的敷设创造了良好的条件。但由于城市轨道工程站间距小、附属洞室多、断面变化频繁的特点,加之 TBM 施工的防排水要求(如敞开式 TBM 施工的初支防水、结构自防水、薄弱环节防水及墙脚排水)使得 TBM 施工隧道的防水技术尤为复杂和重要。

(三)TBM 通过车站

TBM 过站与传统的盾构施工不同。盾构施工一般一次性为 1~2 个区间,或者为 1 个区间的左右线往返、调头施工,途经车站较少或者不经过车站;由于设备相对小型轻便,其起吊、下方、组装、拆卸等操作也相对容易,可采用站端吊出等方式避免过站,即使是洞内过站,其平移、拆卸等操作也相对方便。敞开式 TBM 一次性施工距离较长,车站形式众多,相应的过站形式也较多,其过站难度、过站要求及对车站持续影响等方面均较盾构过站要高,具有敞开式 TBM 自身显著的特点。

根据 TBM 的机型特点,考虑所通过每个车站的具体情况,需研究确定出 TBM 采取何种方式通过每个车站,车站需相应地提供哪些预留条件,TBM 过站对车站存在哪些影响,如何采取措施使得 TBM 能够顺利通过每个车站并保证区间及车站满足总工期要求等。如能解决上述要求,则解决了 TBM 应用于城市轨道交通的一大难题,为 TBM 在今后逐渐大规模地应用于城市轨道交通工程创造了有利条件,并提供了技术及经验支持。

(四)TBM 下穿建筑物

城市轨道交通工程一般都建在城市繁华地段,地表、地下建筑物众多,由于线路条件和车站埋深的控制,区间隧道与周边建筑物或其基础距离非常近,即便采用 TBM 施工,也会对建筑物产生影响。应根据 TBM 下穿建筑物的控制因素和控制标准,确定 TBM 下穿建筑时的控制技术和具体的应对措施。

(五)TBM 掘进小净距隧道

对于钻爆法施工的小净距隧道,目前已取得了一定的经验,施工技术比较成熟。由于城市轨道交通工程周边环境复杂,施工要求相对较高,加之 TBM 在国内城市轨道交通工程中尚属首次应用,采用 TBM 施工小净距隧道还没有任何研究。而城市轨道交通工程区间隧道受地形、周边建筑物以及车站形式的限制,不可避免地会出现水平及立体小净距隧道。对于小净距隧道,TBM 能够安全施工的最小净距值,以及具体的施工技术、隧道支护措施都是目前亟待解决的问题。

第二章　城市轨道交通工程TBM设备选型及技术要求

城市轨道交通工程中,采用非钻爆技术(盾构或TBM)施工地下区间隧道,具有快速、安全、优质、环保等诸多优点,已被人们接受并广泛使用。由于多数城市的地质条件为土质或风化较为严重的岩层,土压平衡式盾构或泥水盾构机逐渐为人们所熟知,而全断面岩石掘进机(TBM)目前在城市轨道交通工程中使用还比较少。因此,如何根据线路条件、工程地质和水文地质条件、隧道特点、工期及造价等因素综合选择最佳的TBM形式,是采用非钻爆技术修建岩石地层城市轨道交通工程首先要解决的问题。

第一节　全断面隧道掘进机概述

全断面隧道掘进机的诞生为隧道施工走向机械化、标准化创造了条件,使施工程序大大简化,基本实现了流水线作业,隧道开挖、出渣、支护可同时进行并连续作业,具有高效、高速、安全、环保、优质等诸多优点,独头掘进可达15~20km,平均日进尺率为钻爆法的5~8倍,为隧道工作者提供了更为安全、文明的施工条件,减少施工对围岩及周边环境的影响。全断面隧道掘进机在国外已广泛应用地铁、城市给排水、铁路、公路等重大工程建设。

一、全断面隧道掘进机的分类

全断面隧道掘进机是一种集掘进、出渣、导向、支护和通风防尘等多功能为一体的大型高效隧道施工机械。一般来说,用于以岩石地层为主的隧道施工全断面掘进机称之为全面断岩石掘进机(简称TBM),用于以土质或软弱地层为主隧道施工的全面断掘进机称为盾构,盾构在国内地铁工程中使用极为普遍,可参见相关书籍,本章仅对全面断岩石掘进机进行研究。全面断岩石掘进机具体分类如图2-1所示。

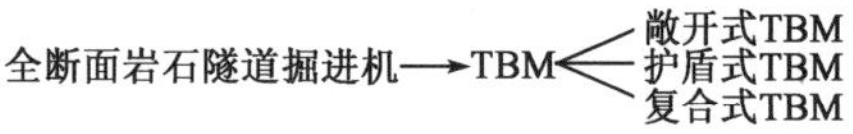

全断面岩石隧道掘进机 → TBM ← 敞开式TBM / 护盾式TBM / 复合式TBM

图2-1　全断面岩石掘进机分类

二、敞开式TBM

敞开式TBM是利用自身支撑机构撑紧洞壁以承受向前推进的反作用力及反扭矩的全断面岩石掘进机,主要适应于硬岩。在较完整、有一定自稳性的围岩中施工时,能充分发挥出优势,在局部软弱破碎地层中,为了降低地表下沉及确保施工安全,需要配备超前围岩加固设备加固后进行掘进。

敞开式 TBM 施工隧道采用复合式衬砌,一般情况下采用喷、锚、网初期支护,围岩较差时采用钢架加强支护,如遇有局部破碎带及松软夹层岩石,则由掘进机所附带的超前钻及注浆设备进行注浆加固;隧道二次衬砌采用模板台车施工模筑混凝土,在掘进过站时只需施作临时初期支护满足施工安全即可。因此敞开式 TBM 根据隧道岩性不同选择配置初期支护设备,如钢架安装器、锚杆钻机、钢筋网安装机、超前钻、管棚钻机、喷混凝土机及注浆机等。敞开式 TBM 组成及工作原理如下。

(一)敞开式 TBM 的组成

国内外的各家掘进机公司生产的敞开式掘进机,其结构形式虽有一些差别,但工作原理基本相同,整机主要由以下几部分组成:刀盘部件,刀盘轴承及刀盘密封,刀盘支撑壳体,机架,支撑及推进系统,刀盘回转机构,前后支撑及调向机构,出渣设备,激光导向装置,除尘装置,液压系统,润滑系统,电气系统,控制系统,监控系统,数据收集系统,通讯系统和支护设备等。其主要结构如图 2-2 所示。

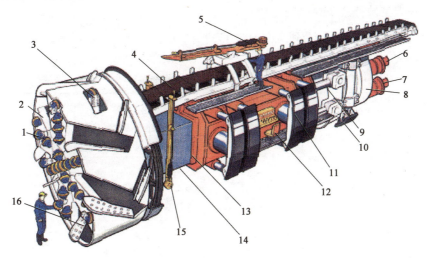

图 2-2 掘进机(Jarva27)结构示意图

1-盘形滚刀;2-刀盘;3-扩刀孔;4-出渣皮带机;5-超前钻机;6-电动机;7-行星齿轮减速器;8-末级传动;9-推进液压缸;10-后下支承;11-撑靴;12-操纵室;13-外机架;14-内机架;15-锚杆钻机;16-铲斗

(二)敞开式 TBM 的掘进原理及流程

敞开式 TBM 撑靴撑紧洞壁以承受刀盘掘进时传来的反作用、反扭矩;刀盘旋转,推进液压缸推压刀盘,一组盘形滚刀切入岩石,在岩面上作同心圆轨迹滚动破岩,岩渣靠自重掉入洞底,由铲斗铲起,岩渣靠自重经溜槽落入皮带机出渣。具体掘进流程如图 2-3 所示。

1.掘进行程图

支撑板撑紧洞壁→前、后下支撑回缩→刀盘旋转→推进油缸推进刀盘。

2.换步行程

前、后下支撑落地→刀盘停止旋转→支撑板回缩→推进油缸拉回支撑及外机架。

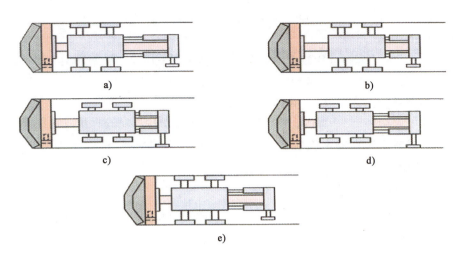

图 2-3 敞开式 TBM 工作循环

3. 准备下一次掘进行程

(三) 几种典型敞开式 TBM 机型

国外生产敞开式 TBM 的公司主要有罗宾斯、佳瓦、德马克、维尔特等,各家敞开式 TBM 机型特征详见表 2-1。

主要厂家敞开式 TBM 特征统计   表 2-1

机型 项目	罗宾斯	佳瓦	德马克	维尔特
刀盘结构	球面、平面	平面	锥面	锥面、平面
刀盘回转机构布置位置	单对水平支撑,浮动	(1)双对 X 形支承; (2)双对水平支承	(1)单对水平支承,浮动;(2)双对水平支承,前铰接,后浮动	双对 X 形支承
刀盘轴承	三轴式双列圆锥滚子轴承	双列圆锥滚子轴承	径向滚子调心轴承+平面止推滚子轴承	三轴式
前支承	落洞底,掘进时承受掘进机前部重量	浮动,掘进时回缩不承受掘进机重量	浮动,掘进时回缩不承受掘进机重量	浮动,掘进时回缩不承受掘进机重量
推进系统	推进油缸支撑在水平支承靴板与内机架上水平面内有一夹角	推进油缸支撑在内、外机架上	推进油缸支撑在水平支承靴板与内机架上水平面内有一夹角	两组推进油缸支撑在外凯式机架与内凯式机架及导向壳体突缘上
支护设备	钢筋网安装机,锚杆钻机,圈梁安装机,超前钻,混凝土喷射系统	锚杆钻机,圈梁安装机,超前钻,混凝土喷射系统	锚杆钻机,圈梁安装机,超前钻,混凝土喷射系统	锚杆钻机,圈梁安装机,超前钻,混凝土喷射系统
刀具	17m 或 19m 盘形滚刀任选	盘形滚刀,扩孔刀	盘形滚刀,扩孔刀	盘形滚刀,扩孔刀,割刀;润滑油中装入1%异味剂

续上表

机型 项目	罗宾斯	佳瓦	德马克	维尔特
步进装置	掘进机前中部各装随机带步进滚轮小车,在预铺轨道上牵引步进			前后下支承。两对X形支撑下部两腿支撑各装随机带步进靴架
生产公司或工厂	美国罗宾斯公司,德国海瑞克公司,日本小松、三菱,法国NFM公司等	原佳瓦公司,现罗宾斯公司(MK型),日本川崎公司	原德马克公司,现奥钢联,由瑞典萨特维卡(Sandvik)控股	德国维尔特公司

三、护盾式 TBM

护盾式 TBM 是在整机外围设置一个与机器直径相一致的圆筒形保护结构以适应于掘进破碎或复杂岩层的全断面岩石掘进机。

护盾式 TBM 施工隧道采用管片一次衬砌,管片背后由 TBM 附属设备压注豆石混凝土以填塞管片背后的空隙和控制地表沉降。

护盾式 TBM 可分为单护盾、双护盾和三护盾三类,由于三护盾掘进机应用很少,以下只对单护盾与双护盾 TBM 进行介绍。

(一)单护盾 TBM

单护盾掘进机主要适应于比较破碎、围岩的抗压强度低、岩石自稳性较差的岩体,由盾尾推进液压缸支撑在已拼装的预制衬砌块上或钢圈梁上以推进刀盘破岩前进,其外形如图 2-4 所示。

1. 单护盾 TBM 的组成

单护盾掘进机主要由护盾、刀盘部件及驱动机构、刀盘支承壳体、刀盘轴承及密封、推进系统、激光导向机构、出渣系统、通风除尘系统和衬砌管片安装系统等组成(见图 2-5)。

图 2-4 单护盾 TBM 外形

2. 单护盾 TBM 的工作原理及流程

单护盾 TBM 只有一个护盾,大多用于软岩和破碎地层,由于没有撑靴支撑,掘进时 TBM 的前推力是靠护盾尾部的推进油缸支撑在管片上获得,即 TBM 的掘进要靠管片作为"后座"以获得前进的推力。机器的作业和管片的安装是在护盾的保护下进行的,单护盾 TBM 的工作原理如图 2-6 所示。

单护盾 TBM 的掘进工作流程如下:

(1)掘进作业。回转刀盘→伸出辅助推进缸→撑在管片上掘进,将整个掘进机向前推进一个行程。

(2)换步作业。刀盘停止回转→收缩辅助进缸→安装混凝土管片。

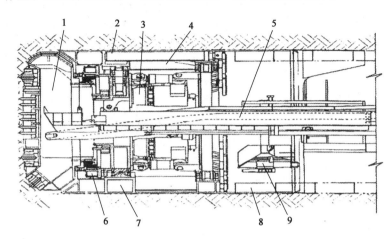

图 2-5　单护盾 TBM 的组成

1-刀盘；2-护盾；3-驱动装置；4-推进油缸；5-皮带运输机；6-主轴承及大齿圈；7-刀盘支承壳体；8-混凝土管片；9-混凝土管片铺架机

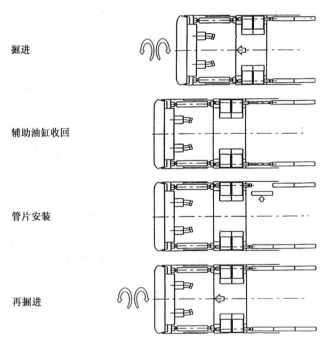

图 2-6　单护盾 TBM 掘进原理示意图

(二)双护盾 TBM

双护盾 TBM 既可以适应比较破碎、围岩抗压强度低的岩石，也能适应岩石强度比较高的地层，其外形如图 2-7 所示。双护盾 TBM 是在整机外围设置与机器直径相一致的两个圆筒形护盾结构，以利于掘进松软破碎或复杂岩层，但由于护盾较长，在围岩变形较大时容易被卡。

1. 双护盾 TBM 结构

双护盾掘进机的一般结构主要由装有刀盘及刀盘驱动装置的前护盾，装有支撑装置的后护盾（支撑护盾），连接前、后护盾的伸缩盾部分和安装预制混凝土管片的尾盾组成。双护盾掘进机一般结构如图2-8所示。

2. 双护盾 TBM 的掘进原理及流程

双护盾 TBM 在遇到软岩时，软岩又不能承受支撑板的压应力，由盾尾推进液压缸支撑在已拼装的预制衬砌块上或钢圈梁上以推进刀盘破岩前进，其

图 2-7 双护盾掘进机

撑靴收回，掘进模式与单护盾 TBM 完全相同，管片安装与掘进不能同时进行，成洞速度较慢；遇到硬岩时，与敞开式掘进机的工作原理一样，靠支撑板撑紧洞壁，由主推进液压缸推进刀盘破岩前进，但衬砌仍采用管片，由于无需依靠管片提供反力，掘进与安装管片可以同时进行，成洞速度很快。双护盾 TBM 的掘进机结构图如图2-9所示，具体如下：

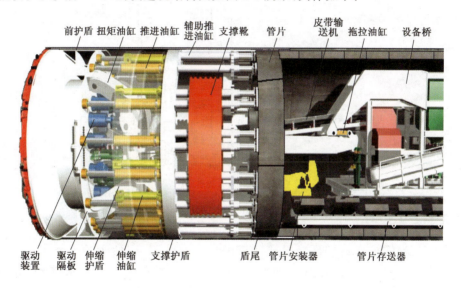

图 2-8 双护盾掘进机结构图

1）在良好地层中掘进

（1）推进作业。伸出水平支撑缸→撑紧洞壁→起动胶带机→回转刀盘→伸出 V 型推进缸→将刀头及护盾向前推进一个行程实现掘进作业。

（2）换步作业。当 V 型推进缸推满一个行程后，就进行换步作业。刀盘停止回转→收缩水平支撑离开洞壁→收缩 V 型推进缸，将掘进机后护盾前移一个行程。

2）在能自稳不能支撑的岩石中掘进

此时，V 型缸处于全收缩状态，并将支撑靴板收缩到与后护盾外圆一致，前后护盾联成一体，就如单护盾掘进机一样掘进。掘进原理如下：

（1）掘进作业。回转刀盘→伸出辅助推进缸→撑在管片上掘进→将整个掘进机向前推进

一个行程。

(2)换步作业。刀盘停止回转→收缩辅助推进缸→安装混凝土管片。

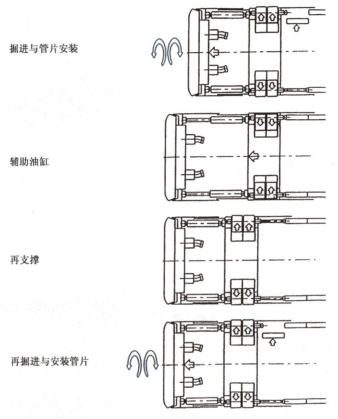

掘进与管片安装

辅助油缸

再支撑

再掘进与安装管片

图 2-9 双护盾 TBM 掘进原理示意图

四、复合式 TBM

复合式 TBM 是在传统的硬岩掘进机(TBM)基础上,刀盘背后增设有压土仓及相应的出渣设备,使其具备封闭及稳定掌子面的功能,是可兼顾软硬不同地层隧道的施工机械(见图 2-10)。

图 2-10 复合式 TBM

复合式 TBM 适用于以岩石地层为主,局部存在回填土、软土及岩层破碎带地段的掘进施工,它拓宽了 TBM 的地层适用范围。复合式 TBM 开挖后采用管片紧跟支护,一次成洞,施工速度较快,安全可靠。

(一)复合式 TBM 组成

复合式 TBM 主要由主机及后配套系统组成。主机主要由刀盘、主轴承及驱动组件、前盾、中盾、盾尾、螺旋输送机(或皮带机)及其辅助设备等组成,主机结构如图 2-11 所示。后配套主要由设备桥、后配套皮带输送机、后配套拖车、主控室、管片安装机以及与复合式 TBM 施工相关的同步注浆系统、泡沫与膨润土注入系统、油脂润滑密封系统、闭式冷却水系统、压缩空气系统、PLC 控制系统、PDV 数据采集处理系统、激光导向系统、通信、照明、监视系统、有害气体检测系统、水电卷筒系统及通风、除尘、给排水系统等组成。复合式 TBM 施工一般采用有轨矿车出渣进料运输,洞内设轨排,双轨单线。

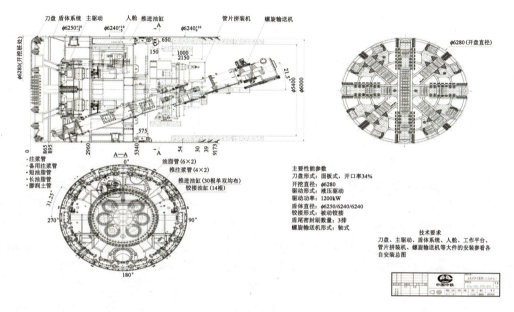

图 2-11 复合式 TBM 主机结构图

(二)复合式 TBM 掘进原理及流程

复合式 TBM 靠盾尾部的推进油缸支撑在已拼装好的管片上获得掘进推力,机器作业和管片安装均在盾体的保护下进行,推进油缸撑紧管片后,将推力施加给刀盘并推动刀盘破岩掘进。在岩石地层段,复合式 TBM 刀盘上以安装滚刀为主,破岩原理与敞开式 TBM 类似;在土质地层或岩土混合地层段,刀盘上滚刀与刮刀相互结合布置,破岩原理与盾构类似。复合式 TBM 的掘进流程与盾构类似,基本可分为开挖、出渣、管片拼装、同步注浆及后续二次注浆等几大部分,如图 2-12 所示。

为适应复杂多变的地质情况,复合式 TBM 需要具有灵活多样的作业模式。通常情况下,复合式 TBM 可采用敞开式、半敞开式及土压平衡式三种模式进行施工,几种模式之间还可以根据开挖实际地层条件进行相互转换。

敞开模式主要应用于微风化、中风化的岩层或稳定

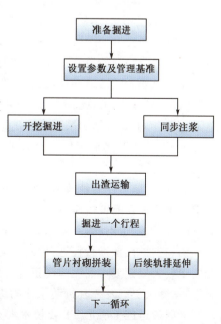

图 2-12 复合式 TBM 掘进流程

性很强的硬土类地层,开挖后掌子面不需要支撑,有充分的稳定性,复合式 TBM 在这种地层中掘进类似于硬岩掘进机施工。

半敞开模式适用于开挖掌子面不具备充分的自稳能力,但在适当的土仓压力下能够保持稳定不会坍塌的地层,掘进时需保持一定的土仓储土量来平衡掌子面的水土压力,保持地层稳定。

土压平衡模式适用于土体软弱、围岩较差、地下水丰富且压力较大的地层,土仓需充满有一定压力的土体才能保证开挖面的稳定,此时与一般土压平衡盾构的工作状况相似。

复合式 TBM 需根据具体地质情况配置适合实际地层条件的刀盘,使滚压破岩、切削破岩可单独或混合使用,滚刀和齿刀可互换或混装。多数情况下,刀盘上以滚刀为主,以保证能够顺利掘进破岩,刀盘驱动应能提供足够的推力、扭矩及脱困扭矩,具备反转功能及过载保护的功能和装置。

第二节　城市轨道交通 TBM 设备选型

采用 TBM 施工,合理选型是工程成功的关键。1985～1992 年,天生桥二级水电站引水隧洞工程使用了美国罗宾斯公司制造的敞开式 TBM,直径为 10.8m,由于选型与地质不适应,且设备故障率较高,进度较低,平均月进尺仅 65m。正在施工的青海引大济湟调水总干渠工程采用 1 台德国维尔特公司制造的直径为 5.93m 双护盾 TBM 施工,2006 年 10 月 TBM 开始掘进,截至 2010 年 3 月 9 日,累计完成隧洞开挖 7258m,2008 年 4 月 3 日进入大坂山南缘断裂带(F5、F4、F19 断层组)以来,TBM 经历 9 次卡机脱困,至今仍采用半断面人工开挖配合 TBM 掘进方式进行掘进。正在施工的引红济石调水工程采用 1 台罗宾斯公司生产的直径为 3.655m 双护盾施工,2008 年 11 月开始掘进,截至 2010 年 5 月 8 日,累计完成隧洞开挖 4340m,2009 年 6 月和 12 月各发生坍方、卡机 2 次,目前已经历 17 次卡机,且围岩变化频繁,高地应力,围岩变形量大,断层破碎带影响严重,管片破损和护盾挤压破坏,TBM 方向难以控制。

1991～1992 年,引大入秦工程 30A 号和 38 号输水隧洞,总长约 17km,相继采用了美国罗宾斯公司制造的直径为 5.53m 双护盾 TBM 施工,TBM 应用较成功,平均月进尺 980m,最高月进尺 1400m。随后,在引黄入晋工程中相继使用了 5 台罗宾斯、1 台法国法马通公司制造的双护盾 TBM,开挖了总长为 122km 的隧道,创造了日掘进 113m、月掘进 1637m 的纪录;其中,总干 6 号、7 号、8 号隧洞采用 1 台美国罗宾斯双护盾 TBM 施工,开挖直径为 6.125m;南干 4 号、5 号、6 号、7 号隧洞采用 4 台双护盾 TBM 施工,其中 3 台为罗宾斯、1 台为法国法马通公司制造,直径为 4.82～4.94m。

TBM 的地质针对性较强,不同的地质条件、不同的隧道断面,需要设计成满足不同施工要求 TBM,需要配置适应不同要求的辅助设备。TBM 对隧道的地层最为敏感,不同类型的 TBM 适用地层也不同,一般的软岩、硬岩、断层破碎带,可采用不同类型的 TBM 辅以必要的预加固和支护设备进行掘进;但对于岩溶暗河发育的隧道、高地应力隧道、软岩大变形隧道、可能发生较大规模突水涌泥的隧道等特殊、不良地质隧道,则不适合采用 TBM 施工。在这些情况下,钻爆法更能发挥其机动灵活的优越性。

区间隧道施工所选 TBM 技术水平必须先进可靠,并适当超前,符合工程特性、满足隧道用途,做到安全性、可靠性、经济性相统一。

一、选型原则

TBM设备的选型,对保证隧道工程顺利进行至关重要。TBM设备选型主要遵循下列原则:

(一)安全性、先进性、经济性相统一

TBM选型应首先遵循安全性、可靠性原则,并兼顾技术先进性和经济性的原则进行。经济性从两方面考虑:一是完成隧道开挖、衬砌的成洞总费用;二是一次性采购TBM设备的费用,TBM设备的费用应分摊在工程预算内。

(二)满足环境条件

TBM设备选型应满足隧道外径、长度、埋深和地质条件、沿线地形以及洞口条件等环境条件。TBM设备选型应根据隧道施工环境综合分析,TBM的地质针对性非常强,TBM性能的发挥在很大程度上依赖于工程地质条件和水文地质条件,工程地质及水文地质是影响TBM隧洞施工质量的重要因素,也是TBM设备选型的重要依据。地质勘察资料要求全面、真实、准确,除有详细而尽可能准确的地质勘察资料外,还应包括隧道地形地貌条件和地质岩性,过沟地段、傍山浅埋段和进出口边坡的稳定条件等。TBM对隧道通过的地层最为敏感,不同类型的TBM适用的地层也不同,一般情况下,以Ⅱ、Ⅲ级围岩为主的硬岩隧道较适合采用敞开式TBM;以Ⅲ、Ⅳ级围岩为主的隧道较适合采用护盾式TBM;复合式TBM则适用于复杂地层的掘进。当地层多变、存在软土地层、地表结构复杂且对沉降控制要求较高时,多采用复合式TBM。复合式TBM对地表沉降的控制较好,因此适应于下穿房屋密集区等地质地层中的掘进。敞开式、双护盾式及复合式TBM各项指标对比见表2-2。

敞开式、双护盾式及复合式TBM对比表 表2-2

TBM类型	敞开式TBM	双护盾TBM	复合式TBM
掘进性能	可根据不同地质,采用不同的掘进参数,随时调整	刀盘结构同敞开式,可根据不同地质,采用不同的掘进参数	适用于软土、软硬不均、硬岩等多种地层的掘进
支护速度	(1)地质情况好时只需要进行锚网喷,支护工作量小,速度快; (2)地质差时需要超前加固,支护工作量大,速度慢	采用管片支护	采用管片支护
掘进速度	根据地质情况调整掘进速度。受地质和设备性能影响	根据地质情况调整掘进速度。受地质和设备性能影响	根据地质情况调整掘进速度。受地质和设备性能影响。同时受渣土改良效果影响
衬砌方式	根据情况,可进行二次混凝土衬砌	采用管片支护,可以不用二次衬砌	采用管片支护,可以不用二次衬砌
管片预制厂	没有	必须	必须
设备费用	较高	高	较低
工程成本	较高	高	较低

(三)满足安全、质量、工期及造价要求

TBM 设备的配置应尽量做到合理化、标准化;应依据工程项目的大小、难易程度、安全、质量、工期、造价、环保以及文明施工等要求,在充分调研的基础上进行选型。工程施工对 TBM 的工期要求包括 TBM 前期准备、掘进、衬砌、拆卸转场等全过程;TBM 的前期准备工作包含招标采购、设计、制造、运输、场地、安装、调试、进洞等;开挖总工期应满足预定的隧道开挖所需工期的要求;对边掘进边衬砌的 TBM,TBM 成洞的总工期应满足预定的成洞工期的要求;TBM 的拆卸、转场应满足预定的后续工期的要求。

(四)后配套设备与主机配套

后配套设备与主机配套,满足生产能力与主机掘进速度相匹配,工作状态相适应,且能耗小、效率高的原则,同时应具有施工安全、结构简单、布置合理和易于维护保养的特点。进入隧道的机械,其动力宜优先选择电力机械。配套应合理,其生产能力首先应满足施工组织设计所要求的工期,能确保进度目标的实现。后配套设备的选型应满足劳动保护和环境保护等职业健康安全的要求,满足文明施工的要求。因此后配套设备选型时,应满足操作者劳动强度和劳动条件的改善,应配备污染少、能耗小、效率高的施工机械,以减少作业场所环境污染,有利于环境保护。同时,施工管理者要有强烈的劳动保护和环境保护意识,应自始至终把环境保护工作列入现场管理的重要内容,应强化环境管理,制定环境保护措施。

二、选型控制因素

(一)功能

所选掘进机必须适合地质现状,满足所穿越地层的施工需要,符合隧道特性,满足隧道用途。

(二)线形条件

所选 TBM 要能够满足区间隧道平面曲线转弯半径和纵向坡度的要求,即要求 TBM 掘进方向能够根据线形条件及时调整并有效控制,所配置的导向系统应能保证隧洞最后贯通误差要求。

(三)所选 TBM 应满足安全、质量、工期、造价及环保的要求

其中,安全包括 TBM 施工隧道自身的安全及周边建(构)筑物的安全。隧道自身的安全是指按照新奥法设计采用复合式衬砌隧道的初期支护在施工期必须满足结构安全的需要,二次衬砌须满足长期运营条件下的结构安全及防水要求;采用管片衬砌需同时满足施工期及运营期的结构安全要求。

工期要求包括 TBM 前期准备、掘进衬砌、拆卸转场全过程的工期要求。其中,前期准备工作,如设计、制造、运输、场地、安装、调试等应满足预定的隧道掘进开工的要求;TBM 开挖总工期应满足预定的隧道开挖所需工期的要求,对边掘进边衬砌的掘进机,掘进机成洞的总工期应满足预定成洞工期的要求;掘进机的拆卸、转场应满足预定的后续工序工期的要求。

(四)过站

所选 TBM 应满足各种实际情况下的过站要求,具备掘进过站和步进过站(或通过其他辅助方式运输过站)两种模式,在过站过程中充分体现快速、经济的特点,并尽量减少对车站施工的干扰。

(五)长距离掘进

TBM 连续掘进距离长,要求 TBM 具有良好的性能,较长的使用寿命,充足的备件和配件。由于不具备开支洞的条件,TBM 长距离掘进对长距离通风、供电、运输及长距离给排水都提出了较高的要求。要求有可靠性高、能力强的通风系统、供电系统、给排水系统以及能高效率运转的运输系统。

(六)处理不良地质灵活性

城市轨道交通工程区间隧道局部地段隧道埋深很浅,并且地面建筑密集,地下管线错综复杂,TBM 需配置超前地质预报、超前钻探、超前钻孔注浆加固等设备,以防止地层坍塌损坏或卡住 TBM,且处理特殊地质的方法要灵活。

三、选型适应性分析

(一)工程地质适应性分析

1. 地质水文条件

详细、可靠的地质水文资料是 TBM 工程项目成功的基本条件,直接决定了工程的成败。

地质水文资料决定了项目采用 TBM 是否可行,决定了 TBM 的选型,决定了 TBM 的主要技术参数,决定了辅助施工设备的选择和应急方案的制订。

地质水文资料必须详细、准确、可靠。隧道施工的根本问题通常是由隧道开挖通过地层的物理与岩土性质的不均匀性决定的;对于全断面、机械化开挖,由于这种开挖方式很不灵活,所以开挖物料强度的不均匀性更为重要。以适当方式事先掌握工程的地质水文条件对 TBM 施工是极为重要的。国内外大量的工程施工实例已经证明,用在前期勘察上的资金会因施工费用降低与工期缩短得到很大补偿。只有掌握详细、准确、可靠的地质水文资料,才能对 TBM 正确选型,才能制定针对性的施工专项措施。

岩石的单轴抗压强度是影响掘进效率的关键因素,掘进机适合掘进的岩石抗压强度为 5~150MPa,且应具有一定自稳能力,最适合掘进抗压强度为 30~150MPa 的硬岩。

岩体完整性也是影响 TBM 掘进难易程度的主要控制因素。TBM 掘进速度的高低主要取决于岩体的完整程度,并以较完整和较破碎状态($K_v=0.45$~0.75)为最佳适用范围。

岩石的硬度和耐磨性是影响 TBM 掘进的又一主要因素。岩石中石英含量越高,岩石的耐磨性越好,TBM 的掘进效率也越低。

在有大的构造、断层、岩溶的地层,在软岩高地应力并可能产生大变形的地层,在有大量涌水尤其是突然集中涌水的地层,TBM 施工时可能发生大塌方造成 TBM 被埋、发生大变形造成 TBM 被卡、突然涌水造成 TBM 被淹的风险,遇到岩溶可能会发生以上风险的一种或多种。因此,TBM 不适应以上类型的特殊地层。

2. 区间隧道埋深适应性分析

采用 TBM 掘进机施工时,要求隧道最小埋深不宜小于 1 倍洞径。通过统计分析,适应于 TBM 施工的区间隧道埋深基本大于 8m,局部埋深浅的地段可以通过采用辅助工法和调整纵坡以满足 TBM 施工的要求。

(二)线形适应性分析

1. 线路平、纵断面适应性分析

TBM 设备选型应综合考虑 TBM 掘进机平面转弯半径与线路平面最小曲线半径的关系、轨道交通车型、设计行车速度、最大设计限坡等因素。

1) 平面设计适应 TBM 施工有关要求

(1) 线路平面应尽可能沿城市主干道并在道路规划红线范围内布设,充分重视建筑物、构筑物、地下管线与桩基等对线路位置的影响,尽量绕避既有建筑及规划建设项目,线位选择应尽量方便施工,减少迁改。

(2) 线路平面应力求顺直,尽量采用较大的曲线半径,以适应 TBM 施工的要求,TBM 施工最小的曲线半径为 300m。

(3) 车站应尽可能设置成岛式车站,并考虑合理的站间距,以方便 TBM 过站。

(4) 辅助线的分布及形式应根据运营组织、行车交路并结合线路条件来设置,尽量考虑 TBM 施工的方便性。

(5) 平面线路线间距不变的并行地段平曲线,宜设计为同心圆。

2) 纵断面设计适应 TBM 施工的有关要求

(1) TBM 通常适应的最大纵坡为 50‰。

(2) 区间隧道最小埋深不宜小于 1 倍洞径,同时尽量使隧道处于稳定岩层中,以利于 TBM 施工。

(3) 在穿越建筑物时,距离建筑物基础不宜小于 1 倍洞径,如纵断面设计无法满足,在结构设计时要进行加固处理。

3) TBM 施工对车站及线路设计的要求

(1) 在 TBM 过站方案设计时,最好设计成岛式车站,以利于 TBM 步进过站或掘进过站。

(2) 如果由于换乘或其他因素控制,只能设置成侧式车站时,要考虑 TBM 过站所需要的线间距等过站要求。

(3) 在纵断面设计时,车站尽量考虑浅埋,同时考虑采用明挖法施工,以利于 TBM 过站、出渣、转场及吊出等施工要求。

2. 区间隧道长度适应 TBM 施工适应性分析

国外研究表明,当隧道长度与直径之比大于 600 时,采用 TBM 进行隧道施工是经济的,且隧道越长,经济性越好。在发达国家和地区,对 3km 以上隧道都优先采用 TBM 施工。

(三)技术安全性分析

相应工程地质情况的各种类型 TBM 施工时,对可能存在风险及不利影响因素进行分析评价,提出规避风险及减少不利影响所采取的工程措施,并比较相应的代价等级。

(四)经济性分析

根据《城市轨道交通工程设计概预算编制办法》《铁路基本建设工程设计概算编制办法》及地方性建设工程设计概算编制有关规定进行 TBM 工程概算分析。

TBM 施工段设计概算编制范围,包括以掘进出渣、衬砌支护为主要作业,TBM 工作井、TBM 安装拆卸、转场、过站、施工监测为辅助作业的全部施工过程的工程费用,以及 TBM 进场及出渣便道、沿线建(构)筑物及管线迁改、TBM 组装场地、转场施工场地、TBM 施工生产场地建设等工程建设其他费用。

(五)工期分析

根据全线工程筹划及各种类型 TBM 施工进度指标,确定区间土建工期,并考虑设备的(订)供货时间、铺轨及设备运输方式、建筑装修、设备的安装及调试等制约因素,同时要考虑控制工期的车站自身施工及对 TBM 施工的影响。

第三节 城市轨道交通 TBM 设备选型实例

一、实例概况

重庆轨道交通 6 号线是主城区轨道交通线网的重要组成部分,是"六线一环"的主骨架,连接了南岸区、渝中区、江北区、渝北区和北碚区,联系了茶园—鹿角、南坪、渝中、观音桥—人和、大竹林—礼嘉、蔡家、北碚等主城区 16 个组团中的 7 个,建立了北碚以及礼嘉和大竹林—蔡家两个开发活跃区到主城核心区的快速通道,是继 1、2、3 号线之后即将开始建设的第 4 条轨道交通线。规划线路起点为茶园南站,终点为五路口站,线路全长 61.23km,设车站 28 座(11 座换乘车站)。设长生、五里店、蔡家、梅花山四座主变电所,设大竹林车辆段、龙凤溪车辆段和长生停车场,控制中心与 1、3 号线合建于两路口站。6 号线共分两期建设,一期修建上新街站至礼嘉站,线路长度为 23.68km;二期修建茶园南站至上新街站、礼嘉站至五路口站,线路长度为 37.55km(见图 2-13)。

6 号线一期工程设计起点位于上新街站,与规划环线形成十字换乘,出站后跨越长江到达渝中半岛核心区,设小十字站,与 1 号线形成"T"形换乘,出站后跨越嘉陵江到达江北区,设大剧院站、江北城站(与规划 9 号线平行换乘)、五里店站(与环线平行换乘),后沿五黄路地下西行,设红土地站(与 4 号线形成十字换乘)、黄泥塝站、红旗河沟站(与在建 3 号线形成十字换乘),之后沿红石路前行,在花卉园北侧设花卉园站,后沿景观大道北行,设大龙山站(与 5 号线形成同台换乘)、冉家坝站(与环线、5 号线形成三线换乘),在黄山大道交叉口设光电园站,并设出入段线连接大竹林车辆段,下穿渝合高速后由地下转为高架,后以高架线沿金开大道中央分隔带行走,设竹林公园、大竹林、黄桷坪高架站,出站后转向东北,同时线路由高架转为地下,下穿渝合高速进入礼嘉中心区,在规划礼嘉公交站场附近设礼嘉站。

6 号线一期工程线路总长 23.68km,其中地下线 16.816km,高架线 6.822km,地面线及敞开段 0.046km;全线共设 16 座车站,平均站间距 1.514km,其中地下站 12 座,高架站 4 座。一期工程 2012 年已经建成通车。

图 2-13　重庆市轨道交通 6 号线线路示意图

6 号线二期工程分为南北两段，南段线路自茶园组团通江大道与玉马路相交处设茶园南站，出站后沿通江大道北行，分别在同景居住区道路口以及黄明路路口设茶园北站及长生桥站，线路出长生桥站后逐渐由地下转为高架线敷设，并在规划石塔立交前左转，跨过茶园路后设刘家坪高架站，出站后线路沿茶园路北侧向西布设，跨过规划路后以地下线形式沿长生停车场生产区边缘前行，下穿规划的白沙立交后进入铜锣山隧道，接入一期工程起点站——上新街站。北段线路自一期工程终点站礼嘉站折返线末端引出后，向北从龙塘水库东侧穿越龙湖悠山郡商住楼盘后设金山寺地下车站，出站后经礼白大道至嘉陵江，以蔡家轨道交通专用桥跨越嘉陵江进入蔡家组团，设曹家湾地下站。出站后线路往北沿纵二路西侧走行，下穿中环快速路后设蔡家地下站。出蔡家站后线路转向西穿越两规划居住用地,沿横二路路中敷设,在向家岗设向家岗站,出站后继续沿横二路路中地下敷设,下穿纵四路、纵五路、纵六路后上跨渝武高速和212国道进入中梁山隧道,由地下转为高架线,上跨襄渝铁路、龙凤溪后,在二环高速南侧设置龙凤溪高架站,该站为龙凤溪车辆段接轨站。出站后线路下穿二环高速后由高架转为地下,在嘉陵风情步行街下设北碚站,预留与规划远景7号线通道换乘条件。出站后线路继续往东下穿渝武高速,然后沿天生路地下敷设至西南大学附近设天生地下站,出站后线路继续向东地下敷设,下穿力帆汽车制造有限公司、北碚地税局二所等老城建筑后进入老城区步行街,在步行街街心花园下设置终点站——五路口站。

6号线二期工程线路全长约37.55km,其中南段(茶园南至上新街)长约11.47km,北段(礼嘉至五路口)长约26.08km。6号线二期工程地下线长约31.13km,高架线长约5.89km,地面线及敞开段长约0.53km;共设12座车站(换乘站3座),其中地下站10座,高架站2座,平均站间距3.14km。二期工程计划于2014年建成。

二、设备选型

根据TBM选型步骤:可行性研究→风险及不利影响因素分析→对风险及不利影响因素采取的工程措施→经济技术比选→最终决策,结合重庆轨道交通工程建设实例,对城市轨道交通TBM设备选型进行分析研究。

(一)各机型TBM可行性研究

决定TBM使用类型的因素有很多,对于重庆轨道交通来讲,诸多因素中起决定性作用的是地质因素和线路因素。

1. 地质因素

重庆市区域地质为砂岩、泥岩、砂岩夹泥岩,岩石各项参数见表2-3。主导地质以软岩为主,岩体饱和单轴极限抗压强度值为5.3~42.1MPa,较均匀单一,局部浅埋地段由于人工开发,存在回填土地段;隧道地下水不甚发育,涌水量较小,水文地质条件较好;岩体完整,并具有一定的自稳能力。岩石完整程度及坚硬程度的划分标准分别见表2-4和表2-5。

岩 石 参 数　　　　　　　表2-3

岩 性			砂质泥岩	砂 岩	泥 岩
矿物组成	碎屑物(%)	石英	54.00~80.75	54.00~71.25	22.75~28.00
		云母	2.55~12.75	少量	12.00~12.25
		长石	0.70~10.20	1.80~19.00	
		岩屑	1.70~4.80	1.80~9.50	
		方解石	少量		
	胶结物或基质(%)	水云母	11.25~36.00		51.00~52.00
		褐铁矿	0.30~3.60		3.00~3.25
		绿泥石	0.45~2.80	5.00~40.00	1.20~5.20
		方解石	0.75~3.50		4.55~4.80
		石膏	2.55~12.83		

续上表

岩 性			砂质泥岩	砂 岩	泥 岩
磨蚀指标	磨耗损失(%)			19.50～37.60	
物理性质	颗粒密度(g/cm³)		2.75～2.80	2.71～2.73	2.75～2.77
	重度 (kN/m³)	自然 γ_a	25.4～25.7	24.8～25.0	25.5～25.7
		饱和 γ_b	25.7～26.0	25.2～25.4	25.8～26.0
	含水率 w_1(%)		2.58～3.00	3.03～3.22	2.61～2.95
	吸水率 w_2(%)		3.36～3.86	3.94～4.16	3.32～3.71
	饱和吸水率 w_s(%)		3.56～4.42	4.50～4.83	3.70～4.13
	孔隙率 n_0(%)		9.39～10.79	10.66～11.44	9.06～10.14
抗压指标（MPa）	自然 R_a		20.0～26.0	40.2～48.0	22.0～24.0
	饱和 R_b		12.6～17.6	29.9～36.7	14.2～15.7
变形指标	变形模量(MPa)		2731～3947	4072～7655	3216～3409
	弹性模量(MPa)		3829～5220	5070～9120	4050～4433
	泊松比		0.34～0.40	0.07～0.22	0.37～0.38
	抗拉强度 σ_t(MPa)		0.79～1.13	1.63～2.25	0.78～0.87
抗剪强度	内摩擦角 φ(°)		38.3～39.7	47.2～49.5	38.7～39.0
	黏聚力 c(MPa)		4.52～6.29	7.19～8.51	3.92～4.40
声波测井	声波波速(m)		2975～3489	2593～3489	2975～3489
	完整系数		0.63～0.72	0.63～0.68	0.63～0.72

岩石完整程度划分　　　　表 2-4

岩体完整程度	结构面发育程度	地质构造影响程度
完整	不发育	轻微
较完整	较发育 不发育	较重 较微
较破碎	发育 较发育	严重 严重

岩石坚硬程度划分表　　　　表 2-5

单轴饱和抗压强度 MPa	>60	60～30	30～15	15～5	<5
坚硬程度	坚硬岩	较坚硬岩	较软岩	软岩	极软岩

根据重庆市区域地质资料,轨道交通工程区间隧道绝大多数地段为岩石段,局部地段有人工填土。岩石地层主要为砂岩、泥岩或砂岩夹泥岩,根据岩体特性及岩体完整性、自稳性,结合轨道交通 1、3 号线已施工工程及重庆市内现有的人防工程、市政、公路隧道情况,重庆市地质条件相对比较单一,围岩稳定性较好,开挖后掌子面能够自稳。可见,重庆轨道交通工程区间隧道施工采用土压平衡或泥水平衡来维持开挖掌子面稳定的必要性不大,且机体内的出渣系统采用皮带机出渣比较合适,而岩渣对盾构机的螺旋出渣系统损耗严重。因此,根据地质条

件,重庆轨道交通工程采用敞开式 TBM 最好,在回填土不可避免,且在长度上占有一定比例的区间采用复合式 TBM 或护盾式 TBM 也是可行的。围岩可支撑性适应分析见表 2-6。

围岩可支撑性适应分析　　　　　　　　表 2-6

掘进机类型	适应分析
敞开式掘进机	隧道岩石不仅能自稳,而且岩石强度≥4MPa,能承受水平(X 型)支撑的巨大支撑力,也能承受掘进机头部接地比压而不下沉
单护盾掘进机	隧道岩石仅仅能自稳,不塌落、但承受不住水平(X 型)支撑的巨大支撑力,则必须采用辅助推进轴缸作为破岩所需推力传递到混凝土管片上,此时需要单护盾掘进机,由于护盾的作用,可以大大减轻掘进机头部接地比压
双护盾掘进机	由于隧道岩石的复杂性,部分能自稳并可以承受水平支撑力,但局部围岩仅能自稳而不能承受水平支撑力。此时宜采用双护盾掘进机。对于隧道开挖时能自稳,而开挖后洞壁容易潮解失稳的地质,也宜采用双护盾掘进机。同时,双护盾掘进机能边掘进边进行混凝土管片的衬砌,从而有效的防止了洞室失稳,这种工艺见效快,无论质量还是进度都优于另外两种掘进机
复合式 TBM	复合式 TBM 主要用于掘进岩石隧道,兼具土质及软硬交错地层的隧道施工。对于围岩变化段需要更换刀具和出渣方式

2. 线网因素

重庆轨道交通采用 B 型车,设计速度 100km/h,平曲线最小曲线半径 $R \geqslant 400m$,极端困难条件下最小曲线半径 $R \geqslant 300m$,线路纵向最大坡度 $i \leqslant 30‰$。通过与国外设备厂家的咨询和分析,对于敞开式、复合式、单护盾和双护盾四种机型,适应 30‰ 的线路纵坡均不成问题,关键在于 TBM 对平曲线半径的适应性。对于平面曲线半径,TBM 适应性见表 2-7。

机型适应曲线半径　　　　　　　　表 2-7

掘进机类型	最小适应半径(m) 一般情况	困难情况
敞开式	400	300
单护盾	500	350
双护盾	400~500	350
复合式 TBM	350	250

各种类型掘进机对线网的适应性论述如下:

1) 敞开式 TBM

敞开式掘进机一般情况下可以适应 400m 的平面曲线半径,困难地段可以适应 300m。

根据相关研究结论,掘进机所能够适应的平面转弯半径与掘进机的机长、一次推进行程和掘进机允许的水平偏移量有关:

$$R = \frac{\sqrt{L^2 + LS - \Delta^2}}{2\Delta}$$

式中:Δ——一次掘进水平位移量(m);

R——设计转弯半径长度(m);

L——掘进机长度(m);

S——掘进行程(m)。

对于带水平支撑的敞开式掘进机,以上计算参数可按以下取值:

①掘进机的长度为刀盘至水平撑靴之间的纵向距离,取 $L=14m$。

②一次掘进行程取 $S=1.5m$。

③浮动支撑的水平位移量最大左右伸缩范围可达±250mm,但是一般在正常掘进过程中不会用到伸缩量的极限值,本次计算取 $\Delta=25mm$。

将以上变量的取值带入公式进行计算:

$$R=\frac{\sqrt{14\times14+14\times1.5-0.025\times0.025}}{2\times0.025}=295m$$

通过计算可知,掘进机适应的转弯半径与一次掘进过程中浮动油缸的水平伸缩量有很大关系,调整水平位移量,转弯半径变化较大,具体的水平位移量与掘进机的设计制造有关。

2)护盾式TBM

双护盾TBM一般情况下适应400～500m的曲线半径,困难地段可以适应350m,但是此时要求盾顶较大的超挖量,需要在刀盘四周设扩挖刀具,且每次换步掘进的长度也将缩短,相应转弯段管片的宽度也减小,掘进速度变慢,刀盘损耗加大,换刀次数增加。单护盾TBM的转弯机理有所不同,通过改变盾尾左右两侧顶推油缸的伸缩长度来控制转向,一般适应500m左右的曲线半径,困难地段可以适应350m,但设备须特殊设计,增加设备费用,施工中需增设扩挖刀,困难地段转弯时顶推油缸容易造成管片损坏。

3)复合式TBM

复合式TBM由于主机部分存在铰接油缸,一般情况下可适应300～350m的曲线半径,困难地段可适应250m。

4)平面曲线适应性分析

据统计,重庆轨道交通6号线及其他规划线网曲线较多,存在一定数量的小半径地段,各类TBM在这些地段采取特殊措施后均可以通过,但工程费用有一定增加,施工进度受到一定的影响,综合对比,适应性最好的是复合式TBM,其次是敞开式TBM。

5)重庆轨道交通线路主要技术标准

(1)车辆及行车技术标准

①车辆采用B型车,接触网授电。

②列车编组:初、近、远期采用6辆编组,4动2拖。

③列车最高运行速度:100km/h。

④行车密度:远期行车密度30对/h,最小行车间隔为2min。

(2)线路主要技术标准

①线路平面曲线半径应因地制宜,由大到小合理选用。小半径曲线宜集中使用。

②线间距要满足TBM施工的要求,两线间距最小满足1倍洞径,在线间距不变的并行地段平曲线宜设计为同心圆。

③正线及辅助线的圆曲线最小长度不宜小于20m,困难情况下不得小于一个车辆的全轴距。

④线路正线曲线半径 $R<3000m$ 时,圆曲线与直线间应根据曲线半径、超高设置及设计速度等因素以缓和曲线连接。

⑤平面最小曲线半径

区间正线:一般地段为500m,困难地段为400m。

车站:一般为直线,困难地段为800m。

辅助线:一般地段为200m,困难地段为150m。

⑥纵断面最大坡度

区间正线:一般地段为30‰,困难地段为35‰。

地下车站:2‰。

辅助线:35‰。

相邻坡段间坡度代数差大于或等于2‰时,应采用圆曲线形竖曲线连接。

(二)各掘进机风险及不利影响因素分析

1. 敞开式TBM主要风险及不利影响因素

(1)敞开式掘进机开挖后只能进行围岩的初期支护,为不影响掘进速度,避免施工干扰,后续二次衬砌需待TBM转场或全部掘进完成后才能施作,这样使得隧道的开挖区间长时间处于只有初期支护的状态。

(2)重庆市虽然区域地质条件较好,但掘进机在通过围岩破碎带时,或穿过回填土地层时,需要提前采取围岩加固措施,这会增加较多的超前加固措施及辅助处理措施,将会较大的影响掘进速度。

(3)遇洞周软弱破碎带接地比压不足时,造成掘进机头部下沉,无法掘进。

2. 护盾式TBM主要风险点及不利影响因素

(1)护盾式TBM为开胸模式,在通过土层等不稳定地层时施工风险很大。

(2)护盾式TBM适应小曲线半径的能力较差。

(3)护盾式TBM采用掘进过站时,后续车站的施工需拆除站内部分的管片,地铁区间配线段及联络通道段的施工也需拆除管片,导致管片费用增加,相应也增加了施工费用。

(4)管片预制需设置管片场,投资大、占地大、模具较多、管片费用较高。

(5)单护盾TBM的前进动力通过油缸顶推后续管片来实现,这就要求管片必须紧跟,掘进与管片拼装不能同步进行,对掘进速度造成一定的影响。

(6)双护盾TBM由于机体最长,且存在前、后护盾和中间伸缩盾,如遇岩层较破碎段、坍塌和可能的变形段使得掘进机容易被卡,施工掉块可能损坏顶推油缸,严重时甚至无法掘进,其施工灵活性不强。

(7)若开挖洞室洞周收敛变形较大,双护盾TBM开挖通过后会因洞周收敛将机器卡住。

3. 复合式TBM风险点及不利影响因素

(1)需设置管片场,投资大、占地大、模具较多、管片费用较高。

(2)硬岩段掘进需要刀盘提供较大的推力和扭矩,使得复合式TBM的检修和维护次数增多。

(3)盾体较长,在岩体的破碎带容易被卡住。

(4)复合式盾构在处理复杂地质段落时措施不多,且处理起来较麻烦。

(三)对风险及不利影响因素采取的工程措施

根据以上对各种类型TBM可能存在风险及不利影响因素的分析,提出规避风险及减少不利影响所采取的工程措施。

1. 敞开式 TBM

（1）敞开式 TBM 开挖后加强初期支护的措施和强度。支护措施紧跟以尽量减少开挖围岩临空暴露的时间。在操作室的平台上人工喷射混凝土，当遇明显围岩破碎带时，及早进行喷射混凝土支护。对围岩较好段可采用锚杆、钢筋网及喷混凝土的工程措施；对于围岩稍差段，架立型钢钢架加强支护。根据重庆市地铁区间已施工段的支护经验及已存在洞室的稳定情况，结合监控量测资料，当开挖后采取合理的初期支护措施对洞室长期稳定是能够保证的，即开挖后采用有效的初期支护能够争取到二次衬砌的施作时间。

（2）敞开式 TBM 通过围岩破碎带。严重段落可利用掘进机自身的超前钻机施作超前管棚，实践证明超前管棚是 TBM 通过软弱破碎地带的有效措施；一般段落可进行超前注浆支护，并在随后加强初期支护以保证围岩的稳定。

（3）当洞周为软岩段而不能为撑靴提供足够的支撑反力时，可采取在撑靴位置打迈式锚杆注浆加固围岩，或加垫枕木及钢模板等辅助措施，增大撑靴受力面积，避免出现反力不足、撑靴深陷的情况。

（4）敞开式 TBM 处理复杂地质条件的能力强，可随时根据开挖地质情况调整支护措施，确保洞室稳定。当超前地质预报探测到前方有不良地质情况时，又可采取超前加固措施通过，施工较灵活。敞开式 TBM 在铁路隧道上的硬岩隧道（秦岭隧道）及存在软弱断层破碎带的隧道（磨沟岭、桃花铺隧道）都有成功应用的先例。

西安至南京铁路磨沟岭隧道穿越秦岭山脉支脉，隧道全长 6112m。地层岩性主要为泥盆系中统石英片岩、大理岩夹云母石英片岩，岩石饱和抗压强度为 27MPa 左右，Ⅲ、Ⅳ级围岩所占比例达 71.5%，并以 5°左右的夹角通过 F2 区域性断层，由于断层的挤压揉皱，岩体破碎，在地下水发育地段，易造成围岩软化失稳、塌落。掘进机在掘进过程中出现拱部围岩大范围松动、剥落；碎石从刀盘上护盾下泄到刀盘后部的平台上，而使钢架变形，引起撑靴处围岩开裂等，但通过采用 TBM 辅助设备及时地对围岩进行了喷锚、注浆加固措施，稳定岩体，保证了施工安全。磨沟岭隧道的顺利贯通，充分反映出敞开式 TBM 运用及时，是有效的支护措施，能够胜任软弱围岩和不确定地质隧道的掘进工作，图 2-14、图 2-15 为磨沟岭隧道加固图。

图 2-14　磨沟岭隧道掘进机刚开挖断面

图 2-15　磨沟岭隧道初期支护断面

(5)如果开挖后初期支护能够保证围岩足够稳定,无垮塌,收敛变形可控制、可接受,并且能维持相当长时间,则二次衬砌的施作可以推迟到本区间全部打通以后再进行,以保证掘进出渣的顺利完成;在特殊地段若初期支护不能达到上述要求,可利用掘进机待机检修的时间提前施作二次衬砌;也可采用倒边施工,实现二次衬砌紧跟,主要解决方法为:风、水、电的供应仍走原隧道,出渣利用区间联络通道或设在车站的运输通道切换到另一管隧道进行,也可以通过就近车站的出入口运出。

2. 护盾式 TBM

(1)通过超前地质预报,前方如遇断层破碎带等不良地质地段,提前从盾体内进行超前加固。

(2)车站及区间配线等需拆除管片的地段预先安装一环钢管片,且该段管片背后只充填豆砾石而不注浆回填,以便于日后拆除方便。需拆除段的管片按临时管片的要求预制,管片的配筋量和混凝土标号可适当降低,且拆除管片尽量重复使用,以最大限度的降低施工难度和工程造价。

(3)管片场需因地制宜,结合周边具体情况而设置。管片生产模具国产化,降低管片生产造价。

(4)在通过小曲线半径段需缩短换步距离,减小管片宽度,增设扩挖刀,以"短掘进、大超挖"的方式以折线代曲线,逐渐通过。

(5)根据轨道交通已施工(或完工)段地铁区间断面的监控量测资料,重点考察洞周收敛变形情况,判断收敛值是否侵入掘进机的轮廓,并将此作为护盾式 TBM 选择的先决条件之一。

3. 复合式 TBM

(1)针对重庆地质条件进行设备上的优化和改进,并进行特殊设计,尤其是刀盘、刀具、主轴承、动力系统、出渣系统等都要适应重庆轨道交通的地质条件,保证其能够顺利施工。

(2)为确保工期,提前制定钻爆法对向接应的施工预案。

(3)车站及区间配线等需拆除管片的地段预先安装一环钢管片,且该段管片背后只充填豆砾石而不注浆回填,以便于日后拆除方便。需拆除段的管片按临时管片的要求预制,管片的配筋量和混凝土强度等级可适当降低,且拆除管片尽量重复使用,以最大限度的降低施工难度和工程造价。

(4)管片场需因地制宜,结合周边具体情况而设置。管片生产模具国产化,降低管片生产造价。

(5)埋深较小且有回填土地段可采用敞开式与土压平衡式两者互换结合的模式施工,出渣设备采用螺旋输送机;埋深较大且均为岩石段采用敞开式模式施工,出渣设备采用皮带机,采用螺旋出渣机时岩渣对螺旋出渣机的损耗是无法避免的。

(6)将设备的备品备件等准备充分,尤其是刀具、螺旋输送器等,一旦出现问题后及时更换,减少对工期的影响。

(四)各种类型掘进机的比选及推荐意见

根据以上对各种类型掘进机可行性、存在风险、不利因素及所采取措施的分析,结合国内专家及生产厂家的咨询意见,就重庆轨道交通具体情况,对各种类型的掘进机进行比选:

1. 敞开式 TBM

敞开式 TBM 能够适应重庆轨道交通 6 号线及其他线网最小曲线半径的要求,可以直接观测到被开挖的岩面,从而能方便地对已开挖的隧道进行地质描述;开挖和支护分开进行,使敞开式TBM刀盘附近有足够的空间用来安装一些临时的初期支护设备,如钢架安装器、锚杆钻机、超前钻机、喷射混凝土设备等,并应用新奥法原理,采用这些辅助设备及时有效地对不稳定围岩进行支护,保证了施工安全;如遇软弱破碎围岩段或地下异常段,敞开式TBM处理方法较多,可根据开挖地质情况灵活调整施工措施;采取超前加固及合理的初期支护措施能够保证开挖后的洞室具有长期的稳定性,能够有效地防止由于洞室收敛而造成地表下沉,待后续二次衬砌施作后形成最终的区间洞室;当过站或经过区间配线、横通道等需后续钻爆法施工时,仅需拆除初期支护而避免了管片的巨大浪费;开挖区间采用模筑衬砌,衬砌质量及防水效果好,不需设置管片场。

2. 护盾式TBM

由于线路平面和纵坡因素使得管片样式较多,相应也需要较多的模具,管片衬砌造价高;当过站或经过区间配线、横通道等需后续钻爆法施工时,需拆除该段的管片,不仅造成管片浪费,而且拆除施工较困难。护盾式TBM在围岩软弱破碎带容易被卡,双护盾TBM容易卡在伸缩盾位置而难于处理;护盾式TBM处理不良地质的措施不多,且在盾体内部进行围岩处理难度很大。

3. 复合式TBM

复合式TBM主要适用于软岩、局部硬岩、软硬交错的地层,在软弱地层时对控制掌子面稳定、地表沉降和保证施工安全是十分有利的。复合式TBM可根据地质及埋深情况采用敞开式、半敞开式及土压平衡式三种模式施工。

砂岩、泥岩层内,特别是砂岩地层,开挖岩渣破碎后将对复合式TBM螺旋输送机产生一定的磨损,硬岩段基本是大约每掘进1km即需维修和更换部件,增加了费用。

4. 机型比选及结论

结合国内专家、TBM厂家及项目内部各方意见,各种机型的地质适应性、线网适应性、施工安全性、可能风险性、支护类型及工程造价进行对比分析见表2-8。

掘进机比选对照表　　　　表2-8

掘进机类型 比选条件	敞开式TBM	复合式TBM	单护盾TBM	双护盾TBM
地质条件适应性	一般	好	好	较好
复杂地质地段适应性	好	较好	较好	差
施工措施灵活性	好	较好	较好	一般
线网适应性	好	好	好	较好
人员操作安全性	好	好	较好	好
开挖洞室稳定性	较好	好	好	好
总体经济性	好	好	较好	一般
施工掘进速度	最快	一般	一般	较快
过车站措施	一般	好	好	一般
可能残留使用风险	低度	低度	低度	低度

结论：根据重庆轨道交通工程总体地质情况，结合线网的线形条件及重庆市已经采用钻爆法施工的轨道交通隧道、市政隧道和人防工程隧洞条件，综合考虑各种机型的地质适应性、线网适应性、施工安全性、可能风险性、支护类型及工程造价，根据 6 号线一期工程区间地下暗挖段隧道埋深大，围岩完整性较好，且段落连续长达 12km，区间隧道与车站的工期干扰较小的具体因素，选择采用 2 台敞开式 TBM 施工。6 号线二期工程区间地下暗挖段埋深较浅，局部存在土层，且段落不连续，每段长度都不大，考虑设备制造期短、需要的台数多，区间与车站的工期干扰大的具体因素，选择采用 9 台复合式 TBM 进行施工。

第三章　城市轨道交通工程敞开式TBM技术

岩石地层城市轨道交通工程区间机械化施工，宜优先采用敞开式 TBM 及复合式 TBM 施工技术。本章详细介绍了敞开式 TBM 在城市轨道交通工程中的结构设计方法、隧道衬砌断面及支护参数、掘进技术参数选择、后配套及运输方式选择以及始发和接收设置等。

第一节　敞开式 TBM 工程设计方法

一、轨道交通工程施工结构受力理论分析

地下施工的基本目的是在各类地层中修筑各种用途的、长期稳定的洞室结构体系。从结构角度看，这个结构体系是由周围地质体和各种支护结构构成的，即洞室结构体系＝周围地质体＋支护结构。它的形成是通过一定的施工过程并伴随一定的力学过程来实现的。这个过程大体上可作如下表示：

TBM洞室形成的一般过程：

$$\text{原始岩体} \xrightarrow{\text{开挖}} \text{毛洞} \xrightarrow{\text{支护}} \text{支护体系} \xrightarrow{\text{时间}} \text{稳定洞室}$$

与之相适应的力学过程：

$$\begin{matrix}\text{初始应力状态}\\(\text{一次应力状态})\end{matrix} \xrightarrow{\text{开挖}} \begin{matrix}\text{开挖后应力状态}\\(\text{二次应力状态})\end{matrix} \xrightarrow{\text{支护}} \begin{matrix}\text{支护体系应力状态}\\(\text{三次应力状态})\end{matrix} \xrightarrow{\text{时间}} \begin{matrix}\text{终极应力状态}\\(\text{四次应力状态})\end{matrix}$$

本节将对以上各力学过程进行理论分析。

(一)TBM 隧道围岩初始应力状态

TBM 施工地下结构是修筑在应力岩体之中的，即在有一定应力场的岩体中进行修建的，因此应力岩体的状态极大地影响着在其中发生的一切力学现象，这一点与地面工程是极其不同的。所谓应力岩体就是指具有一定应力履历和一定应力场的岩体，它在坑道开挖前是客现

存在的,在这种岩体中修建地下工程就必须了解它的状态及其影响。

所谓初始应力场泛指洞室开挖前的岩体的初始静应力场。它的形成与岩体构造、性质、埋藏条件以及构造运动的历史等有密切关系,过程比较复杂。岩体的初始应力状态与施工引起的附加应力状态是不同的,它对坑道开挖后围岩应力分布、变形和破坏有着极其重要的影响。可以说,不了解岩体的初始应力状态就无法对洞室开挖后一系列力学过程和现象作出正确的评价。

岩体的初始应力状态,一般受到两类因素的影响:第一类因素包括重力、温度、岩体的物理力学性质及构造、地形等经常性的因素;第二类因素包括地壳运动、地下水活动、人类的长期活动等暂时性的或局部性的因素。在以上两个因素中,目前主要研究的是由岩体的体力或重力形成的应力场,而其他因素只认为是改变了自重造成的初始应力状态。一般来说,自重应力场可以采用连续介质力学的方法估计,其可靠性则取决于对岩石的物理力学性质及岩体的构造的了解,其误差通常是很大的,而其他因素造成的初始应力场,主要是用现场试验的方法完成的。

坑道开挖后周围岩体中的应力、位移,视围岩强度(单轴抗压强度)可分为两种情况:一种是开挖后的围岩仍处在弹性状态,此时坑道围岩除产生稍许松弛外(由于 TBM 掘进造成的)仍是稳定的;另一种是开挖后的应力状态超过围岩的单轴抗压强度,此时坑道围岩的一部分处于塑性甚至松弛状态,坑道围岩将产生塑性滑移、松弛或破坏。

(二)TBM 隧道围岩应力和位移的分析

岩体中开挖洞室后出现了临空面,岩体有了变形的空间,由于应力局部释放,使岩体发生卸载而向隧道内变形,原来平衡的三维初始应力状态必然要引起应力的重新分布,这种重新分布的应力场称为二次应力场。这种应力状态的改变主要发生在洞周有限的范围内(约为隧道直径2~3倍),而在此范围以外仍保持着初始应力状态。围岩的二次应力状态受诸多因素的影响,主要包括围岩初始应力场、开挖断面形式、岩体结构特性(节理等)、岩体力学性质、洞室开挖后围岩应力的空间效应、时间效应、施工方法等。

TBM 坑道开挖后,在围岩中产生一系列的力学现象,如 TBM 坑道周边应力的重新分布、坑道周边围岩性质的改变、坑道断面的缩小以及坑道稳定性的丧失等。在岩体中进行开挖作业时,围岩应力的重新分布形成了应力集中和释放区域,但能否造成坑道围岩的失稳和破坏,要具有一定的转化条件和过程。围岩破坏的判据应该是根据物理实验所获得的破坏机理而建立起来的材料破坏准则,它必须包含具有一定物理意义的基准值,以及表示材料状态的特征值,如应力状态或应变状态。然而,无支护坑道围岩破坏机理十分复杂,其破坏形式视地质条件、岩体结构性质的不同,可能发生以下几类:

(1)脆性破坏。在岩体完整、岩性坚硬的脆性岩体中,当水平应力与垂直应力的差值以及绝对应力值都很大的情况下,由于 TBM 施工开挖等作用引起岩体中大量原已积聚的弹性应变能突然释放,导致岩爆。这种破坏仅产生局部掉块,属于脆性断裂,而不影响整个 TBM 坑道的稳定。

(2)块状运动。在被各种结构面切割的比较坚硬的裂隙岩体中,由于岩体的自重超过它们脱离岩体的阻力(如围岩中的应力超过结构面的抗剪强度),在洞室顶部或侧壁造成沿结构面产生的松弛、滑移和坠落等变形破坏现象。特别是当软弱结构面在地下水的作用下,更易发生这类变形和破坏。

(3)弯曲折断破坏。对于层状、特别是薄层状岩层,可能由于洞室开挖的卸荷回弹或洞壁环向应力集中超过薄层状岩层的抗弯折强度,引起岩层弯折内鼓的变形,导致局部崩坍。

(4)松动解脱。在破碎松散岩(土)体结构中,由于自承能力很低,上覆岩体重力造成的应力集中区域内岩体破坏而形成的崩坍。在这种情况下,岩体破坏一般从坑道侧壁开始,而逐步扩展到整个坑道。同时,TBM坑道岩体的破坏和位移也可能发生在顶部和底部。

(5)塑性变形和剪切破坏。在塑性岩体中,稳定的丧失是塑性变形的结果,产生了过度的位移,但无明显的破坏迹象。这类变形多发生在软弱、膨胀性岩层、松软土层以及含黏土的破碎岩层中,由于强度低、塑性强、与水作用强烈,在外力作用下易变形,且变形的时间效应比较明显。

现阶段,要找出一种力学模型能包括上述的诸多因素,并且能够比较接近实际情况地将洞室开挖后围岩的二次应力场和位移场定量地计算出来,是非常困难的。为反映工程条件下的主要因素,目前一般采用解析法和数值法确定围岩二次应力场和位移场,TBM隧道围岩应力和位移通常采用弹塑性分析。

1) TBM隧道围岩的塑性判据

在深埋隧道或埋深较浅但围岩强度较低时,围岩的二次应力状态可能超过围岩的抗压强度或是局部的剪应力超过岩体的抗剪强度,从而使该部分的岩体进入塑性状态。

为了简化叙述,这里只讨论侧压力系数 $\lambda=1$ 时,TBM隧道围岩的弹塑性二次应力场和位移场的解析公式。当 $\lambda=1$ 时,荷载和洞室都呈轴对称分布,塑性区的范围也是圆形的,而且围岩中不产生拉应力。因此,要讨论的只有进入塑性状态的一种可能性。在分析塑性区内的应力状态时,需要解决的问题是:确定形成塑性变形的塑性判据或破坏准则;确定塑性区的应力、应变状态;确定塑性区范围。

在许多弹塑性分析中,采用最多的是摩尔-库仑条件作为塑性判据,亦称屈服准则或屈服条件。其几何意义是:若岩体某截面上作用的法向应力和剪应力所绘成的应力圆与剪切强度线相切,则岩体将沿该平面发生滑移。

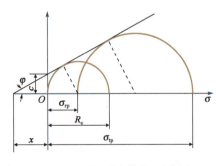

图3-1 材料强度包络线及应力圆

由于 $\lambda=1$,TBM隧道为轴对称,剪应力为0,所以围岩内的环向应力 σ_{tp} 和径向应力 σ_{rp} 就成为最大和最小主应力了。由图3-1可知

$$\sin\varphi = \frac{\sigma_{tp} - \sigma_{rp}}{\sigma_{tp} + \sigma_{rp} + 2x} \quad (3-1)$$

或

$$\sin\varphi = \frac{R_c}{2x + R_c} \quad (3-2)$$

即

$$x = \frac{R_c}{2} \frac{1-\sin\varphi}{\sin\varphi} \quad (3-3)$$

将此值代入式(3-1),得

$$\sigma_{tp}(1-\sin\varphi) - \sigma_{rp}(1+\sin\varphi) - R_c(1-\sin\varphi) = 0 \quad (3-4)$$

设

$$\frac{1+\sin\varphi}{1-\sin\varphi} = \xi, R_c = \frac{2\cos\varphi}{1-\sin\varphi}c \quad (3-5)$$

则式(3-4)可以写成 $\quad\sigma_{\text{tp}} - \xi\sigma_{\text{rp}} - R_c = 0 \quad$ (3-6)

或 $\quad \sigma_{\text{tp}}(1-\sin\varphi) - \sigma_{\text{tp}}(1+\sin\varphi) - 2c\cos\varphi = 0 \quad$ (3-7)

式(3-6)或式(3-7)就是通常采用的求解坑道周围塑性区的塑性判据。

上述的分析是建立在坑道周围出现塑性区后岩性没有变化,即 c、φ 值不变的前提下。实际上岩石在开挖后由于扰动、应力重分布等影响已被破坏,其 c、φ 值皆有变化,对于TBM隧道来说,其 c、φ 值变化较小。设以岩体的残余粘聚力 c_r 和残余内摩擦角 φ_r 表示改变后的岩体特性,则式(3-6)和式(3-7)可写成

$$\sigma_r - \xi_r\sigma_r - R_c = 0$$
$$\sigma_r(1-\sin\varphi_r) - \sigma_r(1+\sin\varphi_r) - 2c_r\cos\varphi_r = 0 \quad (3\text{-}8)$$

式中,带角标 r 者,皆指破碎岩体的残余特性。

2) TBM 隧道塑性区内的应力场

在塑性区内,任意一点的应力分量仍需满足平衡条件。对于轴对称问题,当不考虑体积力时,极坐标的平衡方程为

$$\frac{d\sigma_{\text{rp}}}{dr} + \frac{\sigma_{\text{rp}} - \sigma_{\text{tp}}}{r} = 0 \quad (3\text{-}9)$$

式中的 σ_{rp} 和 σ_{tp} 中分别表示塑性区的径向应力和环向应力。

在塑性区的边界上,除满足平衡方程外,还需满足塑性条件。将式 3-7 的塑性判据写成如下形式

$$\frac{\sigma_{\text{rp}} + c\cot\varphi}{\sigma_{\text{tp}} + c\cot\varphi} = \frac{1-\sin\varphi}{1+\sin\varphi} \quad (3\text{-}10)$$

代入式(3-9),经整理并积分后,得

$$\frac{2\sin\varphi}{1-\sin\varphi}\ln r + C = \ln(\sigma_{\text{rp}} + c\cot\varphi) \quad (3\text{-}11)$$

当有支护时,支护与围岩边界上($r=r_0$)的应力即为支护阻力,即 $\sigma_{\text{rp}} = P_a$,则求出积分常数

$$C = \ln(P_a + c\cot\varphi) - \frac{2\sin\varphi}{1-\sin\varphi}\ln r_0$$

将上式代入式(3-11)并整理之,即得塑性区的应力

$$\left. \begin{array}{l} \sigma_{\text{rp}} = (P_a + c\cot\varphi)\left(\dfrac{r}{r_0}\right)^{\frac{2\sin\varphi}{1-\sin\varphi}} - c\cot\varphi \\[2mm] \sigma_{\text{rp}} = (P_a + c\cot\varphi)\dfrac{1+\sin\varphi}{1-\sin\varphi}\left(\dfrac{r}{r_0}\right)^{\frac{2\sin\varphi}{1-\sin\varphi}} - c\cot\varphi \end{array} \right\} \quad (3\text{-}12)$$

式(3-12)即为塑性区内的应力状态。由式可知,围岩塑性区内的应力值与初始应力状态无关,仅与围岩的物理力学性质、开挖半径及支护提供的阻力有关。

3) TBM 隧道弹性区内的应力场

在塑性区域以外的弹性区域内,其应力状态是由初始应力状态及塑性区边界上提供的径向应力 σ_{R_0} 决定的。

令塑性区半径为 R_0,且塑性区与弹性区边界上应力协调。当 $r=R_0$ 时,有

$$\sigma_{R_0} = \sigma_{\text{rp}} = \sigma_{\text{re}} \text{ 及 } \sigma_{\text{tp}} = \sigma_{\text{te}}$$

对于弹性区,$r \geqslant R_0$,相当于"开挖半径"为 R_0,其周边作用有"支护阻力" σ_{R_0} 时,围岩内的

应力及变形。弹性区内的应力

$$\left.\begin{array}{l}\sigma_{re} = \sigma_z\left(1 - \dfrac{R_0^2}{r^2}\right) + \sigma_{R_0}\dfrac{R_0^2}{r^2} \\ \sigma_{re} = \sigma_z\left(1 + \dfrac{R_0^2}{r^2}\right) - \sigma_{R_0}\dfrac{R_0^2}{r^2}\end{array}\right\} \quad (3\text{-}13)$$

把上式中的两式相加消去 σ_{R_0}，即得弹、塑性区边界上（$r=R_0$）的应力为

$$\left.\begin{array}{l}\sigma_{re} + \sigma_{re} = 2\sigma_z \\ \sigma_{rp} + \sigma_{tp} = 2\sigma_z\end{array}\right\} \quad (3\text{-}14)$$

以上两式也代表着弹塑性区边界上，径向应力和切向应力应满足的塑性判据。将上式代入塑性判据式(3-10)中，即可得 $r=R_0$ 处的应力为

$$\left.\begin{array}{l}\sigma_r = \sigma_z(1 - \sin\varphi) - c\cos\varphi = \sigma_{R_0} \\ \sigma_t = \sigma_z(1 + \sin\varphi) + c\cos\varphi = 2\sigma_z - \sigma_{R_0}\end{array}\right\} \quad (3\text{-}15)$$

上式指出，弹塑性区边界上的应力与围岩的初应力状态 σ_z、围岩本身的物理力学性质 c、φ 有关，而与支护阻力 P_a 和开挖半径 r_0 无关。

4) TBM 隧道塑性区半径与支护阻力的关系

将 $r=R_0$ 代入式(3-12)，并考虑该处的应力应满足式(3-15)所示的塑性条件，可得塑性区半径 R_0 与 P_a 的关系：

$$P_a = -c\cot\varphi + [\sigma_z(1 - \sin\varphi) - c\cos\varphi + c\cot\varphi]\left(\dfrac{r}{R_0}\right)^{\frac{2\sin\varphi}{1-\sin\varphi}} \quad (3\text{-}16)$$

上式也可写成

$$R_0 = r_0\left[(1 - \sin\varphi)\dfrac{c\cot\varphi + \sigma_z}{c\cot\varphi + P_a}\right]^{\frac{1-\sin\varphi}{2\sin\varphi}} \quad (3\text{-}17a)$$

或

$$R_0 = r_0\left[\dfrac{2}{\xi + 1}\dfrac{\sigma_z(\xi - 1) + R_c}{P_a(\xi - 1) + R_c}\right]^{\frac{1}{\xi-1}} \quad (3\text{-}17b)$$

该式说明，随着 P_a 的增加，塑性区域相应减小。即径向支护阻力 P_a 的存在限制了塑性区域的发展，这是支护阻力的一个很重要的支护作用。

若 TBM 坑道开挖后不修筑衬砌，即径向支护阻力 $P_a=0$ 时，则式(3-17)变成

$$R_0 = r_0\left[(1 - \sin\varphi)\dfrac{c\cot\varphi + \sigma_z}{c\cot\varphi}\right]^{\frac{1-\sin\varphi}{2\sin\varphi}} \quad (3\text{-}18a)$$

$$R_0 = r_0\left[\dfrac{2\sigma_z(\xi - 1) + R_c}{\xi + 1}\dfrac{}{R_c}\right]^{\frac{1}{\xi-1}} \quad (3\text{-}18b)$$

在这种情况下塑性区是最大的。

若想使塑性区域不形成，即 $R_0=r_0$ 时，就可以由式(3-17)求出不形成塑性区所需的支护阻力为

$$P_a = \sigma_z(1 - \sin\varphi) - c\cos\varphi \quad (3\text{-}19a)$$

或

$$P_a = \dfrac{2\sigma_z - R_c}{\xi + 1} \quad (3\text{-}19b)$$

这就是维持坑道处于弹性应力场所需的最小支护阻力。它的大小仅与初始应力场及岩性指标有关，而与 TBM 坑道尺寸无关。支护阻力仅能改变塑性区的大小和塑性区内的应力，而不能改变弹塑性边界上的应力。

实际上 TBM 坑道衬砌是在坑道开挖后一定时间内修筑的,塑性区域及其变形已发生和发展。因此,所需的支护阻力将小于式(3-19)所决定的数值。

5) TBM 隧道围岩位移的弹塑性分析

为计算塑性区域内的径向位移 u^p,可假定塑性区内的岩体在小变形的情况下体积不变,即

$$\varepsilon_r^p + \varepsilon_t^p + \varepsilon_n^p = 0 \tag{3-20}$$

根据轴对称平面应变状态的几何方程(塑性区亦应满足)

$$\varepsilon_r^p = \frac{du^p}{dr}; \varepsilon_t^p = \frac{u^p}{r}; \varepsilon_n^p = 0 \tag{3-21}$$

故式(3-20)可以改写为

$$\frac{du^p}{dr} + \frac{u^p}{r} = 0 \tag{3-22}$$

积分得

$$u^p = \frac{A}{r} \tag{3-23}$$

式中,A 为待定系数,可根据弹塑性边界面($r = R_0$)上的变形协调条件确定,即

$$u_{R_0}^e = u_{R_0}^p \tag{3-24}$$

弹性区的围岩位移可将式(3-9)代入边界条件。弹性区的位移为

$$u_{R_0}^e = \frac{R_0^2(1+\mu)}{Er}(\sigma_z - \sigma_{R_0}) \quad (r > R_0) \tag{3-25}$$

将式(3-25)及式(3-23)代入式(3-24),可得

$$A = \frac{R_0^2(1+\mu)}{E}$$

则塑性区的围岩位移

$$u^p = \frac{R_0^2(1+\mu)}{Er}(\sigma_z - \sigma_{R_0}) \quad (r_0 \leqslant r \leqslant R_0) \tag{3-26}$$

这与弹性区位移表达式一样。

如将含有支护阻力 P_a 的塑性区半径 R_0 的表达式(3-12)代入上式,即可得出洞室周边径向位移与支护阻力的关系式

$$\frac{u_{r_0}^p}{r_0} = \frac{1+\mu}{E}(\sigma_z \sin\varphi + c\cos\varphi)\left[(1-\sin\varphi)\frac{c\cot\varphi + \sigma_z}{c\cot\varphi + P_a}\right]^{\frac{1-\sin\varphi}{\sin\varphi}} \tag{3-27}$$

或 $P_a = -c\cot\varphi + (1-\sin\varphi)(c\cot\varphi + \sigma_z)\left[\frac{(1+\mu)\sin\varphi}{E}(c\cot\varphi + \sigma_z)\frac{r_0}{u_{r_0}^p}\right]^{\frac{\sin\varphi}{1-\sin\varphi}} \tag{3-28}$

以上各式中的 R_0 可由式(3-17)求得。

由此可见,在形成塑性区后,TBM 坑道周边位移 u_{r_0} 不仅与岩体特性、坑道尺寸、初始应力场有关,还与支护阻力 P_a 有关。支护阻力随着洞周位移的增大而减小,若允许的位移较大,则需要的支护阻力变小。而洞周位移的增大是与塑性区的增大相联系。

二、轨道交通工程施工设计方法

敞开式 TBM 隧道支护结构的设计应根据围岩条件(围岩的强度特性、初始应力场等)和

设计条件(隧道断面形状、隧道周边地形条件、环境条件等)选择合适的设计方法。

由于隧道支护结构的特点,在预设计中,原则上采用以下方法:

(1)标准支护模式的设计方法(简称标准设计);

(2)类似条件的设计方法(简称类比设计或经验设计);

(3)解析的设计方法(简称解析设计)。

敞开式 TBM 隧道支护结构的设计,在有标准支护模式的场合以标准设计为主要设计方法。在没有标准支护模式的场合,则要根据围岩条件、结构特点等选择类比设计或解析设计的方法。

目前,铁路隧道主要是采用标准设计方法进行设计的,而 TBM 隧道还处在类比设计的阶段,但有的设计单位也逐渐向采用标准设计的方向演变。一般说,设计方法选择与围岩条件和设计条件有关,选择时可参考表 3-1 及图 3-2。

设计方法的选择   表 3-1

设 计 方 法	围 岩 条 件	设 计 条 件
标准设计	(1)一般围岩; (2)特殊围岩	一般条件(标准断面)
类比条件	特殊围岩	特殊条件(大断面、偏压地形、埋深极小或极大、地表现下沉有限制等)
解析设计	(1)一般围岩(符合右栏的特殊条件); (2)特殊围岩	

在设计敞开式 TBM 隧道断面、支护构件、衬砌时,多数国家是采用根据以往隧道工程的实际和经验编制的标准支护模式的设计方法。

标准设计是用于一般围岩条件下的标准隧道断面设计。而在围岩条件特殊或设计条件特殊时,采用已经实施过的、经过工程实际证实是安全和经济的支护结构模式是最简便的设计方法。例如,在规划地段已修筑其他隧道的情况,就可参考进行设计。在采用时,也可以用解析方法进行校核。

解析方法不仅要研究隧道结构物本身的安全性,而且要保护周边环境,且接近居民区的情况也越来越多。在这种情况下,有必要采用解析方法分析地表面下沉等地层的动态。其次,由于数值计算方法的迅速发展和计算机的高性能化,数值计算已经变得轻而易举了,这是解析方法应用越来越多的原因。

在下面所示的特殊条件的情况下,宜根据解析的计算结果,进行定量的判断:

(1)地质条件特别差的情况;

(2)埋深大、初始地应力大的情况;

(3)埋深小、地表面下沉有问题的情况;

(4)洞口段、斜坡面下的隧道等地形条件可能产生偏压的情况;

(5)有接近隧道的结构物的情况;

(6)预计有与时间有关的流变荷载作用,二次衬砌存在长期荷载的情况。

在这些场合中,进行 TBM 隧道的合理设计及安全的施工计划时,采用解析方法的同时,应参考类似条件的设计,定量而具有一定精度地推定围岩的力学动态是极为重要的。

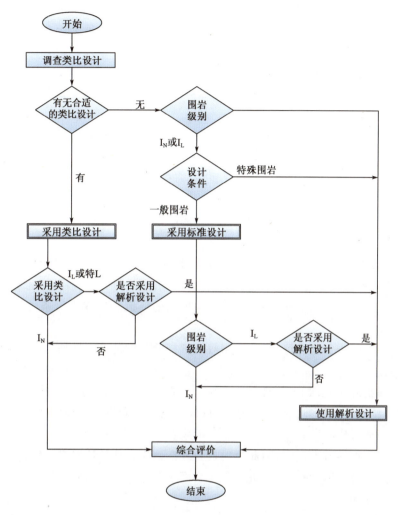

图 3-2 设计方法的选择流程图

解析方法中,有两种主要的方法,即传统的结构力学方法和近代的岩体力学方法。前者是把支护结构和周围围岩分割开来,把围岩作为给定荷载,支护结构作为承载结构,即结构—荷载模式。这就是我们目前在衬砌设计中采用的方法,围岩的承载能力既考虑在给定荷载中,也考虑在支护结构和围岩之间的相互作用上(以约束抗力形式出现)。这种方法概念清晰、计算简便,易为工程师们所接受,目前都是作为设计方法而被广泛采用的。

近代的岩体力学方法是把结构和周围岩体视为一体,作为共同的承载体系,即连续介质模式或地层—结构模式,这是我们目前在隧道设计中力求采用的或正在发展中的方法。因此,敞开式 TBM 隧道解析方法有以下两种方法供选择:

(1)岩石力学方法(围岩支护相互作用模式或地层—结构模式);

(2)结构力学方法(结构—荷载模式)。

基于岩石力学的隧道设计,从岩土的观点出发,要解决围岩的各向异性、非均质性、不连续性等力学上的问题,这在定量评价上是有困难的。但是,近几年由于计算机的发展和数值解析方法的完善,解决这些问题也变得容易了。

为隧道开挖解析的数值解析方法有有限元法(FEM)、刚体单元法(DEM)、边界单元法(BEM)、离散极限解析法(RBSM)、块体理论方法等。其中,有限元解析方法对不均匀的围岩和非线性动态的解析是有利的,因此,适用于多数的隧道开挖解析。在设定围岩的变形系数等输入条件时,可根据地质调查结果和丰富的施工实践推定。在实用上比其他数值解析方法容易处理。有限元数值解析方法的特征如下:

(1)即使在解析对象区域的围岩复杂的情况下,也能够采用各种单元的组合模式,不管对初期支护还是二次衬砌都能够按实际形状进行解析。

(2)即使材料力学性质不同的各种单元也能够进行解析。为此,可以把具有复杂地质条件的围岩力学特性和初期支护(混凝土材料、钢材等)等的力学特性按实际情况模式化。

(3)研究埋深小、对地表面有影响的情况时,能够推定伴随开挖的下沉量。因此,也能判断压浆等改善围岩的效果。

(4)因基础方程式的定式化比较容易,所以可以考虑围岩的非线性特性。近几年,考虑上述性质,采用节理单元的不连续单元的裂隙围岩的解析方法得到了应用,考虑粘弹塑性模式的研究也取得了一定的进展。这样,使在复杂支护模式的隧道和特殊围岩条件下的隧道的动态解析也成为可能。

为提高有限元解析方法的可靠性,采用数值解析的前提是进行仔细的地质调查,并掌握如何将其利用在设计中。

结构力学解析方法,主要用于研究二次衬砌。它是把二次衬砌分割模拟成为近似小段的直线构件,取各结点为刚性连接的骨架结构,同时对衬砌的变形采用地层弹簧支持的弹性体来计算衬砌断面力的方法。

由于地层弹簧按各节点设定,因此可对具有复杂地质条件的情况进行解析,并计算出衬砌的断面力。但是,不能计算随掌子面进展和地表面下沉等情况。因此进行施工研究时,应与其他解析方法配合使用。

综上所述,在TBM隧道结构标准设计中,初期支护结构力学方法(结构—荷载模式)不适用,建议采用岩石力学方法(围岩支护相互作用模式或地层—结构模式);二次衬砌主要采用结构力学方法,也就是说采用地面结构的设计方法但考虑地下结构的特点进行结构分析的方法。这容易为工程师所接受,并且考虑使用期年限的结构要求和初期支护耐久性存在问题,因此该方法也较为合理。

三、轨道交通工程施工可靠度设计方法

在隧道结构设计中,我国单线隧道采用以概率为基础的,以分项系数表达的极限状态的可靠度设计方法。工程结构的可靠度是指结构在规定的时间、条件下,完成其预定功能的概率。规定的时间一般是指设计中根据结构的有效使用期所规定的时间,称为设计基准期;规定的条件是指结构在正常施工运营维护环境下承担外力和变形应能满足的条件;预定功能包括对结构安全性、结构耐久性和结构适用性的要求。

地铁隧道结构设计采用的目标可靠指标 β_{nom} 值按结构不同安全等级列于表3-2中。

铁路隧道结构目标可靠指标 β_{nom} 值 表 3-2

极限状态类型		安 全 等 级		
		一	二	三
正常使用极限状态		1.0~2.5		
承载能力极限状态	脆性破坏	4.7	4.2	3.7
	延性破坏	4.2	3.7	3.2

结构设计基准期,是指工程结构在正常维护和使用条件下能满足一定可靠度的时间。考虑地铁工程隧道结构实际的使用寿命大于 100 年,因此设计基准期规定为 100 年。

1. 结构设计应按两种极限状态设计

(1)承载能力极限状态。当结构构件达到最大承载能力或产生不适于继续承载的变形,出现下列状态之一时,应认为超过了承载能力极限状态。

①整个结构或结构的一部分作为刚体失去平衡(如倾覆、滑动等);

②结构因构件或连接材料破坏而破坏;

③结构或结构构件丧失稳定。

(2)正常使用极限状态。当结构或结构构件达到正常使用或耐久性的某项规定限值,出现下列状态之一时,应认为超过了正常使用极限状态。

①影响正常使用或外观的变形;

②影响正常使用或耐久性能的局部损坏(包括裂缝);

③影响正常使用的其他特定状态。

2. 隧道结构设计时三种设计状况

(1)持久状况。在结构使用过程中一定出现且持续期很长的状况,持续期一般与使用期为同一数量级。

(2)短暂状况。在结构施工和使用过程中出现概率较大,而持续期较短的状况。

(3)偶然状况。在结构使用过程中出现概率很小,且持续期很短的状况。

对于不同的设计状况,可采用不同的结构体系、可靠度水准和基本变量的设计值,分别进行计算,以其在极限状态中采用不同的分项系数值表达。

结构均应对三种状况进行承载能力极限状态设计;对持久状况和短暂状况根据结构需要按正常使用极限状态设计。对各种设计状况,结构应按不同的极限状态,确定相应结构作用效应的最不利组合进行设计。

3. 偶然状况结构承载能力极限状态设计应符合的原则

(1)按作用效应的偶然组合进行设计或采取防护措施,使主要承重结构不致因偶然事件而丧失承载能力。

(2)允许主要承重结构因偶然事件而局部破坏,但结构的其余部分仍应具有在一段时间内不发生继发性破坏的可靠度。

隧道结构的可靠度是在正常设计、正常施工、正常维护使用条件下确定的,因此必须加强设计、施工、运营中的质量管理和控制,并应在有关设计、施工验收、运营养护等标准中对质量控制给予明确的规定,以确保隧道结构在建造、安装和运营过程中具有规定的强度、稳定性、刚度和耐久性。

4. 正常使用极限状态计算

对正常使用极限状态,结构构件应分别按荷载作用的短期效应组合、长期效应组合、短期效应组合并考虑长期效应组合的影响进行验算,并应保证变形、裂缝、应力等计算值不超过相应的规定限值。

受弯构件的最大挠度应按荷载作用的短期效应组合并考虑长期效应组合的影响进行计算,其计算值不应超过表 3-3 的容许值。

受弯构件的允许挠度   表 3-3

构件类型		允许挠度(以计算跨度 L_0 计算)
梁、板构件	当 $L_0<5m$ 时	$L_0/250$
	当 $5m \leq L_0 <8m$ 时	$L_0/300$
	当 $L_0>8m$ 时	$L_0/400$

注:悬臂构件的允许挠度值按表中相应数值乘以系数 2.0 取用。

结构构件设计时,应根据使用要求选用不同的裂缝控制等级,裂缝控制等级的划分应符合下列规定:

一级——严格要求不出现裂缝的构件,按荷载短期效应组合进行计算时,构件受拉边缘混凝土不应产生开裂。

二级—— 一般要求不出现裂缝的构件,按荷载长期效应组合进行计算时,构件受拉边缘混凝土不应产生开裂,而按荷载短期效应组合进行计算时,构件受拉边缘混凝土允许产生拉应力,但拉应力不应超过设计值。

三级———容许出现裂缝的构件,最大裂缝宽度按荷载的短期效应组合并考虑长期效应影响进行计算,其计算值不应超过允许值。

钢筋混凝土和混凝土构件的控制等级及最大裂缝宽度容许值,应根据结构构件的工作条件采用,详见《地铁设计规范》。

5. 隧道结构设计应采用的两种极限状态

(1)承载能力极限状态。包括结构强度极限状态、结构整体稳定及构件局部稳定极限状态。设计表达式为

$$\gamma_0 \gamma_d S(F_d, \alpha_d) \leqslant R(f_d, \alpha_d) \tag{3-29}$$

式中:γ_0——结构重要性系数;

γ_d——计算模式不定性或其他分项系数中未考虑的因素引起的分项系数;

$S(\cdot)$——作用效应函数;

F_d——作用设计值;

α_d——几何参数设计值;

$R(\cdot)$——抗力函数;

f_d——材料性能设计值。

各设计值由相应的标准值配合适当的分项系数表达。

对 TBM 隧道衬砌抗压承载能力,实用设计式为

$$\gamma_{SC} N_k \leqslant \varphi \alpha b h f_{ck} / \gamma_{RC} \tag{3-30}$$

式中:N_k——轴力标准值(MN),由各种作用标准值计算得到;

γ_{SC}——混凝土衬砌构件抗压检算时作用效应分项系数;

γ_{RC}——混凝土衬砌抗压检算时抗力分项系数;

φ——构件纵向弯曲系数,应根据长细比选用;

f_{ck}——混凝土轴心抗压强度标准值(MPa),按规范值选用;

b——截面宽度(m);

h——截面宽度(m);

α——轴向力偏心影响系数。

(2)正常使用极限状态。结构达到变形或裂缝限值的状态。设计表达式为

$$\gamma_0 \gamma_d \delta(F_d, f_d, C_d) \leqslant [C] \tag{3-31}$$

式中:$\delta(\cdot)$——约束值的函数;

$[C]$——结构极限约束值;

C_d——几何参数设计值。

对衬砌抗裂检算用的实用公式为

$$\gamma_{ST} N_k (6e_0 - h) \leqslant 1.75 \varphi b h^2 f_{ctk} / \gamma_{RT} \tag{3-32}$$

式中:N_k——轴力标准值(MN);

γ_{ST}——混凝土衬砌构件抗裂检算时作用效应分项系数;

γ_{RT}——混凝土衬砌抗裂检算时抗力分项系数;

e_0——检算截面偏心距(m),与轴力标准值 N_k 同时求出;

f_{ctk}——混凝土轴心抗拉强度标准值(MPa),按规范值选用。

由上可知,只要求出公式中 4 个分项系数,此设计式就可使用。根据围岩级别,分项系数可参考表 3-4 选用。

混凝土抗压及抗裂检算分项系数　　　　表 3-4

围岩级别	γ_{SC}	γ_{RC}	γ_{ST}	γ_{RT}
V	3.95	1.81	3.11	1.47
IV	3.89	1.82	3.07	1.46
III	3.99	1.85	3.02	1.44
II	3.79	1.86	2.96	1.44

TBM 结构构件应根据承载能力极限状态及正常使用极限状态的要求,分别按下列规定进行计算和验算:

(1)承载力及稳定。所有结构构件均应进行承载力(包括压屈失稳)计算;在必要时尚应进行结构的倾覆和滑移验算;处于地震区的结构,尚应进行结构构件抗震的承载力计算。

(2)变形。对使用上需控制变形值的结构构件,应进行变形验算。

(3)抗裂及裂缝宽度。对使用上要求不出现裂缝的构件,应进行混凝土拉应力验算;对使用

上允许出现裂缝的构件,应进行裂缝宽度验算;对叠合式受弯构件,尚应进行钢筋拉应力验算。

TBM 隧道结构的设计、施工、运营及养护应实行有效的质量管理和控制,以保证达到规定的结构可靠性。

四、地铁工程施工计算荷载

1. 荷载组合及荷载组合分项系数

当进行极限状态法设计时,应分别就施工阶段、正常使用阶段可能出现的最不利荷载组合进行结构强度、刚度和裂缝宽度验算;偶然荷载组合每次仅对一种偶然荷载进行组合,并考虑材料强度综合调整系数,不验算裂缝宽度。设计应考虑的荷载组合及荷载组合分项系数应按表 3-5 确定。

荷载分项系数　　　　　　　　　　　　　表 3-5

序号	荷载 组合验算工况	永久荷载	可变荷载	偶然荷载	
				地震荷载	人防荷载
1	基本组合构件强度计算	1.35	1.4		
2	标准组合构件裂缝宽度验算	1.0	1.0		
3	构件变形计算	1.0	1.0		
4	抗震荷载作用下构件强度验算	1.2	1.0	1.0	
5	人防荷载作用下构件强度验算	1.2	1.0		1.0

采用荷载—结构模型进行地下铁道结构静、动力计算时,首先要确定作用在结构上荷载的值及分布规律。设计规范中按荷载作用情况将其分为永久荷载、可变荷载和偶然荷载三大类(见表 3-6)。

荷载分项暗挖地下结构荷载分类　　　　　　　　　　　表 3-6

荷载分类		荷载名称
永久荷载	恒载	结构自重
		设备重量与结构附加荷载
		围岩压力或水、土压力
		结构上部范围内设施和建筑物压力
		地基下沉影响
		混凝土收缩及徐变的影响
	活载	地面车辆荷载
		人群荷载
		地铁车辆活载及冲击力、制动力
可变荷载		温度变化影响
		灌浆压力
		施工荷载
偶然荷载		地震荷载
		人防荷载

永久荷载,即长期作用的恒载,在其作用期虽有变化但也是微小的,如地层压力、结构自重、隧道上部或破坏棱体内的设施及建设物基底附加应力、静水压力(含浮力)、混凝土收缩和徐变影响力、预加应力以及设备重量等。

可变荷载又可分为基本可变荷载和其他可变荷载两类。基本可变荷载是指长期的经常作用的变化荷载,如地面车辆荷载(包括冲击力)和它所引起的侧向土压力、地下铁道车辆荷载(包括冲击力、摇摆力、离心力)以及人群荷载等。其他可变荷载是指非经常作用的变化荷载,如温度变化、施工荷载(TBM施工机具、TBM顶推力、撑靴压力)等。

偶然荷载,即偶然的、非经常作用的荷载,如地震荷载、爆炸荷载等。

结构的计算荷载应根据上述三类荷载同时存在的可能性进行最不利组合,一般来说,对于浅埋地下铁道结构物以基本组合(仅考虑永久荷载和可变荷载)最有意义,只有在特殊情况下,如7度以上地震区,或有战备要求等才有必要按偶然组合(三类荷载都考虑)来验算。

2. 地层压力计算方法

地层压力是地下铁道结构物承受的主要荷载。由于影响地层压力分布、大小和性质的因素很多,要准确地确定它是很困难的,应根据结构所赋存的具体环境,结合已有的试验、测试和研究资料慎重确定。

(1)深埋石质隧道

深埋石质隧道采用荷载—结构模型时,以承受岩体松动、崩塌而产生的竖向和侧向主动压力为主要特征,围岩的松动压力仅是隧道周围某一破坏范围(天然拱或称承载拱)内岩体的重量,而与隧道埋深无直接联系。

(2)土质隧道

①竖向压力。填土隧道和浅埋暗挖隧道,因其上方无法形成承载拱,一般应按计算截面以上全部土柱重量计算。

深埋暗挖隧道或覆盖厚度大于$(1\sim2)D$的砂性土层中的暗挖隧道,其竖向匀布土压力可按泰沙基公式或普氏公式计算。

②侧向压力。根据结构受力过程中墙体位移与地层间的相互关系,分别按主动、被动和静止土压力计算。在地下铁道结构计算中,主动或被动土压力习惯上采用朗金(W. J. M. Rankine)土压力理论。对于黏性土尚需考虑黏结力的影响,即

$$\left.\begin{aligned}e_i &= \lambda_a q_i - 2c(\sqrt{\lambda_a}) \\ e_i' &= \lambda_p q_i + 2c(\sqrt{\lambda_p})\end{aligned}\right\} \quad (3\text{-}33)$$

式中:e_i、e_i'——计算截面i处的主动、被动土压力;

λ_a、λ_p——朗金主动、被动侧压力系数;

q_i——计算截面i处的竖向土压力;

c——土的黏结力。

采用公式(3-33)后,考虑到上部主动土压力将出现负值的不合理性,故在计算总压力时可不计临界深度 $h_0 = \dfrac{2c}{\sqrt{\gamma \lambda_a}}$ 以上的负压力。

3.静水压力及浮力的计算方法

地下水位下的防水型 TBM 隧道二衬设计应考虑水压力。防排水结合型隧道二衬设计时,可根据现行《水工隧洞设计规范》的规定,对水压力进行适当折减。对于 TBM 结构,应根据使用阶段可能发生的地下水位最不利情况,计算水压力和浮力的大小。

静水压力对不同类型的地下结构将产生不同的荷载效应。对 TBM 结构而言,静水压力使结构的轴力加大;对抗弯性能差的混凝土结构来说,相当于改善了它的受力状态。因此,计算静水压力时,建议按可能的最低水位考虑。

计算静水压力时,一般有两种方法可供选择。一种是和土压力分开计算;另一种则将其视为土压力的一部分和土压力一起计算。对于砂性土可采用第一种方法,对黏性土则宜用第二种方法。原因是在黏性土中的水大多是非重力水(结合水),不对土粒起静水压力作用。

4.地下铁道车辆荷载

现场实测表明,当轨道直接铺设在隧道底板上时,车辆荷载对衬砌应力的影响较小,一般仅产生 0.5MPa 的拉应力,故可略去不计。但当轨道铺设在中层楼板时,则必须计算车辆荷载及其冲击力。

结构楼板等承受的轨道交通列车荷载根据图 3-3(图示为 2 辆车,共 6 辆车编组)计算,并考虑冲击力的影响。必要时尚应用通过的重型设备运输车辆进行验算。

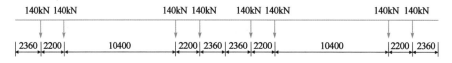

图 3-3 轨道交通列车荷载

在计算隧道上方和破坏棱体内的设施和建筑物压力这部分荷载时,应考虑建筑物的现状和以后的变化,凡规划明确的,应以其设计的基底应力和基底距隧道结构的距离计算;凡不明确的,应在设计要求中作出规定,一般规定为 20kN/m²。

5.地面车辆荷载及其冲击力计算方法

(1)竖向压力

一般情况下,地面车辆荷载可按下述方法简化为均布荷载:单个轮压传递的竖向压力(图 3-4)为

$$P_{0z} = \frac{\mu_0 P_0}{(a+1.4z)(b+1.4z)} \tag{3-34}$$

两个以上轮压传递的竖向压力(见图 3-5)为

$$P_{0z} = \frac{n\mu_0 P_0}{(a+1.4z)(nb+\sum_{i}^{n-1} d_i + 1.4z)} \tag{3-35}$$

式中:P_{0z}——地面车辆轮压传递到计算深度 z 处的竖向压力;

P_0——车辆单个轮压,按通行的汽车等级采用;

a、b——地面单个轮压的分布长和宽度;

d_i——地面相邻两个轮压的净距;

n——轮压的数量;

μ_0——车辆荷载的动力系数,可参照表 3-7 选用。

地面车辆荷载的动力系数　　　　　　　　　表 3-7

覆盖层厚度(m)	≤0.25	0.03	0.40	0.50	0.60	≥0.70
动力系数 μ_0	1.30	1.25	1.20	1.15	1.05	1.00

注:本表取自《给水排水工程管道结构设计规范》(GB 50332—2002)。

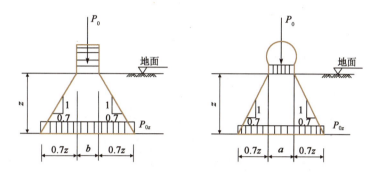

图 3-4　车辆荷载单轮压力计算图式

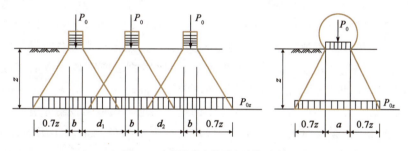

图 3-5　车辆荷载多轮压力计算图式

当覆盖层厚度较小时,即两个轮压的扩散线不相交时,可按局部均布压力计算。

在道路下方的浅埋暗挖隧道,地面车辆荷载可取 10kPa 的均布荷载,并不计冲击力的影响。

当无覆盖层时,地面车辆荷载则应按集中力考虑,并用影响线加载的方法求出最不利荷载位置。

(2)侧向压力

地面车辆荷载传递到地下结构上的侧压力,可按下式计算

$$P_{0x} = \lambda_a P_{0z} \tag{3-36}$$

6.施工荷载

结构设计中应考虑下列施工荷载之一或可能发生的几种情况的组合:

(1)设备运输及吊装荷载;

(2)施工机具荷载,一般不超过 10kPa;

(3)地面堆载、材料堆载,一般不超过 20kPa;

(4)暗挖法施工时相邻隧道先后开挖的影响;

(5)注浆所引起的附加荷载;

(6)TBM 掘进时的设备荷载；

(7)TBM 掘进时的冲击荷载。

7.TBM 掘进、步进时的设备及冲击荷载

TBM 掘进时的设备及冲击荷载主要为刀盘对掌子面推力、TBM 主机作用在洞周的荷载、TBM 撑靴水平推力。

TBM 步进时的荷载主要为 TBM 主机重力、TBM 设备及冲击荷载。

8.地震荷载计算方法

地震对地下结构的影响概括地讲有两个方面：剪切错位和振动。剪切错位通常都是基岩的剪切位移所引起的，一般都发生在地质构造带附近。此外，错位还包括其他原因，如液化、滑坡或地震诱发的土体失稳引起的较大土体位移。用结构来约束较大的土体位移几乎是不可能的，有效的办法是尽量避开这些敏感部位，如果做不到这点，则应把震害限制在一定范围，并保证在震后容易修复。

因此，地下结构的地震作用分析是在假定土体不会丧失完整性的前提下，局限于考虑其振动效应。根据大量调查研究发现，地震的破坏作用，自地表深入地下而迅速衰减，所以，地震一般对深埋隧道影响较小，而对浅埋隧道，尤其是对松软地层中的浅埋隧道影响较为严重。详细地研究地震对地下结构的振动作用，可采用两种方法：地震动力响应分析和动力模型试验。通过这些分析和试验可以弄清楚隧道横、纵断面应力的响应，动土压力和各种接头的抗震性。但此时必须要详细掌握隧址处地层的动力特性参数，如地层的动杨氏弹性模量、阻尼系数、动强度(c、φ)等以及地震时地层运动信息，如地震加速度等。同时还要求有容量足够的计算机和较长的计算时间。故只有那些埋设于松软地层中的重要的地下铁道结构物才有必要和可能来进行地震响应分析和动力模型试验。而对于一般地下铁道结构都是采用实用的方法，即静力法或拟静力法。即在衬砌结构横截面的抗震设计和抗震稳定性检算中采用地震系数法或称惯性力法；检算衬砌结构沿纵轴方向的应力和变形则采用地层位移法，此法是以地基变形为主的，不考虑衰减系数的静力解，故又称为拟静力法。

静力法或拟静力法就是将随时间变化的地震荷载或地层位移用等代的静地震荷载或静地层位移代替，然后再用静力计算模型分析地震荷载或强迫地层位移作用下的结构内力，其量值略大于动力响应分析值。

等代的静地震荷载包括结构本身和洞顶上方土柱的惯性力以及主动侧向土压力增量。

由于地震垂直加速度峰值一般为水平加速度的 1/2～2/3(但在震级较大的震中附近，这一比值则在 0.5～2.4 之间)，而且也缺乏足够的地震记录，目前尚不清楚一些重要因素如震级、震源距和场地条件对垂直地震动频谱的影响，因此，对震级较小和对垂直振动不敏感的结构，可不考虑垂直地震荷载的作用。在《铁路工程抗震设计规范》(GB 50111—2006)中，只给出隧道抗震设计时水平惯性力和主动侧向土压力增量的算法。只有在验算结构的抗浮能力时才要计及垂直惯性力。

水平地震荷载可按垂直和沿着隧道纵轴两个方向进行计算：

(1)隧道横截面上的地震荷载(垂直隧道纵轴，见图 3-6)

①结构的水平惯性力。作用在构件或结构重心处的地震惯性力一般可表示为

$$F = \frac{T}{g}Q = K_c Q \quad (3\text{-}37)$$

式中：T——作用于结构的地震加速度；
   g——重力加速度；
   Q——构件或结构的重力；
   K_c——与地震加速度有关的地震系数。

对于 TBM 隧道结构，其均布的水平惯性力可按下式简化

$$F_1 = \eta_c K_h \frac{mg}{D} \quad (3\text{-}38)$$

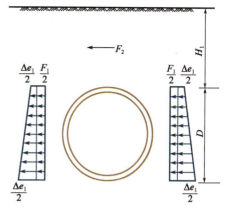

图 3-6 圆形衬砌的地震荷载图式

式中：m——衬砌质量；
   D——衬砌外直径。

② 洞顶上方土柱的水平惯性力为

$$F_2 = \eta_c K_h m_\text{上} g \quad (3\text{-}39)$$

式中：$m_\text{上}$——上方土柱的质量。

③ 主动侧向土压力的增重。地震时地层的内摩擦角要发生变化，由原来的 φ 值减小为 $(\varphi-\beta)$，其中 β 为地震角，在 7 度地震区 $\beta=1°30'$；8 度处 $\beta=30°$；9 度处 $\beta=6°$。因此，结构一侧的主动侧向土压力增量为

$$\Delta e_i = (\lambda_a - \lambda_a')q_i \quad (3\text{-}40)$$

其中，$\lambda_a = \tan^2\left(45°-\frac{\varphi}{2}\right)$，$\lambda_a' = \tan^2\left(\frac{\varphi-\beta}{2}\right)$。

而结构另一侧的主动侧向土压力增量可按上述值反对称布置。

④ 结构和隧道上方土柱的垂直惯性力，其一般公式为

$$\left.\begin{array}{l} F'_1 = \eta_c K_v Q \\ F'_2 = \eta_c K_v P \end{array}\right\} \quad (3\text{-}41)$$

式中：K_v——垂直地震系数，一般取 $K_v = \frac{K_h}{2} \sim \frac{2K_h}{3}$；
   Q、P——衬砌和隧道上方土柱的重力。

由于垂直惯性力仅在验算结构抗浮能力时需要考虑，因此，即可按集中力考虑。

(2) 沿隧道纵轴方向的地震荷载

地震动的横波与隧道纵轴斜交或正交，或地震动的纵波与隧道纵轴平行或斜交，都会沿隧道纵向产生水平惯性力，使结构发生纵向拉压变形，其中以横波产生的纵向水平惯性力为主。地震波在冲积层中的横波波长约为 160m。因此，孙钧院士在其《地下结构工程》一书中建议：计算纵向水平惯性力时，对区间隧道可按半个波长的结构重量考虑，即

$$T = \eta_c K_h (80W) \quad (3\text{-}42)$$

式中：W——结构每延长米的重力。

五、隧道工程施工衬砌断面及支护参数

(一)隧道衬砌断面

敞开式 TBM 施工区间隧道采用圆形衬砌断面,如图 3-7 所示。

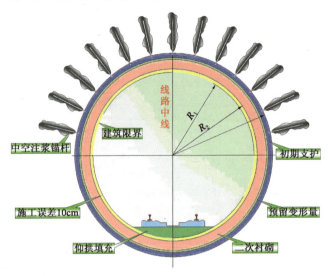

图 3-7　敞开式 TBM 施工区间隧道衬砌断面图

(二)隧道支护参数

敞开式 TBM 支护形式按照新奥法理论设计,初期支护采用喷、锚网联合支护,必要时采用钢架加强支护,二次衬砌采用模筑钢筋混凝土衬砌。依据前述理论方法对 TBM 支护参数进行设计,以重庆轨道交通为例,进行详细分析。具体支护参数分述如下。

1.锚杆长度的确定

根据挖断面大小,结合 TBM 自带锚杆钻机性能,锚杆长度宜采用 2.0～2.5m,围岩较差地段可适当加长;环向间距 1.0～1.2m,纵向间距与钢架间距一致。考虑到二次衬砌不能紧跟的实际情况,为更好地加固围岩,初期支护锚杆拱部采用 R25 中空注浆锚杆,边墙设 ϕ22 砂浆锚杆。砂岩地段,若围岩完整性较好,为加快施工进度,拱墙可采用药卷锚杆,但抗拔力必须满足设计要求。

2.钢架间距的确定

开敞式 TBM 的步距为 0.75m,撑靴上预留的钢架卡槽间距为 0.75m。因此,钢架间距宜为 0.75 的整数倍,一般取 0.75m、1.5m 或两者交错布置。当围岩较差,有必要加密钢架时,局部段落也可在 TBM 主机通过后,喷射混凝土施作前人工加设。

第二节　敞开式 TBM 掘进工作参数

掘进机是属于典型的非标设备,生产厂家不可能提前制造或批量生产,每一台 TBM 都要由用户提出所需的技术性能和参数。因为要开挖的洞径大小不同、所面临的地质条件不同,可

选择的机型就不同,即使是同类型主机,尚需自主确认驱动形式、控制系统、测量系统、记录系统等规格和关键参数,特别是与之配合的后配套系统更是关系到 TBM 技术效能和效率的发挥。

掘进机需要选择的主要参数有理论开挖直径、刀盘支撑系统、刀盘及刀间距、掘进推力、刀盘转速、刀盘扭矩、变频电机驱动、掘进机机械装备条件及后配套的选择。

一、TBM 直径的确定

TBM 掘进机刀盘直径除按一般地铁区间隧道掘进断面(指钻爆法)的限界要求加以考虑外,还需预留一定的掘进误差及模筑衬砌混凝土误差。

敞开式掘进机刀盘直径计算公式如下:

$$D = d + (h_1 + h_2 + h_3) \times 2 \quad (3\text{-}43)$$

式中:D——刀盘直径;
d——建筑限界最终要求的成洞洞径;
h_1——预留富余量,预留富余量包括掘进误差、围岩可能发生的变形量、模筑衬砌误差;
h_2——初期支护厚度;
h_3——二次模筑衬砌厚度。

例如,在重庆轨道交通 6 号线 TBM 施工段衬砌均采用圆形断面,重庆轨道交通运营车辆为 B 型车,建筑限界直径 d 为 520cm。经工程类比及结构分析,TBM 施工的区间隧道衬砌厚度 h_3 取为 30cm,喷混凝土厚度 h_2 为 15cm,预留富余量 h_1 包括掘进误差、围岩可能发生的变形量、模筑衬砌误差,其中掘进误差取为 5cm,模筑衬砌误差取为 5cm,围岩可能发生的变形量取为 3cm;故敞开式 TBM 的直径 $D=2\times260$(基本内轮廓)$+2\times10$(施工误差)$+2\times30$(二次衬砌)$+2\times3$(预留变形量)$+2\times15$(喷层)$=636$cm,具体如图 3-8 所示。

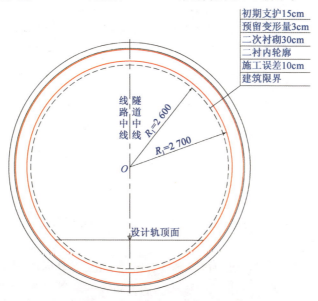

图 3-8 重庆轨道交通工程敞开式掘进机刀盘直径

二、刀盘形式及刀盘部件

刀盘部件由刀盘、铲斗、刀具及水喷雾装置组成。

1. 刀盘形式

刀盘(见图 3-9)是安装刀具的、由钢板焊接的结构件,是掘进机中几何尺寸最大、单件质量最大的部件。因此它是装拆掘进机时起重设备和运输设备选择的主要依据。刀盘与大轴承转动组件通过专用大直径高强螺栓连接,刀盘上装有盘形滚刀。

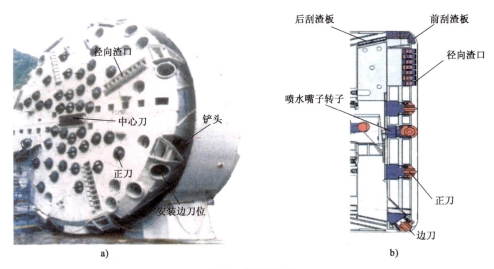

图 3-9 掘进机刀盘

刀盘可分为平面、锥面、球面等三类。球面刀盘可以增加整机的定向性和稳定性,但对不良地质不适宜;平面刀盘接触破岩面积小,受到的阻力小,减少了对岩石的扰动,适用于开挖岩性不太稳定的地层;锥面刀盘特征介于球面刀盘与平面刀盘之间。

重庆地层主要为砂岩、泥岩、砂岩夹泥岩等,岩石风化中等~严重,围岩基本可以自稳,但考虑到地层变化的复杂性及 TBM 掘进可能通过强风化层,为了稳定掌子面,减少掘进时对岩石的扰动,使刀盘所受的阻力减少,两台 TBM 均采用平面刀盘,刀盘厚 1450mm,面板厚 40mm。

2. 铲斗

刀盘的周边设置 6~12 个铲斗,将已经破碎的岩渣从洞底铲入铲斗,当铲斗随刀盘旋转到上部时,岩渣经溜槽卸入皮带机,铲斗唇口装有可更换的抗磨刮板,刮板用螺栓固定在刀盘上。

3. 刀具

掘进机刀具采用盘形滚刀,形状为圆形,分为单刃、双刃及多刃。本线两台 TBM 采用双刃。盘形滚刀的结构主要由刀圈、刀体、轴承和心轴组成,刀圈可拆换。

4. 水喷雾装置

盘形滚刀切入岩面并滚压破岩时,岩粉从岩面处喷出,刀具的温度极高,岩渣掉入隧底也可产生粉尘,为了岩面灭尘和冷却刀具,在刀盘表面布置一系列喷嘴,用水雾抑制粉尘,冷却刀具。本线两台 TBM 各设置 7 个喷嘴。

三、TBM 刀盘支撑系统

采用敞开式 TBM 时,撑靴是 TBM 主要的支撑系统。支撑系统固定于 TBM 主机上,TBM 掘进时,支撑着设备的重量并将推力和扭矩的反力通过撑靴传递给洞壁,撑靴借助球形铰自动均匀地支撑在洞壁上,以避免引起荷载集中对洞壁造成破坏。虽然,支撑有 X 型、水平型,有一对和两对区分,但关键是要求每个撑靴能够独立操纵,以应付开挖洞壁不同部位,在不同状态时,能够对撑靴进行相应调整以满足掘进要求;每一对撑靴应能够单独移动,以适应钢拱架不同间距下的安装;支撑靴的面积应足够大,选取的摩擦系数不大于 0.4,支承力和推进力的比值在 4.0 左右,以保证在最大接地比压下有足够的推进力,并能够在软弱围岩且接地比压较小时,仍可提供足够大的支承反力。

重庆轨道交通 6 号线工程两台 TBM 采用水平撑靴,撑靴面积 3.375m^2,最大接地比压 2.92MPa。

四、刀盘及刀间距

刀间距应考虑 TBM 在切割不同硬度的岩石时贯入度不同的需要,当岩石硬度较软时,滚刀贯入度大,刀间距过小,会形成粉碎状岩渣,开挖效率减小、机械能耗浪费;当岩石硬度较高时,同样的推力下贯入度小,过大的刀间距又影响了破岩效果。

根据有关 TBM 施工隧道资料,相临滚刀的间距主要取决于岩石种类、岩石抗压强度、岩石节理分布等。为了便于操作,一般采用岩石种类为主要依据,参考岩石抗压强度的方法来确定滚刀间距,详见表 3-8。

岩石种类与刀间距　　　　表 3-8

岩石种类	片麻岩	花岗岩	石灰岩	砂岩	页岩
刀间距(mm)	60~70	65~75	70~85	70~85	85~100

重庆轨道交通工程隧道岩性主要为泥岩、砂岩、砂岩夹泥岩,岩石抗压强度基本为 5~40MPa,通过以往工程类比分析及参照表 3-8,标准刀间距取值为 80mm。

TBM 掘进机在刀盘设计和刀具配置上应考虑刀盘对地质的适应性,并满足以下要求:

(1)刀盘应设计成封闭形式,由于封闭的刀盘能有效地支撑掌子面,可防止掘进机在围岩稳定性较差的地层施工时,出现坍塌掉块等问题,并为人员在刀盘内检查、更换刀具提供安全保障。

(2)刀盘设人孔 1 个,人员可以通过人孔进入掌子面,排除障碍物。

(3)铲斗的尺寸和形状都进行了优化设计以保证其在软岩中作业的高效性和较低的磨损率。

(4)刀盘上设计有用于喷水降尘的喷嘴。高压水通过刀盘中心的旋转接头和预设管路进入喷嘴,通过喷嘴喷出形成水雾对刀具降温并对刀盘的切削过程中进行降尘。

(5)扁平形状的刀盘、短小的铲斗和刮板使护盾切削边缘和掌子面之间的距离最小,减少了在上部松动岩石下的暴露。

(6)刮板和铲斗沿刀盘外围均布,用来把岩渣从隧洞底部移至顶部,然后沿着溜渣槽到达主机皮带机上方的溜渣槽。铲斗开口和刮板朝刀盘中央扩展少许长度,以使大量岩渣在落至隧洞底部之前能进入刀盘,这样可减少围岩的二次破碎,从而可以避免刀具的非正常损坏。刮板上用螺栓固定了耐磨钢板,在需要时可以更换。

(7)刀座为刀盘结构整体的一部分并向刀盘内凹陷,滚刀仅有一部分伸出刀盘面,使刀具与隧洞掌子面之间距离最小,能防止刀盘在破碎地质条件下被卡住。

(8)在刀盘外围后部设置耐磨层,刀盘面板焊接耐磨格条以及在滚刀上设计耐磨焊块,能增强刀盘在硬岩掘进时的耐磨性能。

(9)配置的盘型滚刀可以破碎最大抗压强度大于90MPa的岩石,且具有良好的耐磨性能,能最大限度地降低刀具损耗。

五、刀盘推力

根据以往研究,刀盘推力的计算公式如下:

$$刀盘(额定)推力 = (中心刀 + 正滚刀 + 边刀)数量 \times 承载力/把 \tag{3-44}$$

从以上公式可以得知,刀盘的最大推力取决于盘形刀的结构和数量,当盘形刀数量确定之后,每把盘形刀的承载力越大,所形成的总推力也越大,且盘形滚刀所能达到的承载力,受到刀圈断面形状、材质、热处理、轴承、安装空间和重量等各方面因素的约束。刀盘数量与刀盘直径的关系如图3-10所示。

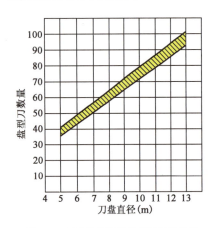

图3-10 刀盘数量与刀盘直径关系曲线

由于刀圈所用钢材性能提高及热处理技术的发展,目前已研究成功了19in(483mm)刀具,并在部分工程中取得了一定的使用经验。由于19in(483mm)刀具抗拉强度及断裂韧度高等优点,这样可以加快TBM掘进速度,且刀具磨损小,成本低,而且可以发挥掘进机的大功率和超大功率的优势,从而提高掘进速度。

19in与17in刀具在一样运行条件下,同样的刀间距、同样的荷载、同样的刀刃宽度,由于19in刀圈磨损量减小30%,寿命增长,从而节省了更换刀具的时间。19in刀圈可实现300kN/把以上的推力,若轴承能适应相应的工况和荷载,则进刀量和刀间距都可以相应增加。

六、刀盘转速

刀盘转速是随着刀盘直径的增大而减小。参考以往研究资料,影响刀盘转速的主要因素有以下方面:

(1)根据国外试验分析,在掘进过程中,掘进机刀盘线速度控制在小于等于150m/min 为宜。$N \leqslant 150/(\pi \cdot D)$,其中,$n$为刀盘转速,取$\pi$为3.14,$D$为大刀盘直径,以此推算刀盘转速。

另外,经验公式推荐:$n \leqslant X/D$,其中,n为刀盘转速,D为大刀盘直径,X为转速因子,约为40~50。

(2)从盘刀破岩机理上分析,当盘刀在压力作用下,有90%的能量用于岩石产生粉核和裂纹，有10%的能量消耗于岩石裂纹的扩展，以便使两刀之间的裂纹连通而形成岩渣。若刀盘线速度超过一定值时，很难使刀间距裂纹连通，降低了破岩效果。

（3）铲入刀盘铲斗中的岩渣，经铲斗的通道落入接渣斗，并进入主机皮带输送机上，如果刀盘半径加速度超过重力常数一定比例，那么岩渣将留在铲斗中不能倾卸干净。

（4）当边刀线速度升高时，在同样推力作用下，将直接影响并降低边刀轴承的寿命。

研究还表明，只要转速在合理的范围之内，刀盘的贯入度几乎与刀盘转速是不相关的，从中得到一个概念，即在相同条件下大直径掘进机掘进速度低于小直径掘进机。图3-11、图3-12表明了掘进速度和刀盘直径的关系。

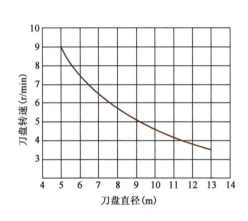

图 3-11　刀盘转速与刀盘直径的关系

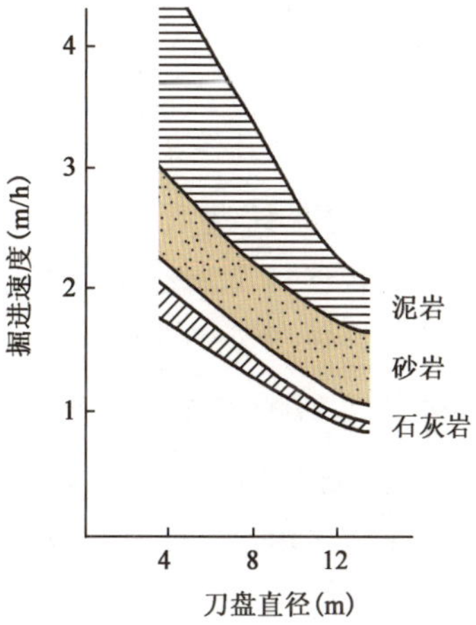

图 3-12　掘进速度与刀盘直径的关系

七、刀盘额定扭矩

根据以往研究得知，刀盘所需动力取决于刀盘的转速和扭矩，而掘进机掘进时刀盘实际的扭矩是受地质条件影响而变化的。在硬岩中掘进，需较大的推力，相应扭矩小，在软岩中掘进，滚动阻力大，此时刀盘应能提供足够的扭矩。

测算扭矩与刀盘直径关系（见图3-13）的经验公式：

$$M_d = SD^2 \qquad (3-45)$$

式中：M_d——扭矩；

D——刀盘直径；

S——扭矩系数，一般选定为60左右。

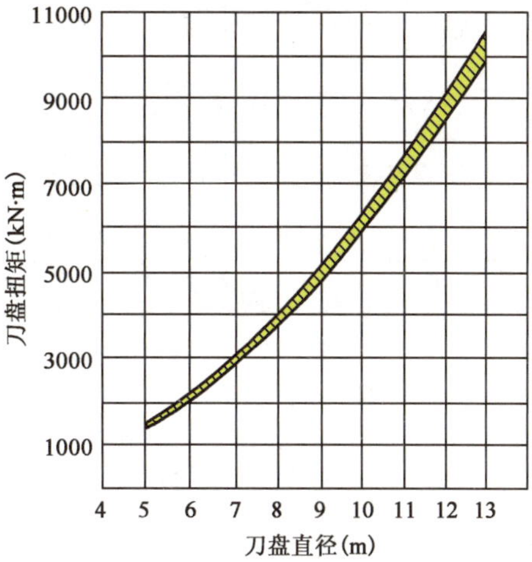

图 3-13　刀盘扭矩与刀盘直径关系曲线

八、变频电机驱动

刀盘驱动方式对TBM施工非常重要，变频驱动应具有可靠性高、传动效率高、能耗经济、针对不同的围岩具有良好的调速性能及破岩等能力。

刀盘应可以双向旋转,顺时针旋转掘进出渣,在换刀和脱困时可以逆时针旋转。在硬岩区,地质稳定、均匀的地层采用高转速,以获得较高的掘进速度;在软岩区,地质不均、不稳定地层采用低转速,以获得较高的扭矩,同时可以更好地保护刀具,保持掘进的连续性。

九、掘进机机械装备条件

轨道交通区间隧道采用 TBM 时,在设计功能上还应考虑通过局部强风化地层的可能性,并装备以下机械设备。

(一)超前钻机

可对刀盘前方 40m 左右的地层进行超前管棚注浆预加固处理,以改善刀盘前方围岩的地层参数,提高岩体的稳定性,避免掘进过程中出现坍塌掉块及变形。

(二)预制块吊装及注浆系统

管片吊装采用吊机起吊和运输。吊机在胶带输送机下面的两根钢轨上运行,可起吊 13t 的重物并将它转移到安装地点。吊机利用链条传动进行作业,可在水平和垂直两个方向上移动。注浆设备安装在连接桥的下方。

(三)敞开式 TBM 的操作设计

敞开式 TBM 的操作设计应充分考虑到减轻操作者的劳动强度,提高操作者的劳动效率。主司机应在主控室内可以完成 TBM 掘进的主要操作,如启动泵站、推进、调向、换步、刀盘转动、油脂系统的注入控制等。TBM 的主要状态参数,如各种油压、油温、气压力、TBM 姿态等也应直接反馈到主控室内。所有的刀具都可以在刀盘后部更换,避免了人员进入刀盘前面更换刀具可能发生的危险。

主轴承密封油脂系统、润滑系统等采用全自动化控制,可大量减少操作者的劳动强度。

十、敞开式 TBM 技术参数表——重庆轨道交通 6 号线

根据重庆轨道交通 6 号线 TBM 隧道通过区的地层条件,实际选用的技术参数见表 3-9。

敞开式 TBM 主机技术参数 表 3-9

序 号	主部件名称	细目部件名称	保 证 值
1	整机	主机结构形式	敞开主大梁式硬岩掘进机
		主机长	25m
		整机长度	设备长约 165m(带道叉约 195m)
		主机质量	约 310t
		整机质量	约 850t
		最小转弯半径	300m
		最大部件质量	48.5t
		最大部件尺寸(长×宽×高)	4306mm×4306mm×2100mm

续上表

序号	主部件名称	细目部件名称	保证值
2	刀盘	刀盘形式/材质	HARDOX400,A588和A36
		分块数量	2块
		总质量	77t
		开挖直径(新刀/磨损后)	6390/6360mm
		刀盘/面板厚度	1450mm/40mm
		中心刀数量/直径	4把8刃/432mm
		正滚刀数量/直径	23把/483mm
		边滚刀数量/直径	9把/483mm
		扩挖方式/扩挖刀数量/直径	更换边刀无需扩挖刀/无
		刀具冷却水喷嘴数量	7个
		刮渣口和刮渣板布置、安装形式	刀盘圆周布置,螺栓固定
		刀盘耐磨层处理方式	焊接
		刮渣口/板数量	8个
		刀具额定载荷	32t
		刀具安装形式	锲形
		换刀方式	前后换刀
		标准刀间距	80mm
		刀盘推荐最大推力	1280t
3	刀盘驱动	驱动形式	变频驱动
		过载保护形式	安全设置
		驱动功率	7×330kW=2310kW
		转速	0～5.44～11.97r/min
		额定扭矩	4054kN·m@5.44r/min; 1843kN·m@11.97r/min
		脱困扭矩	6080kN·m
		主轴承结构形式	3列滚子
		主轴承直径×厚度	3285mm×500mm
		主轴承密封数量、形式	内外唇式密封,各3列
		减速比	183.75
		大齿圈齿数/模数	119/20
		小齿轮齿数/模数	19/20
		主轴承寿命	19800h
		减速器设计寿命	>15000h

续上表

序 号	主部件名称	细目部件名称	保 证 值
4	推进系统	油缸数量/缸径	4个/406mm
		油缸行程/掘进行程	1500～1800mm/1530～1830mm
		推进油缸与隧道轴向最大夹角	19°
		行程传感器数量/型号	1套/Celesco PT420
		最大伸出速度	150mm/min
		最大回缩速度	750mm/min
		系统压力	32.4MPa
		总推力	15154kN
5	撑靴	形式	浮动撑靴
		油缸数量/缸径	一个双端油缸/813mm
		油缸总行程/伸出量	559mm/280mm
		系统压力	32.1MPa
		总有效支撑力	33276kN(Max)/31000kN
		撑靴面积	3.375m²
		撑靴装置与主梁的接触面积	0.9m²
		最大接地比压	2.92MPa
		凹槽间距/槽宽/槽深	750mm/188mm/300mm
6	润滑系统	形式	采用齿轮油集中润滑
		润滑泵型号	齿轮泵
		泵送压力	8MPa
		每分钟注油量（主轴承、小齿轮、内外密封）	42L
		每分钟注油量（总量）	42L
		润滑油循环流量	397L

第三节　敞开式TBM后配套及运输系统

后配套泛指掘进机主机后面的设备总成，它是为主机提供电力、液压、控制等设备、部件的安装构件，也是运送原材料和运渣的转载体。后配套由连接掘进机主机与后配套的连接桥、若干节可拖拉行走的平台车以及安装在它上面的皮带输送机、电器、液压、水、通风等各类设备组成。

后配套上的设备是与掘进机主机相匹配的，它们在后配套平台车上的安装位置根据它们的特性、安装尺寸、质量、平衡等方面因素进行设计。主液压泵系统安装在平台车的前部，尽量减少液压管线的长度；变压器、控制柜、空压机等较重，大件的安装，需控制好平台车的重心；皮带机处于后配套台车的上部中心，下部为运输车辆提供空间。

一、轨行式后配套平台车

采用轨行式平台车,是掘进机后配套台车的最主要结构形式。轨行式平台车的形式可分为门架式和台车式两种,台车式中又有双线或单线布置形式。本线两台敞开式 TBM 均采用门架式平台车。

双线台车式平台车(见图 3-14),隧洞轨道采用双线布置,轨距多采用 900mm,两线间距符合洞内轨道运输安全距离要求,平台车上也布置了同样轨距的双线轨道,运输列车由洞内运输轨道通过掘进机后配套后部的斜坡轨(见图 3-15),进入平台车上轨道,完成装渣和材料装卸,平台车的车轮走隧洞轨道的两根外轨。

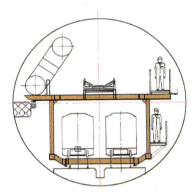

图 3-14 双线台车式平台车

这种轨道运输形式适用于仰拱底部加厚、加重型的底拱,因为双线轨道的布置,除需要一定宽度外,双列运渣车(其中一列装满石渣)的质量及台车的平衡需要较强的轨道基础。

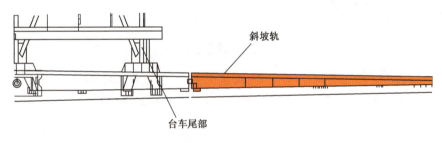

图 3-15 轨斜坡

双线台车式平台车的下部平台设置轨线,为了解决列车的调度,一般在后配套平台车的尾部设置道岔(见图 3-16),它可以使列车方便地通过左、右线进入后配套平台车的前部或隧洞轨道。

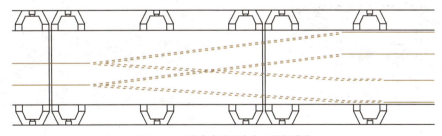

图 3-16 双线台车式平台车上尾部道岔

为了将材料、预制块(仰拱)、刀具等运送到后配套最前端,接近掘进机主机附近,后配套平台车的前部也需要设置渡线道岔(见图 3-17、图 3-18)。列车的编组顺序是材料车(含钢轨车、混凝土输送车、豆砾石输送车、圈梁运输车、管片或仰拱运输车)、石渣矿车、机车、人车。当矿车满载石渣时,机车在列车的前面(第一节是人车),拉出洞外;而装有材料和空的矿车是被机车推送进洞的。

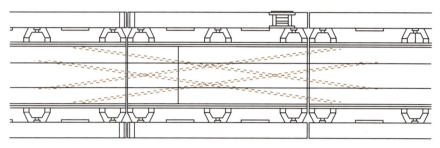

图 3-17 平台车上前部道岔

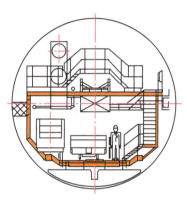

图 3-18 平台车前部道岔断面

上述的双线台车式平台车车轮跨距大,适用于较大断面的隧洞,而略小的隧洞采用双线台车式平台车时,其台车轮距可减小,以降低台车位置的高度(见图 3-19)。这种台车形式的重心较低,它可以作为材料运输平台,也可以同时具备运渣的能力。

运输车辆的道床形式可利用钢木道床(见图 3-20)作为临时基础,运输快捷、实用、拆除方便,此种道床形式适用于窄轨型台车的轨道。

二、运输系统

TBM 施工中,为充分发挥其能连续、快速掘进的特点,要求出渣运输作业与掘进作业同步进行,并且对其他工程的影响较小。出渣时可供选择的运输方式有轨道列车运输和皮带运输方式。

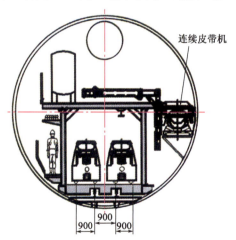

图 3-19 窄轨型台车(尺寸单位:mm)

图 3-20 钢木道床

1. 矿车有轨运输方式

结合 TBM 后配套尺寸、运输车辆尺寸、运输块件的大小及出渣量等因素,对洞内运输方式布置为双轨单线、四轨双线、四轨三线等几种方式进行了比较。采用双轨单线运输方式,洞内空间布置线路方便灵活,缺点是运输能力相对较低,为了运输进料的便捷,需在车站范围内设置错车道,但仍不能满足 TBM 连续掘进的要求;采用四轨双线或四轨三线洞内运输能力较高。结合掘进断面的大小,将轨道标高适当提高,能够满足四轨三线的布置要求。因此,综合考虑以上因素,采用矿车运输时,轨道布置为四轨三线形式。

洞内有轨运输轨距采用 900mm,钢轨采用 38kg/m,钢枕间距 0.7m,采用工字钢加工制成轨枕,竖向工字钢底部采用弧形扁钢连接固定。轨枕上设置螺栓孔并用压板螺栓固定钢轨,钢枕间采用纵向拉杆连接固定(见图 3-21)。

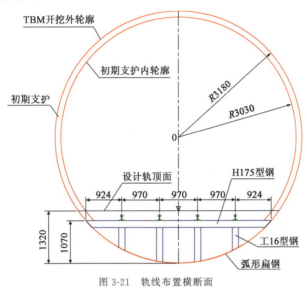

图 3-21 轨线布置横断面

2. 皮带运输方案

(1) 连续皮带输送机组成

连续皮带输送机组成包括可移动的皮带输送机尾部、皮带存储及张紧机构、皮带输送机驱动装置、助力驱动装置、皮带托滚及支架、调心轮、皮带输送机卸载机构、输送带、变频控制系统、拉索、皮带硫化机等(见图 3-22)。

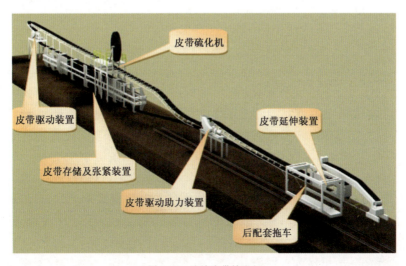

图 3-22 连续皮带输送机

(2)皮带运输对线路条件的适应性

皮带出渣要求线路曲线半径不小于500m,困难地段不小于250m,但连续弯头不宜超过两处。

(3)出渣能力

出渣皮带机选用带宽500mm的三节托辊槽形带式输送机,其输送能力可按下式计算

$$I_v = Svk \, (\text{m}^3/\text{s}) \qquad (3\text{-}46)$$

式中：S——输送带上物料的最大横截面截面(m^2),采用0.0157m^2；

v——带速(m/s),取2.0m/s；

k——倾斜系数,取1。

通过计算可得出带宽500mm的皮带运输机的输送能力为$113\text{m}^3/\text{h}$,可以满足掘进机出渣的要求。

3. 运输方案比较(见表3-10)

皮带运输系统和有轨矿车运输相比,具有运输线路适用性强、装卸料灵活、可靠性强、安全性高、费用低、无污染等优点。轨道运输使用经验成熟,在利用既有设备的条件下,可降低运输设备的投资。

运输方式比较 表3-10

运输方式	矿车有轨运输	皮带机运输
TBM设备配置	后配套拖车为框架结构,洞内布置双轨单线	(1)后配套拖车为门架结构,布置单线； (2)正洞采用连续皮带机运输,配备有皮带储存机构
正洞轨线	四轨三线	单线(设置汇车平台)
对线路适应性	较好	较差
作业工序	作业工序多	作业工序简单
安全性	安全隐患较多	较安全
施工排水	利用自然坡排水	利用自然坡排水
日常维保费用	相当	相当
经济性	部分设备可以利用既有运输设备,节省投资	需增加一套新的运输设备,投资增大

通过以上比较分析,采用皮带运输方式可降低隧道断面压力,安装基础简单,且无污染,连续性好,但在车站位置布置对车站的施工干扰较大,城市轨道交通曲线半径小,且曲线段落较多。但采用皮带出渣,需多个皮带运输系统,配套工程量大,多条皮带施工稳定性差,若其中一条发生故障则影响全段出渣。采用轨道运输方式能够保证出渣运输系统的可靠、方便和安全调度,且在利用既有设备的情况下可以降低运输设备的投资。通过对目前地铁盾构施工运输方式的调查及考虑到施工单位现有机械配备、使用经验及降低成本要求,最终确定区间隧道TBM掘进后配套运输方式采用四轨三线的矿车运输方式。

4. 列车编组

TBM施工运输主要包括垂直运输和水平运输,垂直运输主要是用列车编组将掘进施工

所需的材料吊运至井下,将井下的矿车等重物吊运至地面;水平运输主要是蓄电池车通过水平运输系统(有轨运输)将垂直运输的施工材料(支护材料、轨道、轨枕、油脂等)运输到工作面,将渣箱运送到井口。

(1)运输方案

出渣和进料均采用编组列车的方案。一个编组列车满足一个TBM掘进循环的出渣和进料运输。牵引机车采用蓄电池车;矿车底盘和渣斗采用分体式设计,矿车具有停车制动功能;翻渣采用双梁式悬臂门吊吊装卸渣。翻渣和喷混凝土料的生产采用同步作业,轨线材料和其他支护材料在时间不允许时,利用保养或检查刀盘时间集中运输。

(2)列车编组方案

出渣运输列车编组满足TBM连续掘进和最高掘进的出渣、喷射混凝土等洞内材料的供应要求,钢轨、轨枕等材料根据需要编组材料车运送,主要以机车＋平板车的方式为主,每天根据施工具体情况机动安排。单线敞开式TBM掘进出渣列车编组建议方式为1节人车＋1节机车＋5节渣车＋1节喷射混凝土罐车＋1节平板车。列车编组如图3-23所示。

图3-23 列车编组

三、TBM后配套技术参数表实例

重庆轨道交通6号线隧道单线直径为6.36m的敞开式TBM后配套技术参数建议值见表3-11。

TBM后配套技术参数　　表3-11

序　号	主部件名称	细目部件名称	保　证　值
1	主机皮带传输机	皮带型号	编织皮带
		驱动形式	液压
		皮带宽度	914mm
		皮带机长度	25m
		皮带运行速度	2.9m/s
		功率	75kW
		最大出渣能力	655m³/h
		允许的最大粒径	300mm
2	连接桥皮带机	皮带宽	762mm
		运行速度	2.9m/s
		皮带机长度	55m
		出渣能力(最大)	655m³/h
		驱动类型	电驱
		允许的最大粒径	300mm

续上表

序　号	主部件名称	细目部件名称	保　证　值
3	后配套皮带输送机	皮带型号	编织皮带
		驱动形式	电驱
		皮带宽度	762mm
		皮带机长度	80m
		皮带运行速度	2.9m/s
		功率	55kW
		允许的最大粒径	300mm
		最大出渣能力	655m³/h
4	仰拱块吊机	起吊高度	1.5m
		纵向移动行程	15m
		侧向位移 s	200mm
		起吊质量	12t
		提升速度	1.8m/min
		行走速度(重载)	15m/min
		自由度	5
		控制方式	电液,无线和有线
5	钢拱架安装机	形式	旋转式
		旋转范围	360°.
		纵向行程	1600mm
		举升质量	1.5t
		控制方式	有线和无线
		系统压力	10MPa
6	锚杆钻机系统	生产商/型号	Atlas Cop 1132
		控制方式	电液,有线和无线
		扭矩/转速	最大 330N・m/500rpm max330N・m/500rpm
		单根钻孔深度/直径	不小于 2.2m/20～51mm
		数量	L_1 区 2 台;L_2 区 2 台
		钻孔范围	钻架覆盖角度 160°
		冲击功	每个钻机最大 11kW
		功率	总共 75kW,每个钻架 37kW
		推进器型号规格	BMH2325 液压推进,钻臂长 2.5m
		凿岩机移动行程	1500mm

续上表

序号	主部件名称	细目部件名称	保证值
7	超前/注浆钻机系统	厂牌/型号	Atlas Cop 1838
		控制方式	电液
		扭矩/转速	最大1000N·m/210rpm
		最大钻孔深度/直径	40m以上/25～108mm,取决于岩石情况
		数量	1台
		钻孔范围	>150°
		冲击功	18kW
		推进器型号规格	BMH2837液压推进,3.7m钻杆
		钻头形式	底部或插入式转头,取决于岩石情况
		钻杆长度/钻杆直径	3700mm/35mm
		外插角	7°
8	混凝土喷射系统	控制方式	遥控和有线
		混凝土泵的厂牌/型号/数量	AlIVa/Sika－PM702/2套
		能力	20m³/h
		机械手数量	2套
		喷射范围	300°
		移动行程	8m
		混凝土罐的容量/数量	5m³/1
		机械手布置形式	前后布置
9	电气系统	总功率	4500kW
		变压器容量	2×1750kVA+1×1000kVA
		变压器数量	3台
		变压器形式	干式
		功率因数	$\cos\varphi>0.95$
		变压器防护等级	IP55
		初级电压	20kV
		次级电压	690kV/400kV/230kV
		应急发电机容量	220kW
		电缆卷筒存储能力	400m
		电缆型号/断面尺寸	PANZERFLEX/3×70+3×16mm²
10	刀盘驱动电气系统	电机长径比	2
		电机功率/数量	330kW/7台
		防护等级	IP67
		变频方式	矢量控制
		电机额定频率/最高频率	50/110

续上表

序　号	主部件名称	细目部件名称	保　证　值
10	刀盘驱动电气系统	电机额定扭矩/最高频率时扭矩	4054kN·m@5.44r/min；1843kN·m@11.97r/min
		同步控制方式	一对一通过VFD控制
		过载系数	1.79
		电机及变频器冷却方式	循环水冷
		刀盘点动方式	变频，刹车
11	有毒有害气体监测报警系统	规格型号	感应式
		监测气体种类	瓦斯、氧气、一氧化碳、二氧化碳、硫化氢
		探测器数量	6个
12	测量导向系统	型号规格	PPS
		精度	2″
		有效距离	300m
13	电视监视系统	摄像机数量	4～6台
		显示器形式、数量	液晶/1台
14	后配套拖拉油缸	数量	2个
		拖拉力	100t
15	后配套台车	拖车结构形式	门架式（最后一节为平台式）
		拖车数量/质量	15节/18t
		钢轨型号	43kg
		轨距	900mm
		拖车内净空尺寸（长×宽×高）	8000mm×1800mm×2500mm
16	风管储存筒	数量	2个
		储存长度	100m
17	除尘系统	除尘器数量	1个
		形式	干式
		过滤装置精度	<1mg/m³
		能力	480m³/min
		风机功率	2×22kW
18	二次风机	功率	55kW
		风管直径	1100
		风量	900m³/min
19	空气压缩系统	空压机数量	2台
		能力	GA75,14.7m³/min
		最大压力	0.7MPa
		储风罐容量/数量	3m³/个

续上表

序　号	主部件名称	细目部件名称	保　证　值
20	供排水系统	新鲜水水箱容量	5m³
		新鲜水水管卷筒储存能力（包括60m水管）	60m
		热水水箱容量	1.5m³
		污水水箱容量	10m³
		回水水管卷筒储存能力（包括水管）	60m
		供水泵	12/2 台
		排水泵	80/6 台,共 25kW
		污水泵	
21	砂浆注浆系统	厂牌/型号	Chongqing Heshi/HS－B6(国产)
		数量	1 套
		注浆能力	6m³/h
		注浆压力	8MPa(可调)
22	装机功率	刀盘驱动	2310kW
		推进系统	液压系统配置 3×56kW＝168kW
		仰拱块吊机	润滑系统配置 1×15kW＝15kW
		仰拱块拖拉系统	
		锚杆钻机	L1 区:75kW
			L2 区:75kW
		喷射系统	30×2＝60kW
		后配套皮带机	包括在液压系统中
		主机皮带机	
		除尘器	44kW
		二次通风机	55kW
		空压机	75×2＝150kW
		供水系统	11kW
		污水外排	25kW
		其他设备(为客户预留)	300kW
		总功率	3217kW

第四节　敞开式 TBM 的始发和接收

一、始(出)发洞和接收洞的设置

敞开式 TBM 在城市地铁中应用的一个重要特点是要多次通过车站,TBM 掘进与车站施工相互影响,互相制约。根据总工期、TBM 施工工期及车站工期的情况,TBM 可选择掘进过站和空载步进过站。当TBM到达车站时,车站仅能施工很少部分或未开始施工,TBM采用掘进过站方式;当TBM到达车站时,车站主体结构已经施工,具备TBM步进通过条件时,TBM步进通过。为减小TBM掘进对已施工车站结构的影响,在紧邻车站小里程端设置接收洞。接收洞的长度根据围岩情况、车站结构施作情况等确定,建议设置长度为5m。

敞开式TBM步进通过车站后,由步进转为掘进时,需设置出发洞,满足TBM撑靴的支撑要求,以提供掘进反力再次掘进。出发洞长度根据围岩情况、TBM设备撑靴距掌子面距离的大小确定。如单线敞开式TBM撑靴距离掌子面的距离大约为13m,故建议出发洞长度设置为20m。

二、始(出)发洞设计

1. 安全空隙

始(出)发洞采用钻爆法提前施工,仅施作初期支护,敞开式TBM利用撑靴空载步进通过。因此,初期支护内轮廓与TBM主机外轮廓间必须预留足够的安全空隙,才能确保TBM顺利通过,并完成始发。安全空隙的大小应充分考虑围岩变形、TBM步进蛇形误差及曲线的设置等因素。单线敞开式TBM主机外轮廓与出发洞初期支护内轮廓间安全空隙设计取值一般为10cm。

2. 断面形式的选择

出发洞采用马蹄形断面,断面内轮廓必须满足敞开式TBM设备始发的要求。主要要求如下:

(1) 拱墙初期支护内轮廓满足TBM撑靴不小于90%面积与之密贴。

(2) 在TBM空载步进时,为减小主机与底面的摩擦及确保TBM步进方向的准确,衬砌断面回填底部应采用弧形,并预埋43kg钢轨。

3. 始(出)发洞支护内轮廓及衬砌断面

敞开式TBM始(出)发洞支护内轮廓要求如图3-24所示。

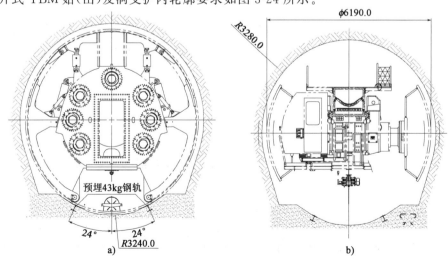

图3-24 敞开式TBM始(出)发洞内轮廓

Ⅲ、Ⅳ级围岩始(出)发洞在 TBM 通过后施作二次衬砌,底部 TBM 通过前施作底板,并预埋两根 43kg 钢轨;Ⅴ级围岩在 TBM 通过前施作二次衬砌,但始(出)发洞在没有特殊情况下尽量不要选在Ⅴ级围岩内。

三、接收洞设计

1. 安全空隙

接收洞采用钻爆法提前施工,仅施作初期支护,TBM 利用撑靴空载步进。因此,初期支护内轮廓与 TBM 主机外轮廓间必须预留足够的安全空隙,才能确保 TBM 顺利通过。安全空隙的大小应充分考虑围岩变形、TBM 步进蛇形误差及曲线的设置等因素。单线敞开式 TBM 主机外轮廓与接收洞初期支护内轮廓间安全空隙设计建议值为 10cm。

2. 断面形式的选择

接收洞采用马蹄形断面,断面内轮廓必须满足敞开式 TBM 设备步进通过的要求。为避免步进方式的频繁调整,接收洞步进方式与车站及单洞大跨内步进方式相同,均采用平底步进通过的方式。

3. 接收洞衬砌断面

敞开式 TBM 接收洞支护内轮廓要求如图 3-25 所示。

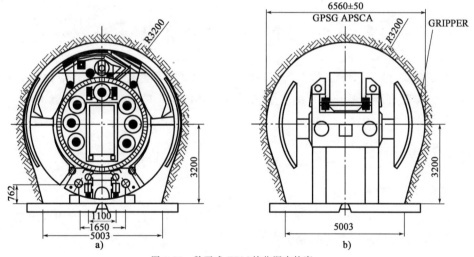

图 3-25 敞开式 TBM 接收洞内轮廓

敞开式 TBM 接收洞拱墙二次衬砌在 TBM 通过后施作。TBM 采用平底通过方式,TBM 通过前底部必须回填为平面。因此,为避免拆除 TBM 通过时施作的底板,仰拱先期施作,然后按照 TBM 步进通过底面要求施作仰拱填充,其余仰拱填充待 TBM 通过后施作。

第四章　城市轨道交通工程复合式TBM技术

城市轨道交通工程复合式 TBM 技术是一项正在兴起的新技术,对于这一新技术的应用,存在着机械、设计、施工等多方面问题,而本文主要是针对设计上的问题进行了一些分析研究。本章详细介绍了在城市轨道交通工程应用中复合式 TBM 结构设计内容及设计方法、复合式 TBM 掘进机主工作参数、复合式 TBM 后配套及运输方式的选择、复合式 TBM 始发及接收设计等。

第一节　复合式 TBM 结构设计

作为复合式 TBM 支护结构,管片设计是复合式 TBM 隧道结构设计中比较关键的一环,管片设计的成败直接关系到工程的安全、造价及使用,本节对复合式 TBM 隧道管片设计方法进行详细介绍。

一、管片结构形式

(一)单、双层衬砌选用

总结国内外盾构隧道工程实例,城市轨道交通工程等小直径盾构隧道均采用单层衬砌,故复合式 TBM 隧道也采用单层衬砌。

(二)管片结构形式

管片的结构形式包括管片的材料和管片的形状。按材料分类,目前制作管片的材料有混凝土、铸铁、钢材、复合材料等。混凝土管片由于具有一定的强度,加工制作比较容易,且耐腐蚀、造价低。从工程投资、管片加工、结构耐久性以及运营维护出发,混凝土管片具有较大的优越性,一般公路过江隧道及城市地铁隧道均采用混凝土管片。按形状分类,大致将管片分为平板形、箱形、特殊的异形结构等多种形式。在相等厚度的条件下,箱形管片具有质量轻、材料省的优点,但其抗弯刚度及抗压条件均不及平板形管片,在复合式 TBM 千斤顶顶力作用下容易开裂。平板形管片具有较大的抗弯、抗压刚度,城市轨道交通工程复合式 TBM 隧道建议采用钢筋混凝土平板形管片。

(三)衬砌环类型

复合式 TBM 隧道的线路是由直线和曲线所组成,为了满足复合式 TBM 隧道在曲线上偏转及纠偏的需要,应设计楔形衬砌环。目前采用较多的类型有三种:①楔形衬砌环与直线衬砌环的组合;②左右楔形衬砌环;③通用型管片。

以上三种类型的衬砌环的特点见表 4-1。这三种管片组合方法都是可行的,具体采用何种管片组合方法,一方面取决于工程经济性分析,另一方面则取决于施工技术水平。

三种管片环比较　　　　　　表 4-1

方　法	特　点
楔形衬砌环与直线衬砌环的组合	直线地段除施工纠偏外,多采用标准衬砌环;曲线地段可通过标准环与左、右转弯衬砌环组合使用,以拟合曲线;无法拟合竖曲线;管片需要三种类型,对施工要求较低
左右楔形衬砌环	通过左转弯衬砌环、右转弯衬砌环组合来拟合直线、曲线及施工纠偏,施工时根据排版后的排列组合拼装;无法拟合竖曲线;管片需要两种类型,对施工要求较低
通用型管片	通过一种楔形管片的不同角度的旋转拟合线路,包括施工纠偏及竖曲线;管片只需要一种类型;对施工要求较高

为满足施工质量及加快施工进度,单线轨道交通工程区间复合式 TBM 隧道衬砌建议采用左右楔形衬砌环与直线衬砌环的管片组合形式。

(四)衬砌环幅宽

衬砌环宽越大即管片宽度越宽,衬砌环接缝越少,漏水环节、螺栓亦越少,施工进度就越快,衬砌环的制作费、施工费就减少,经济效益提高。但在小半径曲线上管片宽度越宽,其设计拟合误差越大,工程质量越差。

目前管片宽度为 1.0~1.5m,多采用 1.5m 的宽度。与 1.2m 宽度相比,1.5m 宽度的衬砌环提高了施工进度,节约了防水材料,并能节约纵向接头螺栓的数量。在综合考虑管片的制造、运输、曲线施工因素、施工速度、防水质量、工程质量及设备投资等因素的基础上,衬砌环宽度采用值为 1.5m。

(五)管片厚度

管片的厚度取决于围岩条件、覆盖层厚度、管片材料、隧道用途、施工工艺等条件。为了充分发挥围岩自身的承载能力,现代的隧道工程中都采用柔性衬砌,其厚度相对较薄。

根据复合式 TBM 隧道通过地段的工程地质和水文地质条件、覆土深度进行内力计算。计算表明,衬砌厚度 350mm 和 300mm 都可满足结构强度和变形要求,但从经济性和实用性方面考虑,并结合国内相似地铁工程的成功经验,单线轨道交通工程复合式 TBM 衬砌管片厚度采用 300mm。

二、管片分块方式

复合式 TBM 隧道管片分块方案需考虑管片的拼装方式(通缝拼装或错缝拼装)、复合式 TBM 的拼装能力、纵向螺栓的分布等因素。目前来看,管片的分块方案主要有等分方案、1/2

封顶块方案及 1/3 封顶块方案三种,其主要比较见表 4-2。

三种管片分块方案比较　　　　　　　　　表 4-2

比较项目	等分方案	1/2 封顶方案	1/3 封顶方案
拼装方式	全错缝拼装,封顶块拼装位置最多	难以保证全错缝拼装,每一环管片中,随封顶块相对于前一环管片旋转角度的不同,均有部分管片通缝拼装	全错缝拼装,封顶块拼装位置最多
封顶块大小	与标准块等大,封顶块质量大	是标准块 1/2,封顶块质量较大	是标准块 1/3,封顶块质量较大
纵向螺栓布置	全环纵向螺栓等分布置,布置个数及布置方式灵活	全环纵向螺栓等分布置,布置个数及布置方式基本固定	全环纵向螺栓等分布置,布置个数及布置方式基本固定

城市轨道交通工程区间复合式 TBM 隧道,直径为 6m 左右,根据隧道施工的实践经验,考虑到施工方便以及受力的需要,复合式 TBM 采用 1/3 封顶形式,即(5+1)分块:一块封顶块、两块邻接块、三块标准块。

三、管片拼装方式

衬砌环的拼装方式有错缝、通缝两种方式。错缝拼装防水效果好,能使圆环接缝刚度分布趋于均匀,减少结构变形,可取得较好的空间刚度,但衬砌环较通缝拼装内力大,且管片制作精度不高时容易在推进过程中被顶裂,甚至顶碎。通缝拼装施工难度小,衬砌环内力较错缝拼装小,可减少管片配筋量,但衬砌环空间刚度稍差,变形较错缝拼装大,且通缝拼装易形成十字缝、T 字缝,防水效果难以保证。

因此,建议城市轨道交通工程复合式 TBM 隧道采用错缝拼装。

四、管片连接方式

管片的接头分为将管片沿圆周方向连接起来的管片接头和沿隧道轴向连接起来的管片接头,即纵缝接头与环缝接头。

接头结构常采用的种类有螺栓接头、铰接头、销插入型接头、楔形接头、榫接头等多种类型。经过相似工程接头类比,建议采用螺栓接头结构,螺栓连接主要有斜螺栓、直螺栓、弯螺栓三种,见图 4-1,其性能比较见表 4-3。从表可以看出,斜螺栓手孔面积最小,对管片损伤最小,施工最为方便,大型复合式 TBM 隧道管片可采用斜螺栓连接形式;但轨道交通工程小直径复合式 TBM 区间隧道由于管片厚度较薄,不适宜采用斜螺栓形式,宜采用弯螺栓结构形式。

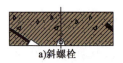

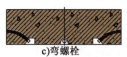

a)斜螺栓　　b)直螺栓　　c)弯螺栓

图 4-1　螺栓连接形式

第四章 城市轨道交通工程复合式TBM技术

螺栓性能比较 表4-3

比较项目	斜螺栓	直螺栓	弯螺栓
对管片的损伤	手孔面积最小,对管片损伤最小	手孔面积最大,对管片损伤最大	手孔面积较小,对管片损伤较小
螺栓受力性能	螺栓受拉剪作用受力性能较好,抗弯能力最强	螺栓受拉,受力性能好,抗弯能力较强	螺栓受拉,受力性能好,抗弯能力较强
施工便捷性	直接插入螺帽,施工最为方便	螺栓插入管片后需两端紧螺帽,施工较为不便	螺栓插入管片后需两端紧螺帽,施工较为不便
螺栓用钢量	螺栓长度较短,用钢量较省	螺栓长度最短,用钢量最省	螺栓长度最长,用钢量最大
对管片厚度适应性	所需管片最厚,一般用于大型盾构隧道结构	所需管片较薄,早期用于大型盾构隧道	所需管片较薄,一般用于轨道交通工程区间等小直径盾构隧道

五、管片接缝设计

管片接缝设计包括纵缝设计及环缝设计。

(一)管片纵缝设计

管片纵缝设计主要包括密封垫沟槽设计、凹凸榫槽设计、纵向辅助拼装设计及嵌缝槽设计。国内复合式 TBM 隧道几种典型的纵向接缝构造如图 4-2 所示。

图 4-2　纵向接缝构造

1. 防水道数

在三种接缝形式中,第一、二种形式只设有 1 道防水,一般用于城市轨道交通工程等低水压复合式 TBM 隧道;第三种设有 2 道防水,一般用于公路过江、过海等水压较高的复合式 TBM 隧道。

2. 凹凸榫槽设置

早期,在复合式 TBM 隧道管片设计中,常利用凹凸榫槽作为拼装辅助设计并用以增加管片的抗剪能力。近年来,随着大量工程实例的实践,环向凹凸榫槽的设置对管片错台的影响很小,但由于管片环向凹凸榫槽使环向接缝变得较为复杂,不利于高精度管片和管模的生产。定位杆是近年来在大型复合式 TBM 隧道中越来越广泛使用的辅助拼装装置,定位杆滑槽通长设置,并可分段设置,主要起拼装定位作用。

3. 嵌缝设计

在管片内侧纵缝一般均设置嵌缝槽,其深宽比大于 2.5,槽深宜为 25~55mm,单面槽宽宜为3～10mm。嵌缝槽断面可根据隧道特点选择,一般断面构造如图4-3所示。

图4-3 管片嵌缝槽构造形式

4. 管片纵缝张开量计算

根据接缝处计算内力M、N,把管片等效成钢筋混凝土受弯构件,按照钢筋混凝土截面核算办法计算管片环缝张开量,计算简图如图4-4所示。

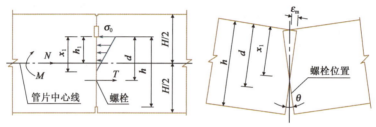

图4-4 环缝张开量计算简图

$$\frac{1}{\rho}=\frac{\left(\frac{\theta}{2}\right)^2}{\left[1+\left(\frac{\theta}{2}\right)^2\right]^{\frac{3}{2}}} \tag{4-1}$$

$$\frac{1}{\rho}=\frac{M}{EI} \tag{4-2}$$

式中:ρ——曲率半径;
θ——接缝张开角;
M——计算弯矩;
E——管片的弹性模量;
I——管片的抗弯刚度。

管片纵缝张开量接下式计算

$$\delta=d \cdot \theta \tag{4-3}$$

接缝张开量需满足密封垫防水要求。

(二)管片环缝设计

管片环缝设计主要包括密封垫沟槽设计、凹凸榫槽设计、环向辅助拼装设计及嵌缝槽设计。国内复合式TBM隧道几种典型的环向接缝构造如图4-5所示。

管片环缝防水道数设置、嵌缝槽设计同管片纵缝设计管片纵缝防水道数设置,下面叙述管片环缝凹凸榫槽、剪力销及环缝张开量设计。

1. 凹凸榫槽设置

复合式TBM管片环缝设计中,根据复合式TBM施工特点设置凹凸榫槽或千斤顶凸台,以

图 4-5 管片环向接缝构造

减少复合式 TBM 施工千斤顶作用下的混凝土破损,但由于凹凸榫槽的设置不利于高精度管片及管模的生产,在大型复合式 TBM 管片结构设计中,一般设置千斤顶凸台面来减少混凝土破损。

近年来,由于剪力销较凹凸榫槽抗剪能力强、易于安装,在大型复合式 TBM 隧道管片设计中得到广泛应用,其主要作用为辅助管片拼装定位、抵抗管片不均匀沉降等。

2. 环缝张开量验算

根据隧道纵向变形分析,验算环缝张角,计算简图如图 4-6 所示。

环缝张开量

$$\delta = \frac{BD}{(\rho_{\min} - D/2)} + \delta_0 \quad (4\text{-}4)$$

式中：B——管片环宽(m)；

D——隧道外径(m)；

δ_0——生产及施工误差可能造成的环缝间隙(m)；

$\rho_{\min}$——最小曲率半径(m)。

六、复合式 TBM 管片楔形量设计

楔形量除了根据管片种类、管片宽度、管片环外径、曲线外径、曲线间楔形管片环使用比例、管片制作的方便性确定外,还应根据盾尾操作空隙而定。

在竖曲线和水平曲线地段上,需要在标准衬砌环之间插入一些楔形衬砌环,以保证隧道向所需的方向逐渐转折,如图 4-7 所示。

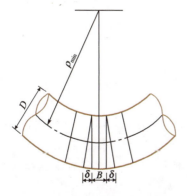

图 4-6 环缝开张量计算简图

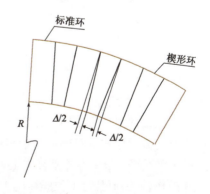

图 4-7 曲线段的管片衬砌

楔形衬砌环的楔入量 Δ，即楔形衬砌环最大宽度与最小宽度之差。楔入角 θ，即楔入量与衬砌外径 D 之比。楔入量 Δ、楔入角 θ 除应根据曲线半径、衬砌外径、管片宽度和在曲线段使用楔形衬砌环所占的百分比确定外，还要按复合式 TBM 盾尾间隙量进行校核。实践中采用的楔入量和楔入角见表 4-4，可供参考。

楔入量 Δ、楔入角 θ　　　　表 4-4

衬砌环外径 $2R_0$	$2R_0<4m$	$4m\leqslant 2R_0<6m$	$6m\leqslant 2R_0<8m$	$8m\leqslant 2R_0<10m$	$10m\leqslant 2R_0<12m$
楔入量 Δ (mm)	15~45	20~50	25~60	30~70	32~80
楔入角 θ	15'~60'	15'~45'	10'~35'	10'~30'	10'~25'

通常，一条线路上有很多不同半径的曲线，如按不同的曲线半径来设计楔形环势必造成类型太多，给制造增加麻烦，甚至无法制造。因此，常用的方法是根据线路上的最小曲线半径设计一种楔形环，然后用优选的方法将标准环和楔形环进行排列组合，以拟合不同半径的曲线段，并使线路拟合误差，即隧道推进轴线与设计轴线的偏差达到最小（≤10mm）。在进行排列组合时，楔形衬砌环与标准衬砌环的组合比最好不要大于 2:1，否则暗榫式对接区间过长，易于变形，从构造和施工两方面来看都不可取。此时，可以重新设计楔形衬砌环以满足上述要求，或采用楔形垫板的方法，如图 4-8 所示，即在标准衬砌环背向复合式 TBM 千斤顶的环面上，分段覆贴不同厚度的低压石棉橡胶板，以使其在施工阶段千斤顶推力作用下成为一个合适的斜面，以调整楔形衬砌环的拟合精度或组合比。由于覆贴料厚度小，弹性密封垫的止水效果不会减弱。

拟合曲线用的楔形衬砌环或楔形垫板也可用来修正蛇行。所谓蛇行，即在复合式 TBM 在施工中，由于地质条件变化或操纵不当，使施工轴线或左或右地偏离轴线，其轨迹似蛇行的曲线。此时，就需要根据已成环的衬砌的坐标和下续施工的设计轴线情况，在一段范围内采用楔形衬砌环或楔形垫板来修正线路位置，使线路偏差控制在允许范围内。

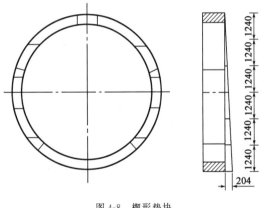

图 4-8　楔形垫块

七、管片手孔设计

国内大型复合式 TBM 隧道一般采用斜螺栓连接形式，城市轨道交通工程等小直径复合式 TBM 隧道一般采用弯螺栓连接形式，采用直螺栓连接形式的较少。斜螺栓和弯螺栓手孔设计原理差别不大，下面叙述弯螺栓手孔设计主要要点。

弯螺栓手孔根据螺栓与接缝中心线所成的角度设计成两种形式，如图 4-9 所示。a、b 值根据螺栓施工时所需的操作空间确定；c 值根据螺栓的直径确定，一般比螺栓直径大 6~10mm；d 值由于螺栓孔下端已限制螺栓垂直向上移动的距离，其值应为：$d=c+$ 各种误差，d 值太大，不仅对管片损伤较大，而且对方便螺栓施工意义不大。

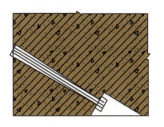 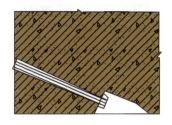

图 4-9　手孔示意

八、管片螺栓形式

组装管片用的螺栓分为纵向连接螺栓和环向连接螺栓两种。在柔性连接中,纵、环向的连接螺栓通常都布置一排,螺栓孔的设置不得降低管片强度,并要方便螺栓紧固作业。螺栓直径一般为 16~36mm,螺栓孔直径必须大于螺栓直径 4~8mm,见表 4-5。以销钉代替螺栓时,孔径的余裕见表 4-6。

螺栓直径与螺栓孔直径的关系　　　　表 4-5

螺栓直径(mm)[①]	27	30	33
螺栓孔直径(mm)[②]	32~33	35~38	38~41

注:①螺纹的公称直径。
　　②最狭部分的孔径。

销钉直径与销钉直径的关系　　　　表 4-6

销钉直径(mm)	16	18	20	22	24	27	30	33	36
销钉孔直径(mm)	19	21~23	23~25	25~27	27~29	30~32	33~36	36~39	39~41

采用错缝拼装形式时,为了曲线地段施工方便,一般将纵向连接螺栓沿圆周等距离分置。管片螺栓强度计算方法有抵抗弯矩法,安全系数法。

九、管片注浆孔的配置

为了均匀地向衬砌背后进行回填注浆,管片上还应设置 1 个以上的注浆孔,注浆孔直径一般由所用的注浆材料决定,通常其内径为 50mm 左右。如将注浆孔兼作起吊孔使用,则应根据作业安全性和是否便于施工确定其位置及孔径的大小。

在钢筋混凝土管片中,一般都不另行设置起吊孔,而是将注浆孔或螺栓孔兼作起吊孔使用。

第二节　复合式 TBM 结构计算方法

一、管片结构计算方法

(一)管片设计方法分类

1. 匀质圆环计算法

将衬砌圆环考虑为弹性匀质圆环,用小于 1 的刚度折减系数 η 来体现环向接头的影响,不具体考虑接头的位置,即仅降低衬砌圆环的整体抗弯刚度。用曲梁单元模拟刚度折减后的衬砌圆,其计算示意如图 4-10 所示。

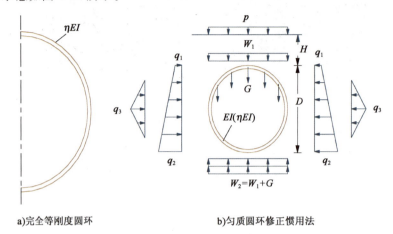

a)完全等刚度圆环　　　　b)匀质圆环修正惯用法

图 4-10　匀质圆环计算法

同时,在计算中用大于 1.0 的系数 ξ 来表达错缝拼装引起的附加内力值,ξ 值的大小,根据国内外经验来取。

2. 日本修正惯用法($\eta\xi$ 法)

日本修正惯用法($\eta\xi$ 法)是按均质圆环计算,但考虑环向接头的存在,圆环整体的弯曲刚度降低,取圆环的抗弯刚度为 ηEI,算出圆环水平直径处的变位 δ,并计算两侧抗力 $k\delta$,然后考虑错缝拼装后整体补强效果,进行弯矩重分配。其计算模型如图 4-11 所示。

接头处内力　　　　　　　$M_J=(1-\zeta)\cdot M$　　$N_J=N$　　　　　　　(4-5)

管片　　　　　　　　　　$M_S=(1+\zeta)\cdot M$　　$N_S=N$　　　　　　　(4-6)

式中:ζ——弯矩调整系数;

M,N——分别为均制圆环计算弯矩和轴力;

M_J,N_J——分别为调整后接头弯矩和轴力;

M_S,N_S——分别为调整后管片弯矩和轴力。

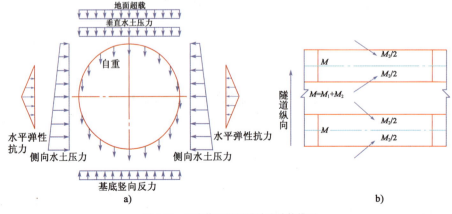

图 4-11　日本修正惯用设计法计算模型

作为单环,无论是采用错接头还是顺接头,单环的刚度是相同的。但如果考虑相邻管片环的相互影响,顺接头和错接头的刚度则有所不同。顺接头由于相邻环的接头都在同一位置,环与环之间不存在剪应力的传递,只要考虑单环的均匀刚度即可。此时使用一个刚度降低系数 η(小于1),用 ηEI 来表达环的刚度。错接头由于环之间相邻部位(管片与接头)的刚度不同,会发生剪应力的相互传递,此时需根据环间接头来考虑均匀刚度。一般除用 ηEI 来表达环的刚度以外,使用一个弯矩减少率 ζ(小于1)来表达错接头的应力传递效应。在相邻管片环接头部位,管片由于承受接头所传递的剪应力,其计算弯矩加大为 $(1+\zeta)M$,而在接头部位则减小为 $(1+\zeta)M$ 来考虑。由此可看出,错接头在结构上是比较有利的。

3. 多铰圆环计算法

假设管片接头为铰结构[图4-12a)],受多铰圆环结构的自身不稳定性影响,该法主要用于隧道围岩状况良好且普遍具有抗力的情况下,其计算模型如图4-12b)所示。

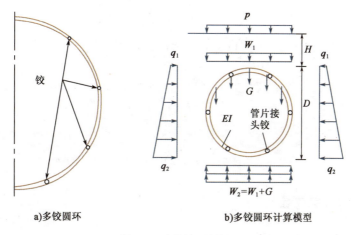

a)多铰圆环　　　　　　b)多铰圆环计算模型

图 4-12　多铰圆环计算法

4. 考虑接头位置与刚度的精确计算法

在一衬砌圆环内,考虑环向接头的位置和接头的刚度,用曲梁单元模拟管片的实际状况,用接头抗弯刚度 K_θ 来体现环向接头的实际抗弯刚度。当为错缝式拼装时,因纵向接头将引起衬砌圆环间的相互咬合作用,此时根据错缝拼装方式,除考虑计算对象的衬砌圆环外,将对其有影响的前后的衬砌圆环也作为对象,采用空间结构进行计算,并用圆环径向抗剪刚度 K_r 和切向抗剪刚度 K_τ 来体现纵向接头的环间传力效果,其计算模型如图4-13所示。

(二)管片设计方法选择

目前我国一般采用修正惯用法或梁—弹簧模型计算法。

从目前工程应用经验来看,修正惯用法由于模型简单、输入计算参数较少等优势在较多工程中得到应用。近年来,由于大型有限元等数值计算方法的普遍应用,梁—弹簧模型计算法也得到了一定程度的应用,但由于梁—弹簧模型中环间剪切刚度取值较难确定,目前成为该方法应用的一个瓶颈,实际应用中常取该刚度为无穷大进行结构计算。

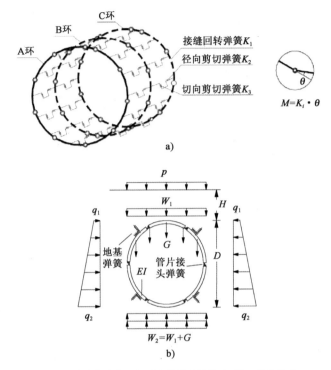

图4-13 考虑接头位置与刚度的精确计算法(梁－弹簧模型)

二、管片结构计算荷载

(一)计算断面选择原则

衬砌横断面的设计计算应按照下列控制断面进行：
(1)上覆地层厚度最大的横断面；
(2)上覆地层厚度最大的横断面；
(3)地下水位最高的横断面；
(4)地下水位最低的横断面；
(5)超载重最大的横断面；
(6)有偏压的横断面；
(7)地表有突变的横断面；
(8)附近现有或将来拟建隧道的横断面。

(二)荷载的种类及其组合

衬砌设计时所考虑的各种荷载,应根据不同的条件和设计方法进行假定,并根据隧道的用途,组合这些荷载,计算截面内力。荷载分为主荷载、附加荷载和特殊荷载等三类,具体荷载见表4-7。

结构荷载 表 4-7

序号	作用分类	结构受力及影响因素	荷载分类	
1	永久作用	结构自重	恒载	主要荷载
2		结构附加恒载		
3		围岩压力		
4		土压力		
5		混凝土收缩和徐变的影响		
6	可变作用	列车活载	活载	
7		活载所产生的土压力		
8		公路活载		
9		冲击力		
10		渡槽流水压力(设计渡槽明洞时)		
11		制动力	附加荷载	
12		温度变化的影响		
13		灌浆压力		
14		冻胀力		
15		施工荷载(施工阶段的某些外加力)	特殊荷载	
16	偶然作用	落石冲击力	附加荷载	
17		地震力、人防荷载		

主荷载是设计时通常必须考虑的基本荷载。附加荷载是施工过程中和隧道竣工后所承受的作用荷载,这是必须根据隧道用途加以考虑的荷载。特殊荷载则是根据地层条件、隧道的使用条件等予以特别考虑的荷载。

结构设计时,分别就施工阶段、正常运行阶段和特殊阶段可能出现的最不利荷载组合进行结构强度、刚度和裂缝宽度验算(荷载组合见表 4-8)。但特殊荷载阶段每次仅对一种特殊荷载进行组合(无需验算裂缝宽度)。

荷载组合 表 4-8

荷载组合	基本组合	基本组合	荷载系数 1.35×永久荷载+荷载系数 1.4×基本可变荷载
		施工阶段组合	荷载系数 1.35×永久荷载+荷载系数 1.4×其他可变荷载
	标准组合	裂缝宽度验算	荷载系数 1.0×永久荷载+荷载系数 1.0×可变荷载
		构件变形计算	荷载系数 1.0×永久荷载+荷载系数 1.0×可变荷载
	偶然组合	抗震偶然组合	荷载系数 1.2×永久荷载+荷载系数 1.3×偶然荷载
		人防荷载组合	荷载系数 1.2×永久荷载+荷载系数 1.0×附加荷载
		抗浮稳定验算	荷载系数 1.0×永久荷载

此外,由于地铁穿越城市繁华地区,鉴于周边环境的复杂性和不稳定性,荷载计算中应对水压力的降低引发的附加荷载加以注意。

(三)主要荷载的计算

图 4-14 表示主要荷载的设计状况。

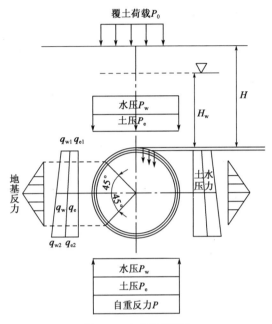

图 4-14　主要荷载假定

1. 垂直土压力和水平土压力

在垂直压力的设计计算中,主要存在一个是否考虑松弛土压力的问题。一般来说,对于非常软弱的黏土地基或覆土厚度小于隧道直径的工程,考虑到隧道开挖后难以在隧道顶部产生拱效应,多不考虑松弛土压力。除此之外的情况下,一般根据太沙基的松弛土压力公式进行计算。而对于水平土压力,则存在水压力和土压力分别计算(土水分离)与水压力和土压力一起计算的(土水一体)两种方法。在不能明确其属于哪一种情况时,最好对两种情况都进行计算,选取对安全不利的计算结果进行设计。还有一个问题就是侧向土压力系数的取值问题,一般考虑取主动土压力与静止土压力之间的数值。根据围岩的性质,围岩较好时取靠近主动土压力一侧的土压力系数,而围岩较差时则取靠近静止土压力一侧的土压力系数。各国规范均对各种土有一些经验性的建议值,其范围为 0.35～0.80。为了以后的设计能够合理地取值,我国也应加强这一方面的积累。

对于水平地基抗力,存在两种处理方法:一种是将地基抗力计算为三角形分布荷载进行考虑,如图 4-15a)所示;另一种是考虑为地基弹簧进行计算,如图 4-15b)所示。欧美国家多采用在管片环全周考虑弹簧的全周弹簧模型,而日本此前采用的是只将半径方向的弹簧考虑为有效弹簧的部分弹簧模型,最近在铁路隧道的设计中也采用全周弹簧模型进行考虑。无论采用哪一种方法,都需要根据经验性的地基抗力系数计算荷载的大小或弹簧系数。由于地基抗力系数对设计计算影响较大,各国规范都提出一些经验性的参考系数。这些经验性系数多是根据大量工程实测数据,通过逆算统计而得。

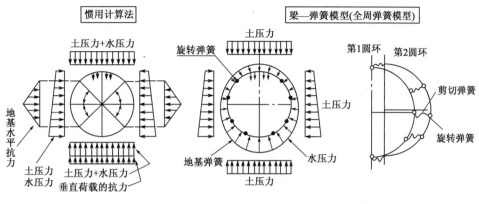

图 4-15 管片设计方法比较

1) 垂直压力

根据隧道位置和地基条件,垂直土压力有时采用总覆土压力,有时采用松动土压力。通常,覆土厚度大于隧道外径,在砂质土或硬黏土情况下,用松动土压力;在其他地层,因不能获得土的成拱效果,故采用总覆土压力。计算松动压力时,通常采用太沙基公式,按下式计算。

$$\left. \begin{array}{l} h_0 = \dfrac{B_1(1-\dfrac{c}{B_1\gamma})}{K_0\tan\varphi}(1-e^{-K_0\tan\varphi\frac{H}{B_1}}) + \dfrac{P_0}{\gamma}(e^{-K_0\tan\varphi\frac{H}{B_1}}) \\ B_1 = R_0 \cot(\dfrac{\pi}{4}+\dfrac{\varphi}{2})/2 \end{array} \right\} \qquad (4-7)$$

式中:h_0——土的松动高度;

K_0——水平土压和垂直土压之比(一般可取 1.0);

φ——土的内摩擦角;

c——土的黏结力;

P_0——上部荷载;

γ——土的单位体积重。

但在 P_0/γ 小于 H 情况下,则采用

$$h_0 = \dfrac{B_1(1-\dfrac{c}{B_1\gamma})}{K_0\tan\varphi}(1-e^{-K_0\tan\varphi\frac{H}{B_1}}) + \dfrac{P_0}{\gamma}(e^{-K_0\tan\varphi\frac{H_1}{B_1}}) \qquad (4-8)$$

式中:H_1——换算覆盖层厚度,$H_1=H+P_0/\gamma$。

2) 水平土压力

作用于衬砌侧面的水平土压力,假定为由垂直土压乘以侧向土压系数所得的均变荷载。侧向土压系数虽也可以采用设计方法计算,但一般是结合地质条件和地基反力系数选定。日本《隧道标准规范(盾构篇)》给出了侧向土压系数和地基反力系数以及贯入度 N 值的列表关系。

2. 水压力

水压力是计算土压力时,考虑将水和土压分开的情况下给定的,竖向水压力之差是作为浮力作用的,因此,需要根据其他荷载和其顶部的地基状况,对隆起加以研究。

3. 自重

衬砌的自重按下式给定

$$g = m/(2R_e) \tag{4-9}$$

式中：m——衬砌单位长度质量(t/m)；

R_e——衬砌的形心半径(m)。

4. 地基反力

地基反力通常分为两种：一种是独立于地基位移而定的反力；另一种是从属于地基而定的反力，具体要结合设计计算方法确定。实际上前者是作为与给定荷载相平衡的反力，预先假定其分布；后者是认为与衬砌的地基内位移有关而产生。

三、管片结构检算标准

(一) 管片配筋计算

将管片视为矩形截面的偏心受压构件，参照混凝土结构设计的相关原则和方法，按《混凝土结构设计规范》(GB 50010—2010)的规定对管片的配筋进行计算。

(二) 管片结构检算

按《混凝土结构设计规范》(GB 50010—2010)进行检算。设定的检算标准如下：

1. 材料设计值(以 C50 混凝土为例)

管片钢筋Ⅱ级钢强度设计值 $f_y = 310$ MPa；

管片混凝土 C50，轴心抗压强度设计值 $f_c = 23.5$ MPa；

管片混凝土 C50，弯曲抗压强度设计值 $f_{cm} = 26$ MPa；

管片混凝土 C50，抗拉强度设计值 $f_t = 2$ MPa；

管片螺栓(45号钢)抗拉压强度设计值 $f_y = 320$ MPa；

管片螺栓(45号钢)抗剪强度设计值 $f_s = 190$ MPa。

2. 结构变形控制值

直径变形 $< 2‰D$；

环缝张开 < 2 mm；

纵缝张开 < 3 mm。

3. 混凝土结构允许裂缝开展

裂缝宽度 < 0.2 mm。

第三节 复合式 TBM 掘进机主工作参数匹配理论与技术

复合式 TBM 掘进机的主要参数有复合式 TBM 掘进机理论直径、复合式 TBM 掘进机刀盘回转力矩、复合式 TBM 掘进机刀盘回转功率以及复合式 TBM 掘进机掘进推力、掘进速度、掘进行程、同步注浆能力、螺旋输送机出土能力。本节对其进行详细说明。

一、TBM 壳直径要求及曲线施工能力

(一) 管片所能达到的线路最小转弯半径 R

管片最小转弯半径计算简图如图 4-16 所示。

$$\left. \begin{array}{l} A = \arctan\left(\dfrac{GE-FD}{GF}\right) = \arctan\left[\dfrac{\dfrac{l_2}{2}-\dfrac{l_1}{2}}{D}\right] \\ \\ R = CD + \dfrac{DE}{2} = \dfrac{FD}{\sin A} + \dfrac{\sqrt{(GE-FD)^2+FG^2}}{2} \end{array} \right\} \quad (4\text{-}10)$$

式中：l_1——内侧管片长度，$l_1 = l - \Delta$；
l_2——外侧管片长度，$l_2 = l + \Delta$；
l——管片宽度；
Δ——管片楔型量；
D——管片外径。

(二) 最小复合式 TBM 尾部内径 D_0

现根据转弯半径 R 计算最小复合式 TBM 尾部筒体内径 D_0（即最小转弯半径计算简图中的 CD）。

图 4-17 显示了复合式 TBM 掘进机在曲线段及曲线转直线段两个阶段掘进中的复合式 TBM 尾部的轨迹情形。粗线显示的是在第③管片掘进完毕后复合式 TBM 尾部筒体内径的理论位置，其轴线沿着线路的切线方向。在复合式 TBM 机掘进第③管片过程中，为了依靠尾刷封堵地下水和注入的砂浆，最少要有一段管片②遮盖住尾刷，本复合式 TBM 设计为半环长度，筒体与管片的接触控制点为 B。

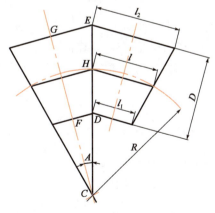

图 4-16　最小转弯半径计算简图

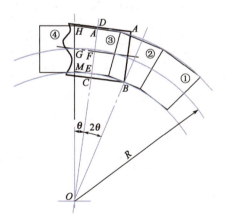

图 4-17　最小内径计算简图

$$\left. \begin{array}{l} D_0 = \dfrac{H_A}{\sin\theta} - OB \cdot \cos 2\theta = \dfrac{\left(\dfrac{l_2}{2}\right)}{\sin\theta} - \dfrac{\left(\dfrac{l_1}{2}\right)}{\tan\theta} \cdot \cos 2\theta \\ \\ \theta = \arcsin\left(\dfrac{GF}{R}\right) = \arcsin\left(\dfrac{l}{2R}\right) \end{array} \right\} \quad (4\text{-}11)$$

式中：l_1——内侧管片长度，$l_1 = l - \Delta$；
  l_2——外侧管片长度，$l_2 = l + \Delta$；
  l——管片宽度；
  Δ——管片楔型量。

(三) 间隙裕量

考虑到管片和复合式 TBM 尾部承受土压之后会发生变形及偏移、掘进方向控制有一定误差、管片安装存在误差、管片拼装过程需要安装及调整空间、管片不能过度压缩复合式 TBM 尾部密封而使密封元件过早失效等诸多因素，在确定复合式 TBM 尾部直径时，必须再加上一定的间隙裕量。表 4-9 列出了间隙裕量的经验取值。

间隙裕量经验值 表 4-9

$D < 4\text{m}$	$4\text{m} \leqslant D < 6\text{m}$	$6\text{m} \leqslant D < 8\text{m}$	$8\text{m} \leqslant D < 11\text{m}$
20mm	25mm	30mm	40mm

(四) 尾部内径确定

复合式 TBM 尾部内径 D 由最小复合式 TBM 尾部内径 D_0、间歇裕量所决定，并按下式计算

$$D = D_0 + 2x \tag{4-12}$$

由上述计算可得出结论：只要复合式 TBM 尾部内径大于 D，即可使得复合式 TBM 掘进机能够转过半径在 R 以上的弯道。筒体内径越大，可转过的弯道半径越大。

二、刀盘推力

(一) 复合式 TBM 外荷载

根据常用算法，复合式 TBM 的外部荷载按照最大埋深处的松动土压和 2 倍复合式 TBM 直径的全土柱高产生的土压计算，并取其中的最大值作为复合式 TBM 计算的外部荷载。计算按松动土压公式（太沙基公式）计算，具体算法详见复合式 TBM 结构计算章节。计算公式见式 (4-13)，荷载模型如图 4-18 所示。

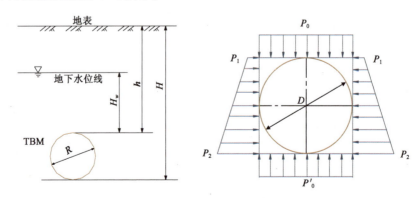

图 4-18 复合式 TBM 外荷载计算模型

$$\left.\begin{array}{l}P_s = \dfrac{B_1 \times \left(\dfrac{\gamma - c}{B_1}\right)}{K_0 \times \tan\varphi} \times \left(1 - e^{-K_0 \tan\varphi \left(\frac{H}{B_1}\right)}\right) + P_0 \times e^{-K_0 \tan\varphi \left(\frac{H}{B_1}\right)} \\ \\ B_1 = \dfrac{D}{2} \times \cot\dfrac{45° + \dfrac{\varphi}{2}}{2}\end{array}\right\} \qquad (4\text{-}13)$$

(二)复合式 TBM 所需总推力计算

依据公式:

$$F = F_1 + F_2 + F_3 + F_4 + F_5 + F_6 \qquad (4\text{-}14)$$

$$F_1 = \frac{\mu \pi D L (P_0 + P_1 + P_2 + P_0')}{4}$$

$$F_2 = (\pi D_c^2 / 4) P_d$$

$$F_3 = (\pi D_c^2 / 4) P_w$$

$$F_4 = \mu_c \times m_s \times g \times N$$

$$F_5 = N_c \times P_c \times g$$

$$F_6 = m_b \times \mu_q \times 9.8$$

式中:F_1——外壳与泥土之间的摩擦阻力;

F_2——克服正面土压所需的推力;

F_3——克服正面水压所需的推力;

F_4——管片与复合式 TBM 尾部间的摩擦阻力;

F_5——切土所需的推力;

F_6——克服后续设备的牵引力的推力;

μ——复合式 TBM 与泥土之间的摩擦系数,取 0.3;

P_d——复合式 TBM 刀盘中心的土压;

P_w——复合式 TBM 中心的水压;

μ_c——管片与复合式 TBM 尾部之间的摩擦系数,取 0.3;

m_s——每环管片质量,20t;

N——管片在复合式 TBM 尾部中的环数,取 2;

D_c——刀盘外径,6.28m;

N_c——盘形滚刀个数,28;

P_c——每个盘形滚刀承受的最大推力,取 25t;

m_b——后续设备的质量,取 150t;

μ_q——牵引系数,取 0.20。

考虑到要进行曲线开挖、坡度以及其他未考虑因素的影响,推力约应增加 50%,因此,复合式 TBM 应提供的总推力 $F_n = 1.5F$。

(三)推力的经验计算

按照《Mechanised Shield Tunnelling》一书(Bemhard Maidl,Martin Herrenknecht,Lothar Anheuser 等)介绍的经验公式,复合式 TBM 配备的总推力应满足经验值要求。

$$f_J = \beta \cdot D^2 \text{(kN)} \tag{4-15}$$

式中：β——经验系数，按图 4-19 取 500～1200；
　　　D——复合式 TBM 外径。

三、刀盘扭矩

复合式 TBM 掘进机在软土中推进时的扭矩包含切削扭矩、刀盘的旋转阻力矩、刀盘所受推力荷载产生的反力矩、密封装置所产生的摩擦力矩、刀盘的前端面的摩擦力矩、刀盘后面的摩擦力矩、刀盘开口的剪切力矩、土压腔内的搅动力矩。随着土仓及掌子面渣土改良技术的发展，在软土开挖中刀盘的扭矩可以得到大幅度的降低。这里计算的只是在没有改良的情况下一种近似的理论扭矩，实际情况下一般要小于计算值。

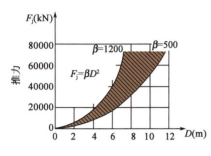

图 4-19　复合式 TBM 外径

（一）刀具切削扭矩

$$T_1 = 0.5 \times [q_u \times h_{\max} \times (D_d \times 0.5)^2] \tag{4-16}$$

式中：q_u——岩土的抗压强度，根据地勘资料取 192kPa；
　　　D_d——刀盘直径；
　　　$h_{\max}$——刀盘每转切深，按下式计算

$$h_{\max} = \frac{v}{n} \tag{4-17}$$

式中：v——推进速度；
　　　n——刀盘转速。

（二）刀盘自重产生的主轴承旋转反力矩

$$T_2 = G \times R_1 \times \mu_g \tag{4-18}$$

式中：G——刀盘自重；
　　　R_1——主轴承滚动半径；
　　　μ_g——滚动摩擦系数。

（三）刀盘推力荷载产生的旋转阻力矩

$$T_3 = P_t \times R_2 \times \mu_g \tag{4-19}$$

式中：P_t——推力载荷，计算式为

$$P_t = \alpha \times \pi \times R_2 \times P_d \tag{4-20}$$

　　　α——刀盘不开口率；
　　　R_2——刀盘半径。

$$P_d = \frac{(P_h + P_{h1})}{2}$$

（四）密封装置摩擦力矩

$$T_4 = 2\pi \times \mu_m \times F_m \times n \times R_{m_t}^2 \tag{4-21}$$

式中：μ_m——密封与钢之间的摩擦系数；
F_m——密封的推力；
n——密封数；
R_{m_1}——密封的安装半径。

(五)刀盘前表面的摩擦力矩

$$T_5 = \frac{2}{3} \times (\alpha \times \pi \times \mu_p \times R_2^3 \times P_d) \tag{4-22}$$

式中：μ_p——土层和刀盘间的摩擦系数。

(六)刀盘圆周的摩擦反力矩

$$T_6 = 2\pi \times D_d \times B \times P_z \times \mu_p \tag{4-23}$$

式中：B——刀盘边缘宽度；
P_z——刀盘圆周土压力，计算式为

$$P_z = (P_{h_1} + P_h + P_{v_1} + P_v)/4 \tag{4-24}$$

(七)刀盘背面的摩擦力矩

$$T_7 = \frac{2}{3} \times (\alpha \times \pi \times R_2^3 \times \mu_p \times P_d) \tag{4-25}$$

(八)刀盘开口槽的剪切力矩

$$T_8 = \frac{2}{3} \times \pi \times C_z \times R_2^3 \times (1-\alpha) \tag{4-26}$$

式中：C_z——土的抗剪应力，计算式为

$$C_z = c + P_d \tan\varphi \tag{4-27}$$

式中：c——黏聚力；
φ——内摩擦角。

(九)刀盘土腔室内的搅动力矩

$$T_9 = \phi_b \times L_z \times P_d \times (r_1 + r_2)/2 \times n_b \tag{4-28}$$

式中：ϕ_b——刀盘支撑柱直径；
L_z——刀盘支撑柱长度；
n_b——支撑柱数量；
r_2——刀盘支撑柱外端半径；
r_1——刀盘支撑柱内端半径。

(十)刀盘总扭矩

$$T = \sum_1^9 T_i \tag{4-29}$$

按照日本土压平衡复合式盾构扭矩估算，复合式 TBM 机的脱困扭矩值公式为

$$T_t = \alpha \times D^3 \tag{4-30}$$

式中:α——土压平衡复合式 TBM 系数,根据复合式 TBM 直径的大小不同一般取值 $14\sim23$。

四、刀盘转速

复合式 TBM 机在硬岩中掘进时,以大推力、高转速工作,则刀盘转速 n 为

$$n = \frac{v}{(\pi D)} \quad (4\text{-}31)$$

式中:v——滚刀线速度;
　　　D——刀盘直径。

五、功率计算

(一)主驱动功率

根据实际工况,刀盘驱动的实际需要功率 W_0 为

$$W_0 = T \times \omega \quad (4\text{-}32)$$

式中:T——刀盘的驱动扭矩;
　　　ω——刀盘最大扭矩时的刀盘转速。

复合式 TBM 的实际主驱动功率为

$$W = \frac{W_0}{\eta_d} \quad (4\text{-}33)$$

主驱动系统的效率为

$$\eta_d = \eta_{mc} \times \eta_{pm} \times \eta_{pv} \times \eta_l \times \eta_{mm} \times \eta_{mv} \times \eta_{mr} \quad (4\text{-}34)$$

式中:η_{mc}——联轴器机械效率;
　　　η_{pm}——液压泵的机械效率;
　　　η_{pv}——液压泵的容积效率;
　　　η_l——系统回路效率;
　　　η_{mm}——液压马达机械效率;
　　　η_{mv}——液压马达容积效率;
　　　η_{mr}——联辅器机械效率。

(二)推进系统功率

复合式 TBM 推进功率为

$$W_0 = F \times v \quad (4\text{-}35)$$

式中:F——推进时的最大推力;
　　　v——推进速度。

推进系统应配备的功率应为

$$W = \frac{W_0}{\eta} = \frac{W_0}{(\eta_{pm} \times \eta_{pv} \times \eta_{mc})} \quad (4\text{-}36)$$

六、同步注浆能力

复合式 TBM 掘进一环环形间隙理论体积为

$$Q_1 = \pi \times (R - r) \times L \tag{4-37}$$

式中：R——复合式 TBM 开挖半径；

r——管片外圆半径；

L——复合式 TBM 掘进一环长度。

一般情况下，注浆量为环形间隙理论体积的 1.2~1.6 倍。

七、螺旋输送机出土能力

(一)复合式 TBM 开挖实际需要理论出土能力

$$q = \frac{\pi}{4}(D^2 v_{\max})\xi \tag{4-38}$$

式中：D——复合式 TBM 掘进机的开挖直径；

$v_{\max}$——复合式 TBM 最大开挖速度；

ξ——渣土松散系数。

(二)螺旋输送机实际出土能力的计算

$$q_1 = \frac{\pi}{4}[(D_1^2 - d^2)L] \times 60 \times n_{\max} \times \alpha \tag{4-39}$$

式中：q_1——螺旋输送机每转输送量；

D_1——螺旋外径；

L——螺旋节矩；

$n_{\max}$——螺旋输送机最大转速；

α——螺旋输送机渣土充满系数。

八、推进速度

根据推进系统油泵的排量，在电机转速为 n 时的输出流量

$$Q_\text{泵} = 125 \times n \tag{4-40}$$

推进千斤顶的受力面积为

$$S_\text{千斤顶} = \frac{\pi \cdot D^2}{4} \tag{4-41}$$

推进千斤顶在无负载时可达到的最大推进速度 $v_{\max}$(cm/min)

$$v_{\max} = \frac{Q_\text{泵}}{30} \times S_\text{千斤顶} \tag{4-42}$$

第四节 复合式 TBM 后配套及运输方式

复合式 TBM 由主机及后配套辅助系统构成。主机包括刀盘、刀盘驱动、壳体、推进系统、人员仓、螺旋输送机、管片安装机。后配套辅助系统包括出渣系统、渣土改良系统、管片运输系统、同步注浆系统、液压泵站、注脂系统、控制系统、供电系统、压缩空气系统、水系统、通风系统。

一、后配套系统

后配套系统由独立的轨行式拖车组成,拖车上装有皮带出渣系统、渣土改良系统、管片运输系统、同步注浆系统、液压泵站、注脂系统、控制系统、供电系统、压缩空气系统、水系统、通风系统等装置。

复合式 TBM 工作所需的动力、循环水、新鲜空气、压缩空气和高压电缆都通过拖车管线输送进去,循环后的冷却水和施工污水通过各自的管道被运送出去。

拖车由两个拖拉油缸连接在管片安装机的托架梁上,随着复合式 TBM 的掘进沿掘进方向运动。

管片输送小车可以存储管片,管片到达后配套系统后及时卸车,使编组列车可以随时编组出发,缩短掘进循环时间。

(一)液压系统

主驱动液压系统用于为刀盘和螺旋机的驱动液压马达供油。此外,还在复合式 TBM 掘进机内设置一套推进液压泵站,主要用于推进系统和管片安装器。

(二)砂浆注入和泵送系统

砂浆泵送系统用于将砂浆通过 4 个砂浆泵随着复合式 TBM 的前进同步注入管片和开挖洞身之间的环形间隙之中,以提高隧道的防水性,防止施工区域地表沉降。另一方面,由于充填及时,对刚拼好的几环管片的支撑和承托作用加强,减小了管片移动的可能性,从而减少管片在推力作用下开裂和错台的可能。根据相关经验,特别是在硬岩区的施工,及时注浆的效果更加明显。

砂浆在地面搅拌站制备好,由砂浆斗运进隧道内,通过砂浆转送泵泵送到拖车上的砂浆罐中暂时储存。

注浆管道的前端设置有流量计,在其后端设置了注浆压力传感器,整套系统由程序自动控制注入量和注浆压力。注浆时,砂浆的流量和压力受到严格的监控,以防过大的压力造成地面隆起。为了能够适应不同的注浆压力要求,注浆量和压力也可以在控制面板上进行人工调整。

在以往施工过程中,常常会遇到注浆管堵管的问题。解决办法一是改进设计,使注浆管的结构形式便于拆装和疏通;二是在施工过程中使用高压清洗机及时进行疏通。

(三)油脂泵送系统

油脂泵送系统由机械润滑脂泵、密封油脂泵、主轴承密封油脂泵和有关管道、控制阀组成,负责向 TBM 内的油脂储存桶、主轴承提供润滑和密封油脂。系统全部采用气动高压泵,故虽然泵站距离供油点较远且油脂的黏度很高,仍可泵送较远距离。

(四)添加剂系统

系统包括膨润土系统和发泡剂系统,各自拥有泵、流量计、压力计等系统元件。

发泡剂配料设备将发泡剂与水按比例配制成发泡液,通过流量调节及控制装置输送到泡沫发生器,并与压缩空气混合,所产生的泡沫再通过 8 个注射孔注入土仓和刀盘前端的开挖面中。

膨润土系统可制备膨润土浆液,利用发泡剂注入管道同样可将浆液注入到土仓和刀盘前端。

添加剂主要用于改良渣土的密水性和流动性,有利于出土、减摩,同时发泡剂还有润滑的功能。

(五) 其他附属装置

1. 集中润滑系统

在复合式 TBM 的中体位置安装有油脂储存桶和小型气动油脂泵,负责向复合式 TBM 内一些主要设备的运动部件提供脂润滑,包括主轴承密封、螺旋输送机等处。

2. 循环冷却系统

复合式 TBM 上的驱动主要为液压驱动,由于驱动功率大、工作环境恶劣,液压油温度较高,而油温过高会对复合式 TBM 设备和密封的寿命产生相当不利的影响。同时,油温过高也会使隧道的环境温度上升。因此,使用循环冷却系统可以通过热交换对液压油降温。

3. 自动导向及调向系统

复合式 TBM 的掘进方向由一套激光自动导向系统控制,其原理如图 4-20 所示。

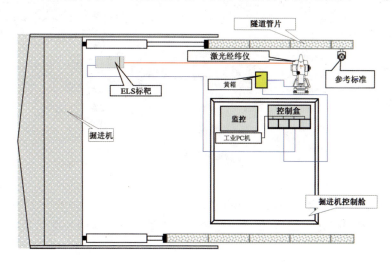

图 4-20　激光自动导向系统原理图

该系统能向用户提供关于 TBM 当前空间位置和方向的连续的实时信息,通过正确的方向控制操作,能使 TBM 与隧道设计轴线(DTA)的误差控制在较小范围内。系统的主要参照是由安装在隧道壁右上侧一个相对稳定位置的激光经纬仪所发射的可视激光束。激光束发射的距离是 100～200m。

激光束通过复合式 TBM 内的净空间发射到安装在盾体内的电子激光接收靶上。激光到接收靶的距离也取决于激光通过的净空间的大小和隧道的弯曲程度。因此,每过一定时间就必须把激光系统向前移动,监测人员确定始发位置,以后的位置则由系统自己确定。当激光束射到接收靶时,光束的精确中心与接收靶中心的距离就能测出,光束与接收靶之间的水平角也能确定下来。接收靶内有一个双轴倾斜计传感器,用来监测 ELS 接收靶的倾斜和摆动情况。接收靶的前部有一个反射三棱镜。激光参照位置与接收靶之间的距离由经纬仪测定。因此,通过激光参照的确切位置就可确定接收靶的确切位置和方向,进而知道 TBM 的确切位置和方向。

4. 数据采集存储系统

该系统可以通过 PLC 采集复合式 TBM 上的传感器数据,包括刀盘、盾体、注浆、渣土运输、温度、后配套操作、测量值综述和错误信息等,然后将数据传送给控制室的主机,在主机上进行数据的记录、储存、显示和分析,同时,主机也可以对这些采集内容设定初始值,传送到 PLC 上。主机可以通过 Modem 与远程机连接,工作人员能通过远程机对复合式 TBM 提供远程维护、远程控制和监控掘进并保留掘进过程的数据。数据采集存储系统硬件连接如图 4-21 所示。

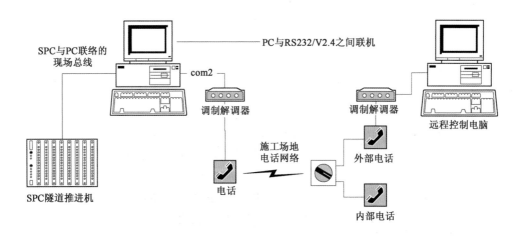

图 4-21 数据采集存储系统硬件连接图

5. 通风系统

通风系统由涡轮式三级风机、DN1000 送风软管、风管筒、DN600 硬风管和次级风机等组成,能将地面的新鲜空气送入隧道,供人员呼吸并有效地降低隧道内的空气温度。

6. 消防设备

隧道内火源主要是油火和电火。为此,复合式 TBM 上配备了大量的便携式干粉灭火器以及消防面具。

7. 报警设备

隧道内空间拥挤,复合式 TBM 上一些设备运行时(行走或旋转)会对人员安全构成威胁。为此,复合式 TBM 装备了一些声光报警装置。

8. 紧急照明

复合式 TBM 上装备有紧急照明系统,可在供电突然终止时提供临时照明。

二、运输系统

(一)弃土运输系统

1. 综述

在掘进过程中,螺旋输送机在控制转速下将切口环内土仓的弃土经过喂料斗弃至皮带运输机上,再通过皮带运输机将弃土运至待装的有轨渣车上。皮带机的长度取决于运泥车的数量。每节运泥车可在皮带机的弃土口处移动。

2. 螺旋输送机

螺旋输送机(见图4-22)安装于切口环内承力面板的连接盘上,从盾壳底部延伸到皮带机的弃土口。螺旋输送机采用中轴式结构,由一台315kW的液压驱动。直径为900mm的输送机的泥土入口端装在密封舱底部中央,穿过密封舱隔板向后部倾斜延伸,泥土入口端的外壳底部和螺旋叶片边缘堆焊硬质合金条纹以增加耐磨性。刀盘挖掘后存于密封舱内的泥土通过插入密封舱底部的螺旋输送机排出,由一条皮带机连续排放到后面的渣车中。复合式TBM采用螺旋输送机出渣,刀盘切削下来的土体全部要通过螺旋输送机排出,经计算,对于较长的区间,单线隧道经过螺旋输送机的出土量较大,会造成渣土与螺旋输送机之间长时间的磨损。

图4-22 螺旋输送出渣机

1)螺旋输送机出渣的问题

复合式TBM行走于硬岩地层时会对螺旋输送器叶轮造成较大的磨损。当长距离掘进时,这种磨损尤其严重,这也是复合式TBM在硬岩地层中采用螺旋输送机出渣的弊端。若螺旋输送机因磨损严重而频繁出现问题,则必须在洞内更换,费时耗力,且影响施工进度。

2)处理对策

为最大限度地降低螺旋输送机的磨损程度,减少设备更换次数,可采取如下对策:

(1)在刀盘密封土仓内设渣土搅拌棒或碎石机,将大块岩体粉碎搅匀,形成碎屑状,减小岩渣对叶片的磨损。

(2)向土仓内注入添加剂,如膨润土、泥浆、水等,改善渣体的和易性和流动性,使其能够顺利通过螺旋输送机排出。

(3)对螺旋输送器外壳上磨损较为严重的部位更换耐磨合金条。

(4)对部分可完全采用敞开模式掘进的段落,可采用皮带机出渣,以避免螺旋输送器的磨损问题。

3. 皮带运输机

皮带运输机用于将弃土从螺旋输送机的弃土口运至待装的有轨渣车上,渣车通过轨道(见图4-23)运送。皮带运输机包括驱动装置和后续拖车上的弃土斗。橡胶带的两侧设有导向装置。驱动部配置一个可以自动调整的清泥器。

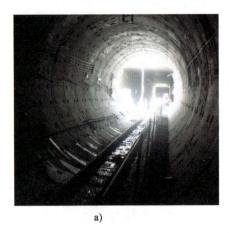
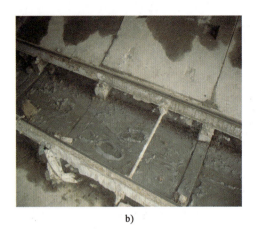

a)   b)

图 4-23　复合式 TBM 运输轨道图

(二) 管片运输系统

管片运输系统由管片吊机与管片输送小车组成。

管片吊机由两台同步运行的电动葫芦组成，可实现双速起降与行走。

管片输送小车位于管片安装机梁的下部。管片输送小车可存储三片管片，通过液压油缸向前传递管片至管片安装机下方，既可通过管片安装机控制器控制，也可在控制板处控制。

(三) 列车编组

出渣运输列车编组要满足复合式 TBM 连续掘进和最高掘进的出渣、管片等洞内材料的供应要求，主要以机车＋矿车＋砂浆车＋管片车的方式为主，每天根据施工具体情况机动安排。单线复合式 TBM 掘进出渣列车编组建议为 1 节机车＋5 节矿车＋1 节砂浆车＋2 节管片车，如图 4-24 所示。

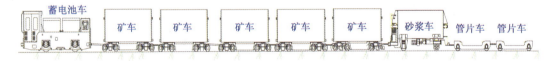

图 4-24　列车编组

第五节　复合式 TBM 的始发和到达

一、始发

(一) 始发流程及方案

复合式 TBM 始发分为整机始发和分体始发。工程始发场地允许时，采用整机始发。大部分采用始发井始发的复合式 TBM，由于条件限制，采用始发井内分体始发，后配套设备先置于地面，通过延长管线与主机连接，在主机掘进 90～100m 后，后配套跟进，进行复合式 TBM

的二次始发。

整机始发流程:安装始发基座→复合式TBM就位、组装→洞门处理、安装洞门密封帘布橡胶板→安装反力架→负环管片拼装→复合式TBM试运转→始发掘进。

分体始发流程:安装始发基座→复合式TBM就位、组装(下主机,后配套置于地面,延长管线连接)→洞门处理、安装洞门密封帘布橡胶板→安装反力架→开环负环管片拼装(6环)→复合式TBM试运转→始发掘进(装6环开环后装整环管片,同时安装管片顶部反力支座)→推进90m后后配套部分下井与主机连接→拆除负环管片并进行始发井内双线轨道铺设。

图4-25为复合式TBM始发进洞时的情况。

图4-25 复合式TBM始发

(二)始发设施的安装

1.始发台安装

在洞门加固(无围护结构)或洞门凿除(有围护结构)之后,依据隧道设计轴线定出复合式TBM始发姿态的空间位置,然后反推出始发台的空间位置。由于始发台在复合式TBM始发时要承受纵向、横向的推力以及抵抗复合式TBM旋转的扭矩,因此需要对始发台两侧进行必要的加固,并按图4-26对始发台进行加固。始发台的安装高程可根据端头地质情况适当抬高2～3cm。

2.反力架安装

在复合式TBM主机与后配套连接之前,进行反力架的安装,反力架结构详见图4-27、图4-28。由于反力架为复合式TBM始发时提供反推力,在安装反力架时,反力架端面应与始发台水平轴垂直,以便复合式TBM轴线与隧道设计轴线保持平行。安装时,应垫实反力架与后部结构连接部位之间的间隙,以保证反力架脚板有足够的抗压强度。

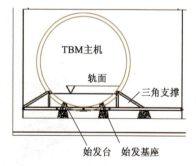

图4-26 复合式TBM始发台加固

3.洞门密封

洞口密封施工分两步进行,第一步在始发端墙施工过程中,应做好始发洞门预埋件的埋设

图 4-27 始发场地始发反力架模型

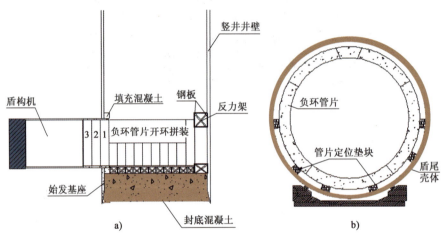

图 4-28 始发井始发反力架与负环管片安装

工作,在埋设过程中预埋件必须与端墙结构钢筋连接在一起;第二步在复合式 TBM 正式始发之前,应在清理完洞口的渣土后及时安装洞口密封翻板和橡胶帘布板,洞口密封采用折页式密封压板,如图 4-29 所示,其密封原理如图 4-30 所示。

图 4-29 洞门折页压板

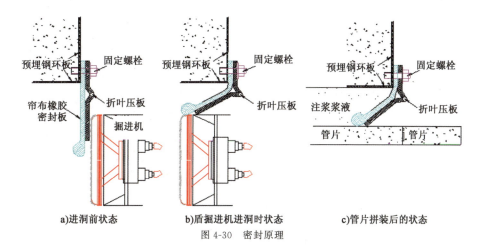

图 4-30 密封原理

(三)洞门处理

当端头结构有围护结构时,采取洞门凿除处理;当端头结构无围护结构时,采用水平加固处理。洞门凿除步骤如下:

第一步:竖向注浆加固,水平注浆加固从上至下分5个层次凿除外部混凝土和钢筋,保留内层钢筋,做到在始发或到达之前对端头地层的保护。

第二步:待复合式 TBM 组装调试完成和到达复合式 TBM 抵拢围护结构时,割除围护结构内层钢筋,再开始掘进。

为了保证始发前洞门处地层的稳定性,围护结构钢筋混凝土的凿除如图 4-31 所示。

为防止洞口已施作管片结构受复合式 TBM 前进推力破坏,对洞口管片先进行串联加固保护,如图 4-32 所示。

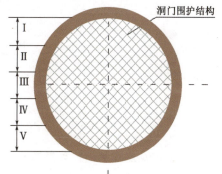

图 4-31 洞门凿除

图 4-32 洞口管片加固

(四)负环安装

负环的作用是为复合式 TBM 始发时传递推进反力。始发阶段主机部分向前推进,尾部油缸向后将推进反作用力,依次传递给负环、反力架、始发井结构。复合式 TBM 始发计划拼装负环管片数量为 6 环。

二、到达施工

复合式 TBM 到达施工的工作内容包括复合式 TBM 定位及接收洞门位置复核测量、地层处理、洞门处理、安装洞门圈密封设备、安装接收基座等,到达施工流程如图 4-33 所示。

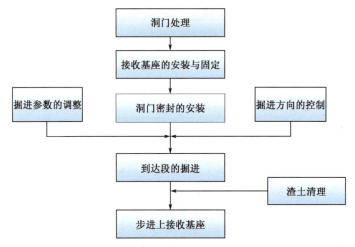

图 4-33 复合式 TBM 到达施工流程

(一)定位及接收洞门位置复核测量

推进至复合式 TBM 到达施工范围时,应对复合式 TBM 的位置进行准确的测量,明确隧道中心轴线与隧道设计中心轴线的关系,同时应对接收洞门位置进行复核测量,确定复合式 TBM 的贯通姿态及掘进纠偏计划。在考虑复合式 TBM 的贯通姿态时,须注意两点:一是复合式 TBM 贯通时的中心轴线与隧道设计轴线的偏差;二是接收洞门位置的偏差。综合这些因素在隧道设计中心轴线的基础上进行适当调整,纠偏要逐步完成。

(二)到达洞门处理

当复合式 TBM 逐渐靠近端头时,应加强对土体的观测,在复合式 TBM 刀盘抵达端头时,停止推进,迅速将泥土清理干净。

(三)洞门圈封堵

在复合式 TBM 贯通开挖面前安装防水装置,图 4-34 为复合式 TBM 到达密封装置图。

当复合式 TBM 前体盾壳被推出洞门时,调整压板使其尽量压紧帘布橡胶板,以防止泥土及浆液漏出。

在最后一环管片拼装完成后,对洞门圈进行注浆填充。

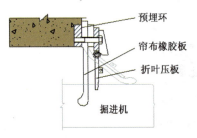

图 4-34 掘进机到达密封装置

注浆的过程中要密切关注洞门的情况,一旦发现有漏浆的现象应立即停止注浆并进行处理。

(四)接收基座的安装

接收基座的中心轴线应与隧洞设计轴线一致,同时兼顾复合式 TBM 到达姿态。接收基座的轨面标高除应适应于线路情况外,为保证复合式 TBM 刀盘贯通后拼装管片有足够的反力,将接收基座以复合式 TBM 进洞方向+5‰的坡度进行安装。复合式 TBM 掘进机到达的情况如图 4-35 所示。

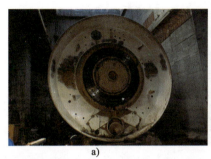
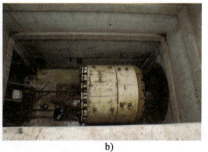

图 4-35 复合式 TBM 掘进机到达

(五)到达段的掘进

根据到达段的地质情况确定合理的掘进参数并作出书面交底,总的要求是低速度、小推力、合理的压力和及时饱满的回填注浆。在最后 20 环管片拼装中,要及时将管片连接成整体,以避免在推力很小或者没有推力时管片之间的松动。拉紧联系条采用工 14b 槽钢,在起重螺母处用 $\phi50$ 螺纹及 M36 螺栓拴接,拉紧装置应在管片拆除前或复合式 TBM 推力卸去前设置安装。

(六)到达施工注意事项

(1)复合式 TBM 进入到达段施工时,工作人员应明确复合式 TBM 实时的里程及刀盘距洞门掌子面的距离,并按确定的施工技术方案进行施工。

(2)复合式 TBM 到达前,应检查端头土层情况是否达到要求。

(3)应增加地表沉降监测的频次,并及时反馈监测结果指导施工。

(4)在复合式 TBM 贯通后安装的几环管片,一定要保证注浆饱满密实,防止引起管片下沉与错台。

(七)主要技术要点与措施

(1)到达前 200m,每 50m 要进行导线和高程复测,同时应对到达洞门进行测量,以精确确定其位置。

(2)以 50m 为起点,结合洞门位置,参照设计线路,每一环都必须严格按制定的掘进计划进行。

(3)到达前 20 环,要采取辅助措施加强管片环间连接,以防因复合式 TBM 掘进推力的减少而引起环间松动造成漏水。

(4)到达前 6 环,要确保到达端墙的稳定和防止地层坍塌,调整注浆配合比,确保注浆效果,以防涌水、涌泥而引起地层坍塌。

第五章 城市轨道交通工程TBM施工隧道防排水技术

TBM隧道防排水技术是确保工程质量的关键环节之一,是实现结构物功能的重要保障。TBM开挖面光滑,开挖轮廓圆顺,这为防水设施的敷设创造了良好的条件。但由于城市轨道工程站间距小、附属洞室多、断面变化频繁等特点,加之TBM施工的防排水要求(如敞开式TBM施工的初支防水、结构自防水、薄弱环节防水及墙脚排水,复合式TBM的管片防水、接缝防水等)使得TBM施工隧道的防水技术尤为复杂和重要。

第一节 TBM施工隧道防排水原则及标准

一、防排水原则

(1)遵循"以防为主、刚柔结合、多道防线、因地制宜、综合治理"的原则,以二次衬砌或管片结构自防水为根本,接缝防水为重点,加强薄弱环节防水,确保隧道整体防水措施可靠、有效。

(2)根据地区的地质特点,在排水不会对地面建筑、交通、水利设施、居民生活等造成影响的前提下,可考虑"防排结合、限量排放"的原则。

(3)防水材料应具有耐久性能好、环保、经济实用、施工简便、与土建工法相匹配等特点,并具有适应当地气候境条件、符合当地实际情况、成品保护简单等优势。

(4)防水措施必须满足本工程的防水等级要求,各项防水措施,特别是重点部位防水措施不得低于规范要求的标准。

二、防排水等级及标准

(1)TBM区间隧道结构防水等级应为二级,顶部不允许滴漏,其他不允许漏水结构表面可有少量湿渍,总湿渍面积不应大于总防水面积的2/1000;任意100m^2防水面积上的湿渍不超过3处,单个湿渍的最大面积不大于0.2m^2,隧道工程中漏水的平均渗漏量不大于0.05L/(m^2·d),任意100m^2防水面积渗漏量不大于0.15L/(m^2·d)。复合式TBM防水混凝土渗透系数不宜大于5×10^{-13}m/s,氯离子扩散系数D_{Cl}不宜大于8×10^{-9}cm^2/s,对氯离子扩散系数的检测采用

RCM 法测定仪,氯离子扩散系数 D_{Cl} 不宜大于 $2\times10^{-9}\,cm^2/s$。

(2)二次衬砌或预制块采用抗渗等级不小于 P10 的防水混凝土,防水混凝土结构的裂缝宽度不大于 0.2mm,且无贯通的裂缝。

(3)二次衬砌或预制块结构迎水面的钢筋保护层厚度应符合相应的规范。

(4)结构铺设防水层的初期支护表面不得有明水流,否则应对喷射混凝土初支背后进行注浆堵漏处理或表面刚性封堵处理(一般渗漏水部位)。

(5)结构选用的柔性防水材料应保证具有优异的耐久性和较高的物性指标、适应混凝土结构的伸缩变形、方便施工并具有一定的抗微生物和耐腐蚀性能,避免采用施工性差、防水质量受施工操作影响较大的材料。

(6)施工缝和变形缝(伸缩缝)等特殊部位应进行特殊处理,做到多道设防,防止薄弱环节出现渗漏水。

第二节 敞开式 TBM 施工隧道防排水技术

一、防水技术

(一)隧道衬砌结构自防水技术

1. 结构自防水设计原则及要求

(1)隧道结构采用防水混凝土进行结构自防水,防水混凝土的抗渗等级不小于 P10。

(2)严格控制混凝土的配合比,在满足强度、密实性、耐久性、抗渗等级和泵送混凝土和易性(即坍落度及其损失)要求的条件下,最大限度地控制混凝土的水泥用量,并选用低水热水泥。

(3)由于混凝土的抗渗性能与混凝土的密实度有直接的密切关系,其密实度更是评判混凝土耐久性的重要指标,因此,混凝土防水设计除应符合与抗渗混凝土相关的规范及规定外,还应满足与混凝土耐久性相关的规范及规定。

(4)防水混凝土采用"双掺技术",掺入优质粉煤灰或磨细矿渣粉及性能稳定的抗裂密实膨胀剂(掺量须替代水泥用量)等外加剂,具体掺量经过级配试配确定,外加剂性能应符合国家或行业相关标准。

(5)防水混凝土的中心温度与表面温度的差值不应大于 25℃,混凝土表面温度与大气温度的差值不应大于 25℃。防水混凝土终凝后应立即养护,养护时间不得少于 14d。

(6)钢筋混凝土衬砌的厚度不应小于 30cm,结构检算裂缝宽度不应大于 0.2mm,混凝土的抗裂性应通过对比试验。钢筋的混凝土保护层厚度不应小于 35mm。

(7)混凝土设计强度等级不应低于 C40,其 56d 电荷量应小于 1500C。

(8)结构耐久性对地下结构长期的防水效果起着至关重要的作用,轨道交通隧道主要构件的设计年限为 100 年,按此要求根据隧道所处的环境类型及其侵蚀作用类别等条件进行耐久性设计。

(9)混凝土原材料包含水泥、细骨料、粗骨料、水、外加剂、掺和料、总碱量、氯离子含量等,混凝土原材料技术要求应满足国家标准的相关规定和规范。

2. 二次衬砌混凝土施工要求

二次衬砌混凝土的施工,必须注意每一个环节的施工质量,杜绝一切可能造成渗漏的隐患,特别注意保证缝孔处的施工质量。混凝土质量不仅取决于材料质量及其配合比,而且取决于施工质量。对施工中的主要环节,如混凝土搅拌、运输、浇筑、振捣、养护等应严加控制,按规范规定进行施工。应事先做好试配,选定配合比,确定最佳施工方案,做好技术交底,明确岗位责任,并应对原材料认真检验、妥善保管。

(1) 原材料的选择必须符合设计及相关标准规定。如有受潮、变质、过期现象,不能使用,并应优先选用硅酸盐水泥。当采用矿渣水泥时,必须采取提高水泥的研磨细度,或掺加外加剂等措施,以减轻泌水现象。

(2) 混凝土的配合比应通过试验确定。做抗渗试验时,其抗渗压力应比设计要求提高 0.2MPa。

(3) 混凝土配料必须按质量配合比称量。水泥、水、外加剂、掺和料的计量允许偏差为 ±1%,砂、石的计量允许偏差为 ±2%。

(4) 使用减水剂时,减水剂宜预溶成一定浓度的溶液。

(5) 混凝土搅拌。混凝土拌和物,必须采用机械搅拌,搅拌时间不应小于 2min。掺外加剂时,应根据外加剂的技术要求确定搅拌时间。

(6) 混凝土运输。混凝土在运输中不能出现漏浆和离析以及坍落度、含气量损失现象。当产生离析泌水现象时,应在入模前加入原水灰比的水泥浆或二次掺加减水剂进行重拌,严禁直接加水。雨季和冬季运输混凝土时,应有带盖的容器。在高温季节施工时,要注意坍落度的损失和可能产生的干燥收缩现象。当运输距离较远或夏季气温较高时,可用水化热低的水泥,或掺缓凝型的减水剂,冬季可掺早强外加剂。

(7) 模板固定和钢筋固定。二次衬砌的模板必须支撑牢固,拼缝严密,表面平整,吸水性要小,最好使用钢模。浇筑成形的混凝土不得有变形和漏浆。

(8) 二次衬砌混凝土浇筑。浇筑前,应将模板内部清理干净。隧道边墙应分层浇筑混凝土,每层厚度不宜超过 25cm,相邻两层浇筑时间不应超过 2h。冬季施工时,混凝土入模温度不得低于 5℃。

(9) 二次衬砌混凝土振捣。混凝土必须采用机械振捣密实,振捣时间宜为 10~30s,以混凝土泛浆和不冒气泡为准,应避免漏振、欠振和超振。当用插入式振动器时,插点间距不宜大于振动棒作用半径的 1.5 倍,振动棒与模板的距离,不应大于其作用半径的 1/2。振动棒插入下层混凝土的深度应不小于 5cm,每一振点应快插慢拔,使振动棒拔出后,混凝土自然填满插孔。掺加引气剂或引气减水剂时,应采用高频插入式振捣器振捣。

(10) 二次衬砌混凝土养护。混凝土终凝后的养护时间不得小于 14d,特别是 7d 前的养护更为重要,应适当延长衬砌拆模时间。

(11) 二次衬砌混凝土拆模。防水混凝土拆模时,衬砌结构表面温度与环境气温之差不得大于 15℃。对于初期支护变形稳定后施工的二次衬砌,拆模时的混凝土强度应达到 8.0MPa 以上;对于初期支护未稳定,提前施做的二次衬砌,拆模时的混凝土强度应达到设计强度的 100% 以上。混凝土表面温度与周围气温之差不得超过 15℃,以防混凝土表面出现裂缝。

(12)防水混凝土的环境温度,不得高于80℃。

(二)隧道断面防水技术

在初期支护与二次衬砌之间设置全包防水层,防水层采用 2.0mm 厚单挂式单面自粘复合防水卷材。隧道底部在防水层内侧增设一层无纺布作为保护层。当采用敞开式 TBM 施工实行单工序作业时,TBM 施工期间只进行隧道掘进开挖与初期支护工作,防水在二次衬砌施作前单独施作。防水施工中应满足以下要求:

(1)防水板铺设前,应先割除初期支护表面外露的锚杆头、钢筋头等坚硬物,凹凸不平处需补喷、抹平,局部漏水处先行进行处理。施工中注意做好防水板的保护工作,特别是在绑扎、焊接钢筋及浇筑混凝土时,注意做好保护,避免造成防水板破损,造成破损的需及时粘补,特别注意严防防水板着火。

(2)当喷混凝土表面有滴水、淋水、集中出水点时,应在处理完成后再铺设防水板。

(3)灌注混凝土应振捣密实,防止收缩开裂,振捣时不应破坏防水层。二次衬砌拆模时,混凝土强度应达到有关规范的要求。

(4)衬砌背后的排水盲管应配合衬砌一次施工,施工中应防止衬砌混凝土或压浆浆液浸入盲沟内堵塞水路。

(5)严格执行初支、二衬背后压浆的施工工艺。

(6)施工缝的设置间距对混凝土结构的防水效果(主要为开裂渗水)有很大的影响,要求地下结构施工缝间距宜为 9~12m。

(7)变形缝嵌缝材料要求沿变形缝环向封闭,任何部位均不得出现断点。

敞开式 TBM 施工隧道防水如图 5-1、图 5-2 所示。

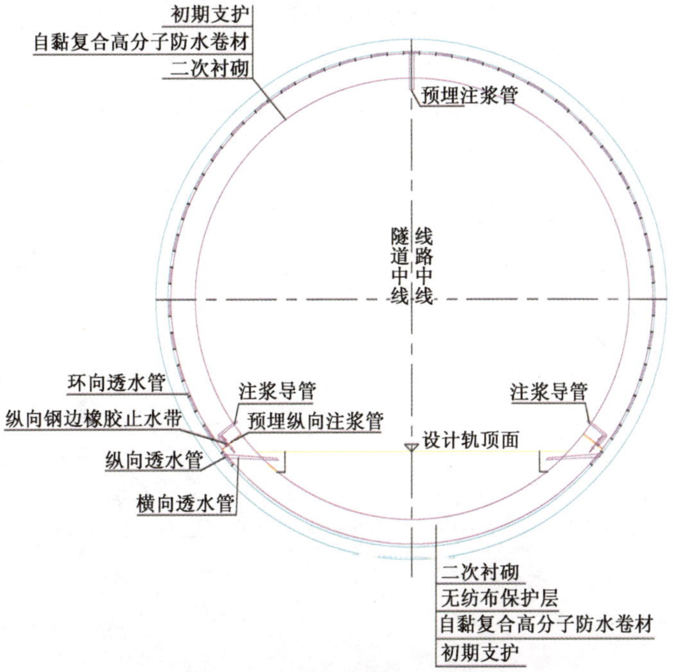

图 5-1 敞开式 TBM 施工隧道防水(非环向施工缝处)

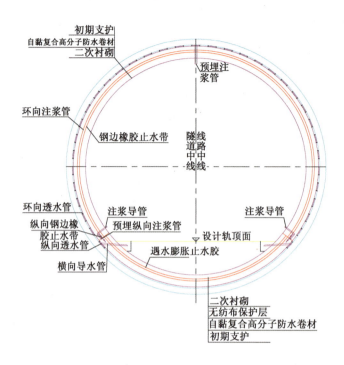

图 5-2 敞开式 TBM 施工隧道防水（环向施工缝处）

(三) 变形缝防水

变形缝防水图如图 5-3 所示。

(1) 在变形缝部位的模筑混凝土外侧设置外贴止水带，利用外贴式止水带表面突起的齿条与模筑防水混凝土之间的密实咬合进行密封止水。

(2) 变形缝中部设置中埋式中孔型钢边橡胶止水带。

(3) 变形缝内侧采用聚氨酯密封胶进行嵌缝密封止水。

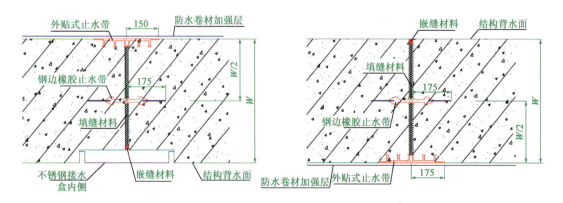

a) 拱墙变形缝防水构造　　　　b) 仰拱变形缝防水构造

图 5-3 变形缝防水图（尺寸单位：mm）

(四)施工缝防水

(1)纵向施工缝。设置水泥基渗透结晶型涂料、钢边橡胶止水带,并预埋可重复注浆管注浆止水。

(2)环向施工缝。拱墙环向施工缝设置水泥基渗透结晶型涂料、钢边橡胶止水带,并预埋多次注浆管注浆止水;仰拱施工缝采用水泥基渗透结晶型涂料、钢边橡胶止水带及遇水膨胀止水胶止水。

图 5-4 为施工缝防水图,图 5-5 为多次注浆管示意图。

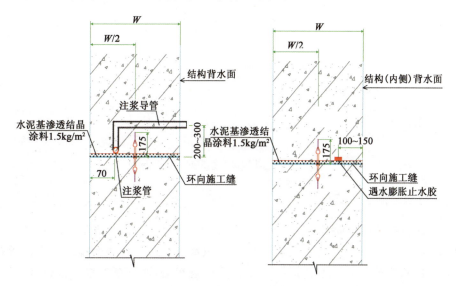

a)环向施工缝防水构造(拱墙)　　b)环向施工缝防水构造(仰拱)

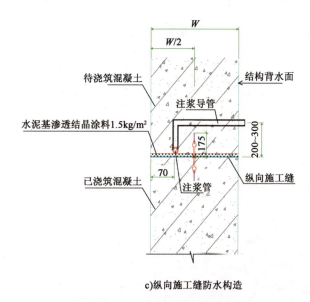

c)纵向施工缝防水构造

图 5-4　施工缝防水图(尺寸单位:mm)

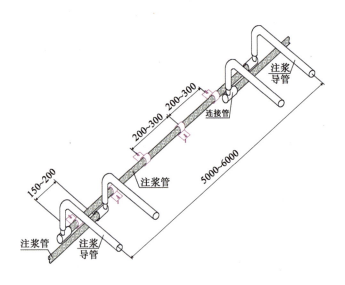

图 5-5 多次注浆管示意图(尺寸单位：mm)

二、隧道施工排水系统

拱墙二次衬砌背后环向设 $\phi 50$ 透水盲管，设置间距为 5～8m，墙角处纵向设 $\phi 50$ 透水盲管，并每隔 6～10m 通过横向排水管将衬砌背后积水引至道床两侧的排水沟内。所有区间隧道排水及道床水均汇集到区间废水泵站，引排至附近车站，通过车站排入市政排水管道，排水系统如图 5-6 及图 5-7 所示。

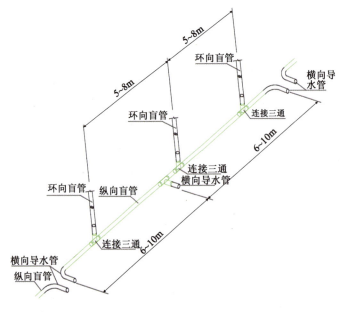

图 5-6 排水盲管(沟)示意图

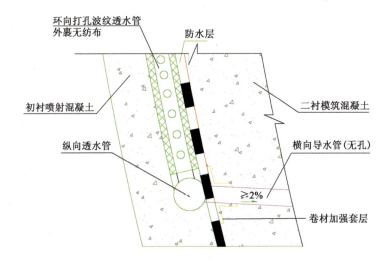

图 5-7 排水纵、环向盲管连接处大样图

第三节 复合式 TBM 施工隧道防水技术

一、防水体系(表 5-1)

复合式 TBM 区间防水设计体系表　　　　　　　　表 5-1

防水体系			
	管片混凝土自防水	混凝土抗渗等级	P12
		裂缝控制	裂缝宽度不大于 0.2mm,且不得有贯穿裂缝
		耐腐蚀要求	有侵蚀性区段,混凝土的耐侵蚀要求应根据介质的性质按有关标准执行
	接缝防水		管片接缝、手孔及吊装孔(注浆孔)不得渗水
	管片外涂防水层		能抵抗 80m 的水压
	注浆防水		同步注浆及二次注浆
	始发防水处理		防止泥沙及水的涌入
	隧道接口防水		接缝防水及注浆处理

二、管片混凝土自防水

(1)混凝土采用"双掺技术",加入优质粉煤灰及复合外加剂(无膨胀性),具体掺量根据试验确定。

(2)防水混凝土应尽可能采用钢模,避免跑浆错位、脱模,应保证混凝土结构尺寸的准确性,减少混凝土蜂窝麻面的产生。

(3)防水混凝土结构内部设置的各种钢筋或绑扎铁丝,不得接触模板,固定模板的螺栓必须穿过混凝土结构时,应有止水措施。

(4)混凝土运输、浇筑及间歇的全部时间不应超过混凝土的初凝时间。

(5)管片应采用高精度管模制作,以确保管片环的拼装精度。单块管片的允许误差:宽度为±1.0mm,弧弦长为1.0mm,环向螺栓孔及孔位为1.0mm,厚度为1.0mm。整环拼装的允许误差:相邻环的环面间隙为0.6~0.8mm,纵缝相邻块间隙为1.5~2.5mm,纵向螺栓孔孔径为±1.0mm,衬砌环外径为-2~6mm。

(6)管片生产中采用高频振动台加强振捣,确保混凝土密实,以满足抗渗等级的要求。

(7)管片应预留注浆孔加固回填注浆,注浆完毕后注浆孔应加设止水设施,防止注浆孔渗漏水造成病害。

(8)管片在拼装前不允许出现肉眼可见裂缝,在生产、运送、拼装过程中出现的大麻点、大缺角应用聚合物快凝水泥修补完好,在使用期间的手孔、吊装孔(注浆孔)应用微膨胀水泥封填。

(9)千斤顶的布置间距、施工中顶推力应尽量均匀,管片在拼装过程中的环面应尽量平整,且在管片背千斤顶面粘贴软木衬垫,通过以上措施尽量减少因施工荷载产生的裂缝。

三、接缝防水

(一)弹性密封垫(见图5-8、图5-9)

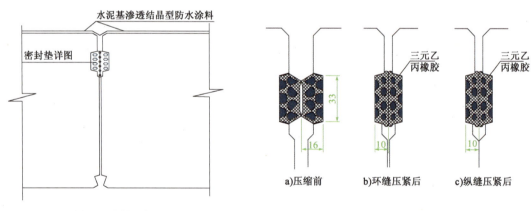

图5-8 密封垫布置　　　　　　　　图5-9 密封垫布置详图

在管片密封垫沟槽内粘贴三元乙丙橡胶弹性密封垫,通过其被压缩挤密来防水。密封垫应满足在设计水压和接缝最大张开错位值下不渗漏的要求,密封垫沟槽的截面积应不小于密封垫的截面积,当环缝张开量为0mm时,密封垫可完全压入储于密封垫沟槽内,其技术指标见表5-2。

三元乙丙橡胶弹性密封垫技术指标　　　　　　　　表5-2

序　号	项　目	指　标
1	硬度(邵氏)	67°±5°
2	伸长率%	≥330
3	拉伸强度(MPa)	≥9.5

续上表

序号	项目		指标
4	热空气老化 70℃×96h	硬度变化值(邵氏)	≤+6
		拉伸强度变化率(%)	≥-15
		扯断伸长率变化率(%)	≥-30
5	压缩永久变形(70℃×24h)(%)		≤28
6	防霉等级		达到与优于2级

注：以上指标均为成品切片测试的数据,若只能以胶料制成试样测试,则其伸长率、拉伸强度的性能数据应达到本规定的120%。

(二)软木衬垫(技术指标见表5-3)

软木衬垫技术指标　　　　表5-3

项目	环缝	变形缝	备注
产品厚度	2mm	6mm	
压缩后厚度(mm)	1mm	2mm	
硬度(邵氏A)	70°±5°	≥90°	纵缝不设丁腈软木橡胶垫
拉伸强度	≥1.5MPa	≥3.2MPa	
伸长率	≥45%	≥25%	
扯断永久变形	≤10%	≤10%	
防霉等级	达到与优于2级	达到与优于2级	

(1)缝间软木衬垫材料为丁腈软木橡胶,丁腈软木橡胶粘贴于背千斤顶衬砌环面上,目的为防止错缝拼装时环面高差引起管片破裂,如图5-10所示。

(2)在软木衬垫与管片背千斤顶面对应粘贴处分别涂刷单组份氯丁—酚醛黏结剂。涂刷前,软木衬垫及管片表面应干燥,涂刷时,黏结剂应均匀;黏结剂涂刷后,凉置一段时间(一般10~15min,随气温、温度而异),待手指接触不粘时,再将软木衬垫与管片对黏。

(3)软木衬垫粘贴后,表面应平整,不得出现脱胶、翘边、歪斜等现象。

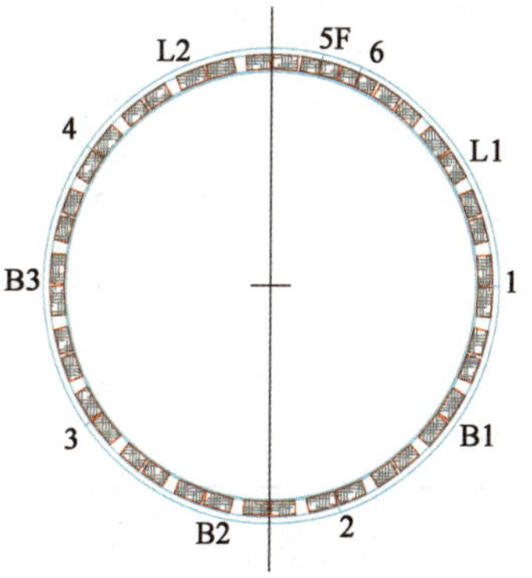

图5-10　软木衬垫

(三)嵌缝防水

(1)嵌缝范围。复合式TBM进出洞及临近联络通道两侧各20环做环、纵缝整环嵌缝;其余段落嵌缝范围为拱顶45°和拱底90°范围,以确保拱底不漏泥砂和拱顶电气机车接触网铜缆及道床上的轨道不被水滴锈蚀。

(2)嵌缝材料。衬砌变形缝以高模量聚氨酯密封胶嵌填,其他(除衬砌变形缝外的环纵缝)采用氯丁胶乳水泥嵌填,如图5-11所示。

(3)嵌缝时间。嵌缝作业必须在复合式TBM千斤顶影响范围外及隧道稳定后进行。

(4)氯丁胶乳水泥技术指标及技术性能指标见表5-4、表5-5。

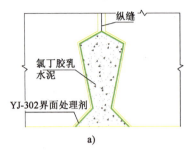 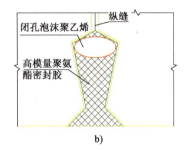

图 5-11 嵌缝防水

氯丁胶乳水泥技术指标　　　　　　　　　　　　　　　　　　　　表 5-4

黏结强度(MPa)	≥1.2
抗拉强度(MPa)	≥1.6
抗压强度(MPa)	≥10
极限延伸值	水泥砂浆的 2～3 倍

氯丁胶乳水泥技术性能指标　　　　　　　　　　　　　　　　　表 5-5

项　目	指　标	备　注
外观	白乳胶液	(1)以测含固量为重点； (2)胶乳在配入各种助剂后,其 pH 值应在碱性范围(9～12)内
pH 值	3～5(用醋酸调节)	
相对密度	≥1.085	
含氯量	35%	
含固量	≥30%	

(5) YJ-302 界面处理剂,见表 5-6。

YJ-302 界面处理剂技术指标　　　　　　　　　　　　　　　　　表 5-6

项　目		指　标
混凝土与水泥砂浆黏结强度(MPa)	未经处理	0.04～0.07
	凿毛处理	0.4～0.5
	YJ-302 界面处理剂	1.3～1.5

(6) 高模量聚氨酯密封胶,见表 5-7。

高模量聚氨酯密封胶技术性能指标　　　　　　　　　　　　　表 5-7

100%模量(MPa)	≥1.12
抗拉强度(MPa)	≥3.5
断裂伸长%	≥30
撕裂强度(MPa)	≥100
邵氏硬度(MPa)	50±5

注:其性能指标还应符合国标及行标要求。

(四)螺孔及吊装孔(注浆孔)防水

采用遇水膨胀橡胶(技术指标见表5-8)密封圈作为螺孔密封圈,利用其压密和膨胀的双重作用加强螺孔防水。管片肋腔的螺孔应放置锥形倒角的螺孔密封圈沟槽,螺孔密封圈的外形应与沟槽相匹配。管片手孔在拱顶180°范围内采用塑料保护罩+双组分聚氨酯密封胶进行封堵,其余手孔及吊装孔(注浆孔)用AEA微膨胀水泥砂浆(见表5-9)封孔。

遇水膨胀橡胶技术指标 表5-8

序 号	项 目		指 标
1	硬度(邵氏A)		42±7
2	扯断强度(MPa)		≥3.5
3	扯断伸长率(%)		≥450
4	扯断永久变形(%)		≤30
5	老化系数(700C×96h)		≥0.8
6	吸水膨胀性(%)	纯水	300~800
		NaOH溶液(pH=12)	250~600
		HCl溶液(pH=5)	200~600
		NaCl溶液(1%)	200~400
7	纯水膨胀性(%)	3d膨胀倍率	≤200
		最终膨胀倍率	≥300

注:缓膨型遇水膨胀橡胶7d膨胀率≤最终膨胀率的60%。

AEA膨胀水泥砂浆技术指标 表5-9

项 目	指 标
AEA掺量	水泥质量的12%
抗压强度(MPa)	≥30
抗渗等级	≥S10

(五)曲线段区间加强防水

(1)竖曲线段各衬砌环背千斤顶环面分段粘贴低压石棉橡胶板,在推进过程中,使其经千斤顶压缩后成一平整楔形环面,当 $R=3000m$ 时,最大楔形量为2.10mm,如图5-12、图5-13所示。

(2)采用的粘贴材料为低压石棉橡胶板,其技术指标如下:

抗拉强度:横向≥7MPa   压缩率:(12±3)%   回弹率:≥35%

(3)粘贴方法。将需粘贴低压石棉橡胶板坏面上的浮灰清除,采用氯丁胶黏结剂涂于混凝土表面及低压石棉橡胶板上,等到不粘手时再粘贴,黏结剂详细使用方法见说明书。

(4)管片纠偏段应在相应的EPDM密封垫表面加贴与石棉橡胶板同厚度的遇水膨胀橡胶条,橡胶条的宽度36mm,长度与相应位置的石棉橡胶板相同。

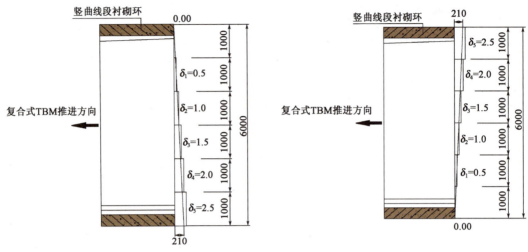

图 5-12 凹形竖曲线　　　　　图 5-13 凸形竖曲线

四、管片外涂防水层

(1)在有侵蚀性地段,管片外侧应涂刷厚度≥1mm 且质量≥1.5kg/m² 的水泥基渗透结晶型防水涂料(技术指标见表 5-10)。在中等侵蚀性介质地层中,需在管片外弧面涂刷环氧聚氨酯防水涂料。

(2)在涂刷水泥基渗透结晶涂料前,应先用钢丝刷刷毛。

(3)基层表面如有气孔、蜂窝、缝隙、起砂等,应作修补处理。

(4)涂料应分层铺抹或喷涂,各层应紧密贴合,每层宜连续施工。

水泥基渗透结晶型防水涂料技术指标　　表 5-10

项　　目		指　　标
安定性		合格
凝结时间	初凝时间(min)	≥20
	终凝时间(h)	≤24
抗折强度(MPa)		≥4
潮湿基层面黏结强度(MPa)		≥1
抗渗强度(28d)(MPa)		≥1.0
第二次抗渗强度(56d)(MPa)		≥0.8
冻融循环		>D50

注:水泥基渗透结晶型防水涂料应符合国标Ⅱ型材料的积水指标要求。

五、注浆防水

(1)管片壁后注浆采用同步注浆技术及时充填管片与围岩之间的空隙,以达到防水及控制地层沉降的效果。

(2)根据管片裂缝、接缝渗漏水的情况,还应利用管片吊装孔(注浆孔)强化二次注浆。

（3）浆液类型、配合比应根据现场试验确定，同步注浆一般采用水泥砂浆，二次注浆一般采用水泥浆。但在隧道开挖对地表建筑物或管线影响较大地段，为及时回填空隙，减小地面沉降，宜选择速凝型的水泥＋水玻璃双浆液。为避免浆材硬化收缩，注浆材料皆宜掺加一定量的微膨胀剂。

（4）注浆终孔应结合注浆量、注浆压力综合而定。一般注浆量为计算体积的 1.5～2.0 倍，注浆压力一般为静止土压的 1.1～1.2 倍，施工中应根据地层特征进行调整。

六、始发防水处理

为防止泥沙及水的涌入，需设置帘布橡胶圈（见图 5-14、图 5-15），帘布橡胶由模具分块压制，然后连成一整环。

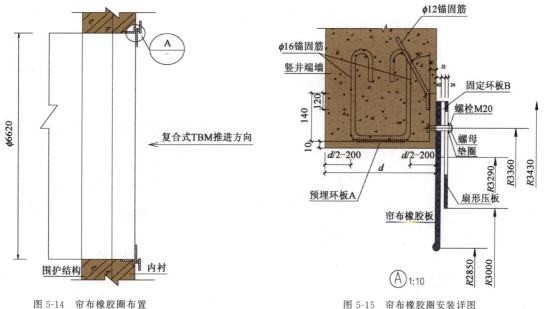

图 5-14　帘布橡胶圈布置　　　　　　图 5-15　帘布橡胶圈安装详图

七、隧道接口防水

（1）在复合式 TBM 隧道与车站、始发井、到达井、矿山法隧道接口处模筑后浇洞口环梁，并在后浇洞口环梁与管片、与各结构内衬之间分别设置 2 道缓膨型遇水膨胀聚氨酯止水胶（挤出型胶状，宽 15mm，高 8mm），其技术指标见表 5-11，并设置 1 道注浆管，管片与现浇洞口处应设置不锈钢接口槽。接口外侧地层应做注浆处理。

（2）在复合式 TBM 隧道联络通道口处衬砌中预埋 1 圈可多次注浆的注浆管，二衬与管片之间设置 2 道缓膨型遇水膨胀聚氨酯止水胶（挤出型胶状，宽 15mm，高 8mm）。接口外侧地层应做注浆处理。

（3）各结构自身的防水材料在接口处应进行自收口处理。

（4）复合式 TBM 进出洞及临近联络通道两侧各 20 环管片应加大同步注浆压力，并应进行二次注浆及整环嵌缝处理。

(5)在复合式 TBM 与各种不同结构接头处设置缓膨型水膨胀止水胶前,应将基础浮渣处理干净,并不得有明水,注浆管露出结构表面 3～5cm,并做好口部保护,待结构稳定且水位恢复后,如有渗漏,可通过注浆嘴进行注浆止水,注浆液可根据情况采用超细水泥或其他化学浆液。

水膨性聚氨酯止水胶技术指标　　　　　　　　表 5-11

项 目	指 标	项 目	指 标
含固量	≥90%	闪点	≥130℃
黏度	胶状	表干时间	≤24h
密度	1.35～1.55kg/dm³(20℃)	扯断伸长率	≥500%
下垂度	≥3mm	膨胀率	≥225%

第六章　城市轨道交通工程TBM过站技术

城市轨道交通工程一般每隔1.0～1.5km设一座车站，因此当TBM应用于城市轨道交通工程时，不可避免地要遇到较为频繁经过车站的问题。

第一节　概　　述

TBM应用于城市轨道交通工程，过站是关键技术之一，这也是TBM在城市地铁中应用与在山岭及水工隧洞中应用的根本区别所在。能否成功地解决TBM过站及与车站施工的相互干扰、协调等问题，也标志着TBM应用在城市轨道交通工程中是否成功。

由于TBM与盾构在适用条件、机型特点、设备组成、施工原理及出渣方式等方面均有明显差异，因此采用TBM过站与传统的盾构施工过站不同。盾构施工一般一次性为1～2个区间，或者为1个区间的左、右线往返施工，途经车站较少或者不经过车站，由于盾构设备相对小型轻便，其起吊、下放、组装、拆卸等操作也相对容易，可采用站端吊出转场等方式避免过站，即使是洞内过站，其平移、拆卸等操作也相对方便。而TBM一次性施工距离较长，如敞开式TBM的施工长度均为6～8km，途经车站数量较多，其过站形式、过站难度、过站要求及对车站持续影响等方面均较盾构过站要高，具有敞开式TBM自身显著的特点。

TBM过站主要可采用掘进过站、步进过站及借助外界因素辅助过站等几种方式。根据TBM的机型特点，考虑所经过车站的具体情况，须研究确定TBM采取何种方式过站，车站须相应提供哪些预留条件，TBM过站对车站存在哪些影响，如何采取措施使得TBM能够顺利经过每座车站并保证区间及车站总工期均满足要求等。因此，须对TBM施工段所经过的区间及车站统一进行工程筹划，制订合理的TBM过站方案。随着施工进展，因工程筹划不可避免地存在许多变数，为此还须制订TBM过站预案，一旦区间及车站不能按照既定的工程筹划施工，则提前启动过站预案，保证TBM能够顺利过站，做到洞内不停机、不等待、安全快速施工，过站后TBM施工运输能够正常进行，同时尽量降低对车站的施工干扰，从而确保车站及区间的总工期均满足要求。如能达到上述目标，则解决了TBM应用于城市轨道交通的一大技术难题，为TBM逐渐大规模地应用于城市轨道交通工程创造了有利条件，并提供技术及经验支持。

第二节　TBM过站方式

车站种类繁多,形式各异,为系统全面地解决 TBM 过站问题,有必要先对地铁车站的组成、分类及结构断面形式等作简要介绍。

一、地铁车站类型

车站是地铁系统中一个很重要的组成部分,与乘客的关系极为密切,同时它又集中设置了地铁运营中很大一部分的技术设备和运营管理系统。车站位置的选择、周边环境条件的好坏、设计的合理与否等都会直接影响地铁的社会、环境和经济效益,同时影响到城市规划和城市景观。地铁线路及车站设置示意如图 6-1 所示。

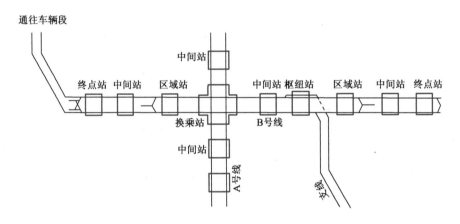

图 6-1　地铁线路及车站设置示意图

车站按其所处的位置关系,可分为地下站、半地下站、地面站和高架站;按布置形式,可分为岛式站、侧式站和岛侧混合站等多种形式;按车站建筑层数,有单层站、两层站和多层站等;按车站运营性质,可分为中间站、区域站、换乘站、枢纽站、联运站及终点站等,如图 6-2 所示。

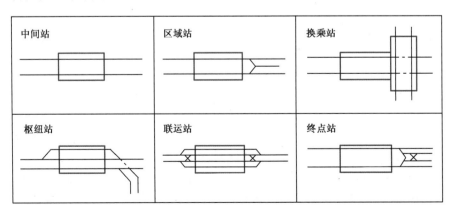

图 6-2　按车站运营性质分类

车站结构断面形式主要受车站埋深、工程及水文地质条件、施工方法、功能需求、建筑艺术效果等因素确定。当区间采用 TBM 工法施工时,基于全线整体筹划考虑,车站在不影响其使用功能的前提下,尽可能地选择与 TBM 施工过站相适宜的结构断面形式。因此,在选定车站断面形式时,应综合考虑结构的合理性、经济性、施工技术和设备条件以及考虑区间施工方法的相应要求等诸多条件。车站结构断面形式,主要有矩形、拱形、圆形及其他类型等四类,如图 6-3 所示。

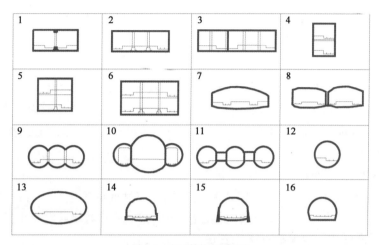

图 6-3 车站结构断面形式

1~6-矩形断面;7,8-拱形断面;9~12-圆形断面;13~16-其他类型断面

当城市地铁区间采用 TBM 工法施工时,车站结构形式对其施工方案及施工进度影响较大。例如,对于矩形断面车站,TBM 一般采用步进通过,根据车站结构形式又可分为底板步进及中板步进两种方式;对于暗挖拱形断面车站,TBM 可采用步进或掘进通过;对于圆形断面车站,结合车站形式,可选择 TBM 辅助车站施工通过等。

二、过站原则

TBM 应用于城市轨道交通工程,具有快速、安全、高效、优质、环保等诸多优点。相比于山岭及水工隧道长距离的连续掘进而言,中间较为频繁的经过车站,导致 TBM 施工受车站间隔性影响而不能连续掘进,这是 TBM 在城市轨道交通工程中应用的一大技术特点和难点。因此,在城市轨道交通工程中,TBM 过站对于发挥其快速、长距离掘进优势具有重要的意义。

一条城市轨道线路的施工组织、总工期安排及车站结构形式、车站节点工期等均是选择 TBM 过站方式的前提条件和需要重点考虑的因素。以 TBM 通过车站时车站主体工程的施工情况划分,可分为车站施工前过站、施工中过站及施工完毕过站。TBM 过站应遵循"快速、安全、投资省"的大原则,综合考虑车站及 TBM 掘进施工,尽量将对车站的干扰及影响程度降至最低,既要保证 TBM 的顺利掘进,又要确保车站施工工期。

(1)在满足整体工期的前提下,宜在车站施工前选择掘进过站方式,以避免车站加宽,同时又可保证 TBM 的连续掘进。

(2)车站施工中 TBM 过站时,综合考虑选择掘进、步进、掘进步进相结合的通过方式及相应的车站开挖方式,统筹安排,相互协调,车站施工尽量为 TBM 通过创造条件,TBM 过站也应尽量减少对车站施工的影响。

(3)车站施工后 TBM 通过时,综合考虑车站加宽与掘进机过站方便,可选择直接步进通过、借助外界因素辅助步进通过或者站端吊出转场通过等方式。

(4)应充分考虑车站施工及 TBM 掘进的各种不确定因素,提前完善过站预案。

三、过站方式

经分析研究,TBM 的过站方式大致可概括为掘进过站、步进过站、小车移动过站及吊出转场过站四类。

(一)掘进过站

TBM 掘进过站与区间正常掘进的方式一致。为保证 TBM 的快速掘进要求,充分发挥采用 TBM 施工的优势,TBM 尽量不要在洞内停机等待,尤其应避免在洞内长期的停机等待。因此,若车站不具备步进通过条件时,则 TBM 采用掘进过站方式,车站后期扩挖。掘进过站可分以下几种形式。

1. 车站部分开挖,TBM 掘进过站(见图 6-4)

当 TBM 到达时车站若未完成全部开挖,需提前对车站的施工组织进行适当调整,达到车站剩余部分适于 TBM 掘进通过的条件,并在站内施作 TBM 临时接收洞及出发洞,确保 TBM 安全进出车站。该过站方式优缺点详见表 6-1。

车站部分开挖时 TBM 掘进过站方式优缺点　　　　表 6-1

优　　点	缺　　点
1. 车站充分利用 TBM 设备制造、组装及 TBM 到达前的时间进行施工,尽量减少 TBM 通过后剩余工程量,缩短总工期 2. 未开挖段车站规模不需要加深、加宽,工程量相应较小 3. 未开挖段 TBM 掘进通过,相当于协助车站完成部分开挖	1. 对施工方法要求比较严格,在 TBM 将要到达前,车站需提前调整施工方法,为 TBM 掘进通过创造条件,影响了车站自身的施工工序 2. 需在车站内完成步进和掘进的转换,影响整体速度 3. 接收洞、出发洞及 TBM 掘进通过段,需施作初期支护,后期扩挖车站时废弃,浪费部分土建工程量

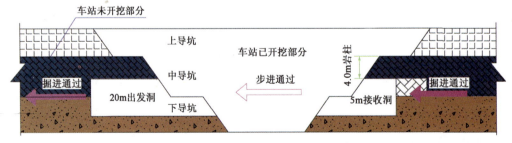

图 6-4　车站部分开挖,TBM 掘进过站示意图

2. 车站无开挖,TBM 掘进过站

由于暗挖法施工的车站存在地表征地协调等问题,且由于重庆特殊的高低起伏地形条件,暗挖车站的辅助施工通道一般均较长,当 TBM 施工到达车站时,车站由于边界条件等原因,若尚未进行主体工程的开挖,则 TBM 采用直接掘进过站方式。考虑工程筹划安排,该过站方式一

一般适用于 TBM 始发后的前 1~2 座车站。本过站方式优缺点见表 6-2。

车站尚未开挖时 TBM 掘进过站方式优缺点　　　表 6-2

优　点	缺　点
1.车站最终规模不需要加深、加宽，土建工程量相应较小 2.TBM 掘进通过相当于协助车站完成了部分开挖	1.TBM 掘进通过时，需施作初期支护，后期扩挖时废弃，浪费土建工程量 2.TBM 掘进通过后，在车站两侧底部形成两个导洞，后期扩挖施工复杂，施工风险较高 3.TBM 掘进通过后，为保证后续运输通道，车站很难进行主体大规模的开挖，对车站后续工期会带来影响

3.车站调整开挖工序，TBM 掘进过站

根据工程筹划，若 TBM 到达车站前，车站具备一定的施工时间，为保证 TBM 过站后区间及车站均能正常施工，以满足车站工期要求，车站需调整施工方法。根据地层地质条件，暗挖单拱大跨车站可采用"先拱后墙"法，先期进行上部开挖，给区间预留一定的安全岩层厚度，TBM 于车站下部掘进通过。后期车站可先进行拱部衬砌，保证 TBM 过站后区间及车站均能正常施工，有利于车站总工期。本过站方式优缺点见表 6-3。

车站部分开挖时 TBM 掘进过站方式优缺点　　　表 6-3

优　点	缺　点
1.车站最终规模不需要加深、加宽 2.TBM 掘进通过后协助车站完成了部分开挖 3.TBM 掘进过站后，区间及车站施工可互不干扰，对总工期有利	1.TBM 掘进通过需施作初期支护，后期扩挖时废弃，土建工程量浪费 2.车站需调整施工工序，"先拱后墙"虽然能够满足结构受力要求，但其结构的防水性能等仍不及传统的"先墙后拱"的施工方法 3.TBM 于车站下部掘进通过时尚存在一定的施工风险

(二)步进过站

当 TBM 到达车站时，车站若全部开挖完毕或仅完成部分开挖(如双侧壁导坑法施工)，可预留出 TBM 步进的通道，则 TBM 采用直接步进过站方式。本过站方式优缺点详见表 6-4。

步进过站方式优缺点　　　表 6-4

优　点	缺　点
1.车站利用 TBM 设备制造、组装及 TBM 到达前的时间进行施工，可尽量减少 TBM 通过后的剩余工程量，缩短总工期 2.TBM 步进速度较掘进要快，缩短过站时间 3.TBM 步进无需施工临时支护，废弃工程量小	1.为保证 TBM 直接步进通过，车站规模需要不同程度的加深、加宽，工程量相应加大 2.距离 TBM 始发较近的车站受外界因素等影响，若不能先期开工，则预留出 TBM 步进通过条件有一定困难

根据机型特点，TBM 步进过站又可分为"平底钢板"和"弧底导轨"两种方式。

1."平底钢板"方式

该方式为在 TBM 主机机头架下方安装平底钢板，在水平撑靴下方设步进架，主机后方连接桥处设下支撑，以此"三点"对 TBM 主机进行支撑。机头架下方的步进小车始终着地，撑靴步进架及下支撑交替着地，依次实现 TBM 的步进前行，具体步骤如图 6-5 所示。

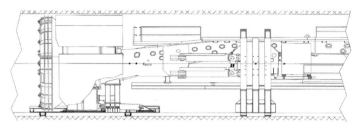

步骤1:TBM安装好步进钢板及步进架,准备步进

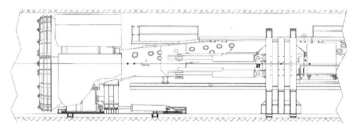

步骤2:步进钢板推进油缸将机头向前推进一个行程

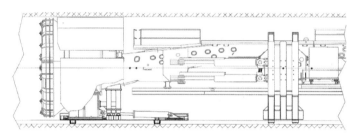

步骤3:顶升油缸将机头顶起,同时放下后支撑,收起撑靴处的步进架

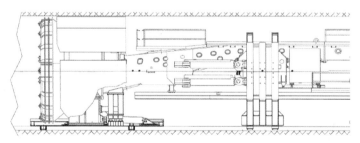

步骤4:收起水平油缸拉动步进钢板向前,收起TBM推进油缸,拉动撑靴向前

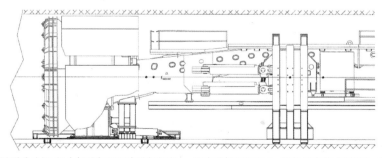

步骤5:收回顶升油缸,机头架重新置于步进钢板之上;置步进架于地面上,收起后支撑,准备下一循环的步进

图6-5 TBM步进操作步骤

当 TBM 采用"平底钢板"方式步进时,需要车站范围先期形成具有一定强度的平整底面,底面上预留"导向凹槽",钢板在平底面上滑行前进。

2."弧底导轨"步进方式

该方式为在隧道下方设弧形底面,弧面上预埋 2 根钢轨形成步进导轨,TBM 主机机头架落于钢轨之上滑行前进,撑靴处可安装步进架或直接撑紧洞壁获取推进反力,后下支撑直接落于弧形底面之上。

TBM 步进时主机机头架始终在弧形底面的预埋钢轨上滑动,先期将后支撑收起,撑靴处步进架下落销紧或撑靴撑紧洞壁推动机器向前移动一个行程,然后将后支撑放下,步进架收起或撑靴离开洞壁,靠油缸收缩向前移动一个行程,并再次撑紧洞壁,后支撑再次抬起,往复循环,依次完成步进。"弧底导轨"过站示意图如图 6-6、图 6-7 所示。

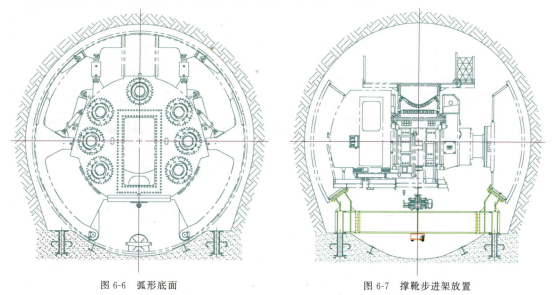

图 6-6　弧形底面　　　　　　　　图 6-7　撑靴步进架放置

对于"弧底导轨"步进方式,要求先期形成弧形底面,并在底面上预埋钢轨。弧形底面曲率应适中,平整无凸起,钢轨表面应打磨光滑,保证 TBM 主机能够在其上顺利滑行前进。两种步进方式各有特点,互有优劣,其适用范围也不尽相同。

"平底钢板"步进方式需要先期形成带导向凹槽的平整底面,由于通过机头架下方的平底钢板设垂直及水平顶推油缸提供推力,特别是垂直油缸顶升主机时,其反作用于基底的压强很大,为步进的控制荷载。因此,其适用于暗挖车站及区间底板落地的情况,对于明挖车站中板则不适用。

"弧底导轨"步进方式需要先期形成弧顶底面,并预埋钢轨,该方式具有如下优点:

(1)TBM 主机滑动于钢轨之上,主机荷载可通过钢轨、弧形底面向下分担传递;

(2)靠撑靴处步进架或撑靴撑紧洞壁提供反力,主机在钢轨上滑动,步进速度快。

其缺点如下:

(1)对弧形底面的弧度及光滑程度要求很高,一旦弧面上有凹凸不平之处则很容易将 TBM 机卡住;

(2)对钢轨预埋的精度要求较高,钢轨要光滑顺畅,否则也容易将 TBM 机器卡住,为此在实际施工中须不停地对钢轨进行打磨处理。

可以看出,"弧底导轨"步进方式虽然步进速度较快,但是其对边界条件要求也非常严格,实际操作中有相当部分的精力需要花费在边界条件的整合处理上。

无论 TBM 采取哪种方式步进过站,车站空间及内轮廓均需满足 TBM 步进限界的要求,并考虑一定的安全富余量,如图 6-8、图 6-9 所示。

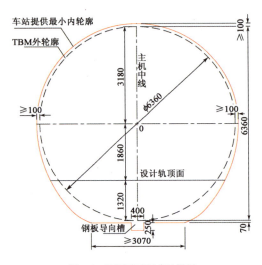

图 6-8 "平底钢板"步进限界

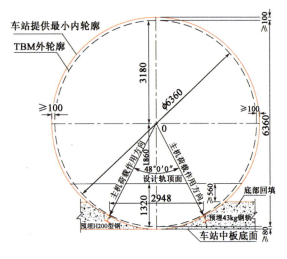

图 6-9 "弧底导轨"步进限界

若采用"平底钢板"步进,限界轮廓要求如下：
(1) 所提供的内轮廓外放 TBM 直径不小于 100mm；
(2) 平底与 TBM 底部留有间距用以放置步进钢板；
(3) 平底中部设步进导向槽,对称步进中线设置。

若采用"弧底导轨"步进,限界轮廓要求如下：
(1) 所提供的内轮廓外放 TBM 直径不小于 100mm；
(2) TBM 底部形成弧形底面,弧底与 TBM 外轮廓间距不小于 80mm；
(3) 弧形底面上对应 TBM 主机中心一定角度范围预埋 2 根钢轨；
(4) 弧形底面应光滑无凸起,预埋钢轨应稳固牢靠,钢轨表面应打磨光滑。

(三) 小车移动过站

该过站方法与盾构过站类似,车站结构空间满足 TBM 直接运输通过的条件,通过过站小车接收 TBM 主机,断开与后配套连接后将主机平移至车站标准段,然后由推进油缸顶推过站,在车站另一侧由始发托架接收,之后再次平移对准线路中线,后配套拖车直接拉拽过站。图 6-10 为 TBM 采用小车过站流程图,具体步骤如下。

1. 铺轨

TBM 机过站,铺轨是关键。根据 TBM 隧道和车站扩大段及标准段的位置关系,铺轨高度为线路设计轨面标高以下 1m 左右。若车站标准段按 TBM 主机出洞标高进行铺轨,则轨道将侵入车站衬砌结构之中,导致车站通常范围加深,加大土建工程投资,因此也可以在过站过程中对 TBM 主机进行适当抬高处理。

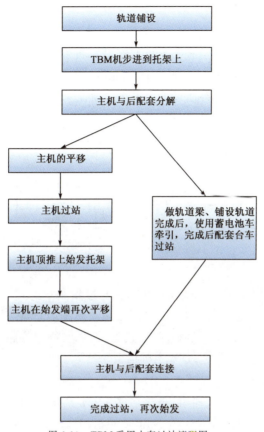

图 6-10 TBM 采用小车过站流程图

2. TBM 主机出洞(见图 6-11)

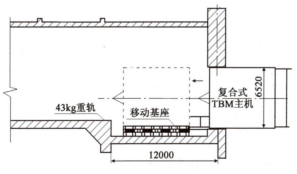

图 6-11 TBM 主机出洞

TBM 主机出洞后上过站小车,刀盘不能转动且中心滚刀处于垂直位置,以便于运输。铺轨结束后,拼装好过站小车,用 H 型钢一端焊接在预埋钢板上,一端顶住过站小车,防止 TBM 主机爬上过站小车时,小车发生移动,继续使用推力千斤顶向前推进,直至 TBM 主机离开区间隧道 1.0m 以上,施工人员可以进入隧道为止。解除 TBM 主机与后配套之间的连接(各种管路、油路、电路及连接销等)。用钢板把 TBM 主机和小车连接在一起,保证 TBM 主机与过站小车、钢轨、轨枕成为一个整体。

3. 平移(见图 6-12)

由于 TBM 主机与后配套已经断开,为避免车站通长加宽,TBM 主机在车站端部扩大段接收后,须向内侧平移,也就是说 TBM 主机在车站标准段的步进中心线与线路中心线不重合。当 TBM 主机完全脱出隧道后,先使用千斤顶通过顶升钢结构轨枕将 TBM 主机与过站小车、钢轨和轨枕连接的整体抬起,再通过千斤顶水平顶推 TBM 主机至车站标准段步进中心线位置,在此位置通过钢板将 TBM 主机小车及轨枕垫高,与标准段铺设的轨道连接。

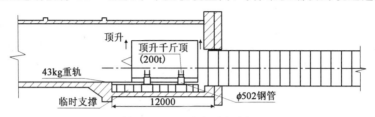

图 6-12　TBM 主机顶升平移

4. 过站

TBM 主机平移至标准段中心线后,断开钢轨与过站小车的连接,然后利用推进油缸,后部通过一个加工的牛腿固定在钢轨上,前部顶在移动台车的车架上。开动油缸,推动小车及 TBM 主机向前移动,至千斤顶最大行程时,向前移动牛腿,固定好再进行推进,推进一段距离后将后部轨枕向前部倒运,直至将 TBM 主机运至车站另一端的扩大段始发托架处。

5. TBM 再次平移下降就位(见图 6-13)

TBM 到达车站的另一端扩大段时,再次平移 TBM 主机,使 TBM 主机中心线与区间隧道线路中心线重合,然后下降就位,用与顶升 TBM 主机相同的方法逆向操作,将 TBM 主机逐渐放低至设计标高位置,转换 TBM 主机与台车的连接。至此,TBM 主机采用小车过站工序已经完成,后配套拖车可直接拉拽过站。

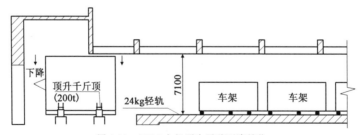

图 6-13　TBM 主机再次平移下降就位

对敞开式 TBM 而言,因主机设备较重,主机与后配套拖车之间存在主大梁、连接桥等,若采用小车过站,在站端进行拆卸、分解、平移等操作会较困难,耗时费力,甚至有可能对机器造成损坏,基本丧失了采用 TBM 施工的优势,故一般不推荐此种过站方式。由于复合式 TBM 主机相对小型轻便,主机与后配套连接也相对简便,故采用小车辅助移动过站方式比较适宜。

(四)站端吊出转场过站(见图 6-14)

TBM 施工需要经过明挖车站时,为避免 TBM 过站对车站施工造成影响或者根据 TBM 施工组织筹划,需要进行其余标段的施工时,可选择在车站一端将 TBM 拆卸分解后吊出,一般均在 TBM 进站后于车站端头完成,从地面运输至车站另一端或其余施工段,再于站内或洞内进行组装,TBM 再次始发后,后续出渣进料也相应进行转场,利用站端竖井及地表施工场地完成,而不再经过车站。该方式将 TBM 过站与转场施工相结合,以此形式实现 TBM 过站。

图 6-14　TBM 站端吊出

因敞开式 TBM 机型庞大,设备较重,洞内拆解、组装、吊拆等施工困难,故采用敞开式 TBM 施工时不适宜此种过站方式,从工程筹划方面也应避免此种工况发生。对于复合式 TBM 施工而言,可采用此种吊出兼转场的过站方式,但要结合具备条件的明挖车站进行,为此要提前在施工组织筹划方面有所考虑。

第三节　TBM 车 站

为保证 TBM 的快速掘进要求,TBM 尽量不要在洞内停机等待,因此若车站不具备步进过站条件,则 TBM 采取掘进过站,车站后期扩挖的"先隧后站"法。TBM 掘进过站与区间正常掘进的方式一致。为更好地解决 TBM 顺利过站问题,车站形式作出相应的调整优化,以适应 TBM 施工通过的要求。TBM 掘进可与车站修建尽量相互结合,相互辅助。

TBM 车站的结构形式与所采用的 TBM 类型、施工方法和站台形式等关系密切。TBM 车站可采用:①单圆 TBM;②单圆 TBM 与半 TBM 结合;③单圆 TBM 与钻爆法结合修建。由于暗挖车站采用钻爆法施工灵活性高,一般推荐 TBM 车站采用单圆 TBM 与钻爆法相结合的修建方法。

单圆 TBM 可采用两台平行作业的方式。TBM 车站的站台有侧式、岛式及岛侧混合式三种基本类型。将以上情况加以组合,TBM 车站的结构形式可大致分类如下:

一、两个并列的圆形隧道及通道组成的车站

这是一种最简单的 TBM 车站,如图 6-15 所示。每个隧道内都设有一组轨道和一个站台。两隧道的相对位置主要取决于场地条件和车站使用功能要求,一般多设成同一水平,两管隧道可采用 TBM 直接掘进施工。乘客从车站两端或车站中部夹在两圆形隧道之间的竖井(或自动扶梯隧道)进入站台,在两个并列隧道之间用若干横向通道连通,两隧道之间的净距按保证

并列隧道施工的安全并满足中间竖井(或斜隧道)的净空要求来确定。

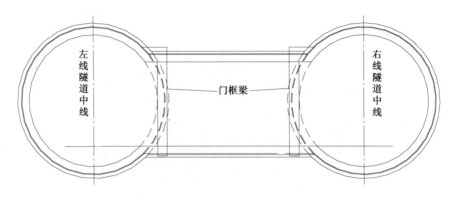

图 6-15　两圆 TBM 车站

这种形式的 TBM 车站有以下特点：
(1)除横通道外,一般施工较简单；
(2)工期及造价均优于其他形式的 TBM 车站；
(3)总宽度较窄,可设置在较窄的道路之下；
(4)适用于客流量较小的车站。

此类车站的技术难点在横通道的设计与施工。

开挖横通道前,除在 TBM 隧道内架设防止衬砌变形的临时支撑外,在软弱含水地层中还需用注浆等辅助措施加固土体并进行止水处理。敞开式 TBM 隧道结构需在横通道开洞位置架设门框梁等特殊结构措施,复合式 TBM 隧道应对开洞部位的管片作特殊设计或采取其他结构措施。

二、由三个并列的圆形隧道组成的三拱塔柱式车站

两侧为行车隧道并在其内设置站台,中间隧道为集散厅,三个隧道之间采用梁柱结构连成一个整体。乘客从中间隧道两端或位于车站中部的竖井(或斜隧道)进入集散厅。两侧隧道可采用 TBM 直接掘进施工,中间隧道通常采用钻爆法施工,三拱塔柱式车站典型断面如图 6-16 所示。

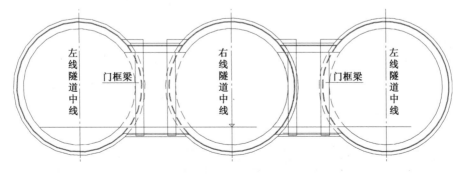

图 6-16　三拱塔柱式车站

塔柱式车站有以下特点：

(1)除横通道外,其余施工较简单;
(2)总宽度较大,一般为28~30m,在较宽的路段内方可使用;
(3)在集散厅范围内为岛式站台,适用于中等客流量的车站;
(4)由于车站被塔柱分为三个单独的空间,建筑艺术效果不如立柱式车站。

三、立柱式车站

传统立柱型车站为三跨结构,两旁侧隧道可采用 TBM 掘进开挖,然后施工中间站厅部分,将它们连成一整体。中间站厅根据施工方法的不同,可以是拱形的或平顶的。两旁侧隧道的拱圈及中间隧道的拱圈(或平顶)支承在纵梁及立柱上。这种形式的车站也被称之为"眼镜形"车站,是一种典型的岛式车站,乘客从车站两端的斜隧道或竖井进入站台。站台宽度应满足客流集散要求。三拱立柱式车站的横断面如图 6-17、图 6-18 所示。

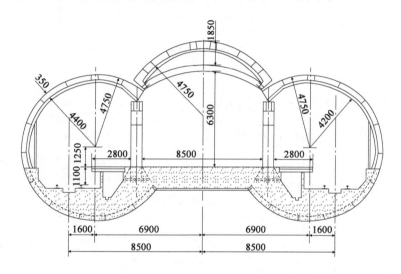

图 6-17 莫斯科地铁三拱立柱式车站(尺寸单位:mm)

如图 6-17 所示,对于三圆塔柱式车站,TBM 施工的两管隧道为地铁线路的轨行区通道,位于车站的左右两侧,这样可以使得 TBM 区间施工与车站施工相对独立,既可以充分发挥 TBM 快速施工的优势,又不影响车站主体部分的施工,相当于 TBM 协助完成了部分车站工程的开挖,必要时车站的出渣也可以利用 TBM 施工通道。TBM 左、右线区间与车站主体的相交部位结构需特殊处理,并考虑一定的柱、梁等框架结构,车站站厅、站台及站内设备和各种管线均布置在车站主体结构部分。

图 6-18 为俄罗斯圣彼得堡地铁三拱立柱式车站结构,该车站的两旁侧隧道采用了与区间隧道相同的断面,而把站台全部置于中央集散厅内,在行车隧道和集散厅之间,用连续开洞的隔墙代替原有的梁柱体系,并安装自动控制门,列车到站时,隔墙上的门自动开启。此种类型的车站可最大限度地实现区间与车站主体结构的分离,减小两者间的相互干扰,为 TBM 的快速施工创造条件。在车站规模及工程量确定后,区间可先行施工,先期打通两侧的导洞,后期车站主体施工时可利用两侧区间作施工通道,如此不仅不会对车站施工造成干扰,反而更加有利于车站施工。

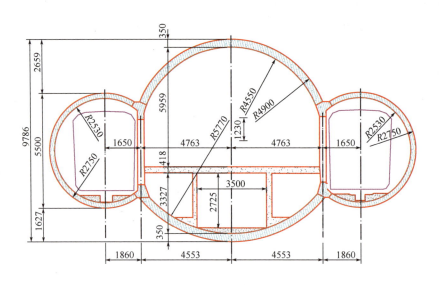

图 6-18　圣彼得堡地铁三拱立柱式车站

四、TBM 法和明挖法相结合施工的车站

由于 TBM 车站主体结构内空间有限,除必需的管理及设备用房外,大部分设备需布置在地面或专用的隧道内。通常的做法是在车站的端部修建多层、多跨的大型竖井结构,集中布置运营设备并兼作乘客进出站的通道。如日本京叶线八丁沟站针对所处环境条件,采用了一种盾构法和明挖法相结合的特殊施工方法和结构形式,如图 6-19 所示。该站在长 150m 的双层三跨钢筋混凝土箱型框架内,布置设备和站务用房,并设有与站台连接的自动扶梯。明挖部分在施作了挡土结构和临时支承路面的中间桩后,即可与盾构施工同步作业。同样道理,在合适的地层条件下,TBM 施工车站也可类似地采用 TBM 法和明挖法相结合的方法进行施工。

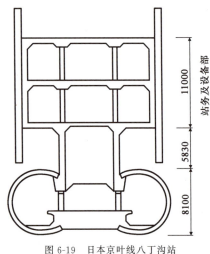

图 6-19　日本京叶线八丁沟站

五、小结

以上一些新型的车站形式很好地解决了 TBM 法施工与车站施工相互干扰的问题,可以实现两者的相互协调,但是国内目前采用类似结构形式的车站并不多,原因有多种,主要是车站自身的建筑、环控布置方案要随之作出调整,且车站的设备用房、管理用房、风道口、出入口及内部空间的使用等均要受到此种结构形式的限制。因此,车站结构形式的改变涉及的专业较多,需要系统性配合、共同创新,才能将此种新型结构的车站赋之于实践,有利于满足 TBM 区间及车站的总工期要求。

第四节 敞开式 TBM 过站案例

重庆轨道交通 6 号线一期工程采用敞开式 TBM 施工,是敞开式 TBM 在国内地铁工程中的首次应用。本节以重庆轨道交通 6 号线一期工程(敞开式 TBM 试验段工程)为依托,通过对具体过站案例的设计、施工及处理过程介绍,详细阐述敞开式 TBM 在城市地铁施工中的运用和 TBM 过站技术及管理。其中,敞开式 TBM 试验段采用 2 台敞开式 TBM 设备施工,配套出渣运输系统以及超前地质预报和支护系统,开挖直径为 6.36m。

一、所经车站概况

根据重庆轨道交通 6 号线一期工程 TBM 试验段施工组织筹划,TBM 在五里店车站内组装调试并始发掘进,先后通过红土地站、黄泥塝站、红旗河沟站、花卉园站四座暗挖车站,大龙山站、冉家坝两座明挖车站,然后经光电园暗挖车站,最终在山羊沟水库敞开段掘进出洞,完成试验段掘进任务。沿途所经各车站详细概况见表 6-5。

TBM 试验段内车站工程概况   表 6-5

序号	车站名称	车站形式	车站长度	结构形式	施工工法	备注
1	五里店站	地下三层岛式	239	双柱三跨三层矩形框架	明挖	TBM 始发站
2	红土地站	地下二层岛式	210	单拱双层复合式衬砌	暗挖(先拱后墙)	经过站
3	黄泥塝站	地下二层岛式	180	单拱双层复合式衬砌	暗挖(双侧壁导坑)	经过站
4	红旗河沟	地下三层侧式	206	单拱双层复合式衬砌	暗挖(双侧壁导坑)	经过站
5	花卉园站	地下二层岛式	180	单柱双跨双层矩形框架	暗挖(双侧壁导坑)	经过站
6	大龙山站	地下三层岛式	237	双柱三跨三层矩形框架	明挖	转场站
7	冉家坝站	地下五层岛式	227	双柱三跨三层矩形框架	明挖	经过站
8	光电园站	地下二层岛式	201	单拱双层复合式衬砌	暗挖(双侧壁导坑)	经过站

根据车站性质及结构形式,对所经过的 7 座车站进行归类划分。

红土地站、黄泥塝站、花卉园站和光电园站为标准岛式暗挖车站,单拱大跨结构,形式如图 6-20 所示。

红旗河沟站为侧式暗挖车站,单拱大跨结构,6 号线和 3 号线在此站十字换乘,3 号线位于 6 号线上方。6 号线范围车站结构形式如图 6-21 所示,3、6 号线共建段的车站结构形式如图 6-22 所示。

大龙山站、冉家坝站为岛式明挖车站,4~5 层矩形框架结构,6 号线与 5 号线各位于站台一侧,通过该两座明挖车站实现平行同站台换乘,线路进出车站由左、右线平行逐渐过渡为上下垂直。车站结构形式如图 6-23 所示。

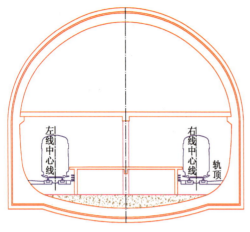

图 6-20　暗挖单拱大跨岛式车站

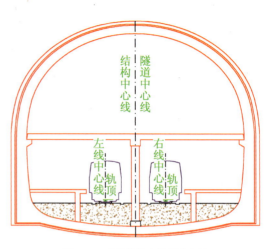

图 6-21　暗挖单拱大跨侧式车站

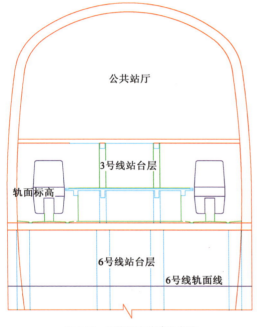

图 6-22　红旗河沟共建段车站

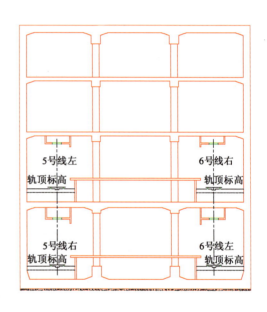

图 6-23　明挖矩形框架车站

二、过站方式

6 号线一期工程建设总工期为 4 年,即 2009 年初全面开工建设,2012 年底建成通车试运营。TBM 于 2009 年 9 月到场,2009 年 11 月完成组装调试并开始正式掘进,2011 年 7 月底完成一期土建工程,综合考虑区间隧道及车站施工工期等因素,对敞开式 TBM 的典型过站方式进行选择。

(一)掘进过站案例

以红土地站为例,红土地站为 TBM 始发后所经过的第 1 座暗挖车站,轨面埋深达 61m,车站规模及体量较大,施工通道距离长,考虑前期征地拆迁等因素,红土地站于 2009 年 7 月开工,待 TBM 于 2010 年 2 月到达时,车站开挖无法保证 TBM 步进通过,采用掘进过站,TBM 通过后于 2010 年 11 月于大龙山站转场,为保证区间正常施工,车站主体部分在 2010 年 2 月~2010 年 11 月的 9 个月期间将无法正常施工。为满足车站工期要求,红土地站采用"先拱后墙"工法,即:

(1)先进行车站主体侧导洞上部开挖并支护,与 TBM 开挖洞室保持不小于 4.5m(0.7D)的安全距离;

(2)TBM 掘进过站后,再进行侧导洞下部开挖并支护,保证钢架底部距 TBM 洞室顶部距离不小于 1.0m;

(3)浇筑拱部衬砌,架设竖向临时支撑;

(4)利用 TBM 左、右线倒边出渣,倒边后单侧壁导洞可施工二次衬砌,采用小模板施工,减少对车站工期的影响;

(5)施工主体内部结构。

如图 6-24 所示。

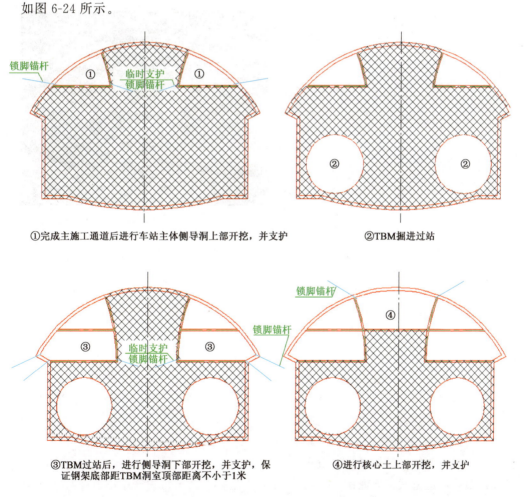

图 6-24

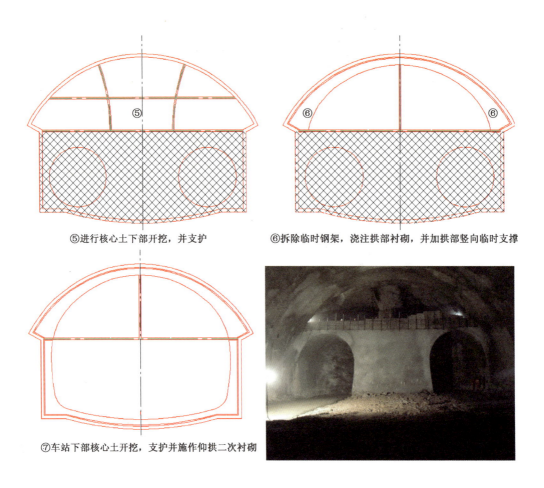

图 6-24　红土地站先拱后墙法 TBM 掘进施工

(二)步进过站案例

TBM 步进过站可分为车站施工中步进通过和车站主体施工完毕后步进通过两种形式,现分别阐述。

1. 车站施工中过站

以黄泥塝站为例,黄泥塝站为 TBM 始发后所经过的第 2 座暗挖车站,标准暗挖单拱大跨结构,车站体量及规模较小,于 2009 年 7 月开工,TBM 于 2010 年 4 月到达,此时车站已完成主体双侧壁导坑开挖,TBM 直接步进通过,施工工序简述如下:

(1)车站采用双侧壁导坑法施工,先期完成两侧壁导坑;
(2)TBM 由两侧壁导坑步进通过车站;
(3)TBM 步进过站待大龙山站转场后,车站再进行剩余土体的开挖;
(4)车站进行衬砌及内部结构施工。

TBM 过站实施与工程筹划一致,如图 6-25 所示。

第六章 城市轨道交通工程TMB过站技术

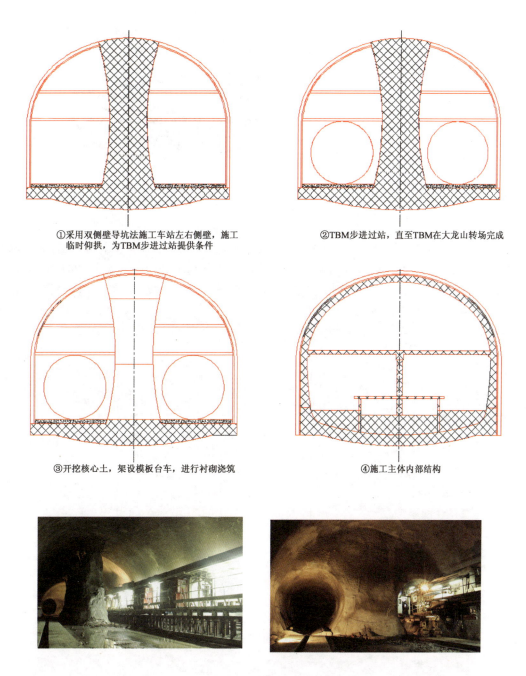

图 6-25 黄泥塝站双侧壁导坑法施工 TBM 步进

2. 车站施工完毕过站

以花卉园站为例,花卉园站为 TBM 始发后所经过的第 4 座暗挖车站,标准暗挖单拱大跨结构。花卉园站于 2009 年 4 月开工,TBM 于 2010 年 8 月下旬到达,车站已完成主体衬砌,

TBM 于站内直接步进通过,现场过站实施与工程筹划一致,如图 6-26 所示。

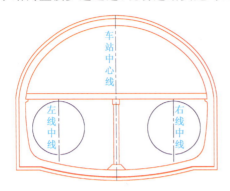

图 6-26　花卉园站主体结构施工完毕 TBM 步进

(三)步进过明挖站中板案例

大龙山站、冉家坝站为 5、6 号线的同站台换乘站,5、6 号线分别位于车站一侧,上下两层布置。两明挖站分别于 2009 年 4 月和 6 月开工,TBM 分别于 2010 年 11 月、2011 年 2 月到达,此时车站主体工程已完工。TBM 在中板(见图 6-27)上移动过站,施工期间中板荷载远大于运营时荷载,故须对车站进行特殊设计。

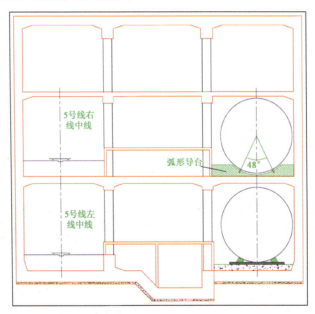

图 6-27　TBM 步进过明挖车站中板

1.纵向荷载分布

TBM 主机步进荷载主要集中于以下三部分:
(1)机头作用合力 350t,纵向作用长度为 2m;
(2)水平支撑靴作用合力 250t,纵向作用长度 2.5m;
(3)TBM 后支撑作用合力 150t,纵向作用长度 2.5m。机头与撑靴作用点中心纵向间距约为10m,撑靴与后支撑作用点中心纵距约为7m,荷载分布如图6-28所示。

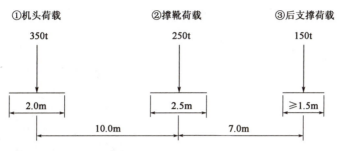

图6-28 TBM主机荷载

2. TMB中板步进采用"弧底导轨"方式,以确保荷载均布

主机机头荷载通过两根43kg钢轨向下传递,钢轨横向间距2.59m,圆心角48°。①为主机机头荷载(两轨共350t),②为撑靴步进架荷载(两平台共250t),③为TBM后支撑荷载(两个共150t)。TBM步进时,机头始终在钢轨上滑移,即①荷载始终作用,步进架和后支撑交替作用,即②和③荷载交替作用。

3. TBM步进过中板结构的支撑方案

中板下方设临时钢管支撑加固,选择最不利计算工况,TBM步进过中板结构的支撑方案如下:

(1) TBM过中板时,沿TBM步进方向中板纵向设2道暗梁,梁下预埋钢板及螺栓与钢支撑柱脚底板连接,并设置纵横向钢撑,间隔设置纵横向剪刀撑。底板对应部位预埋钢板及螺栓与钢支撑柱脚底板连接。

(2) 在底板施工时,对柱脚预埋件作出准确预留,再安装临时钢支撑并同步进行中板脚手架工程,使钢支撑与脚手架一并承受中板传来的荷载,保证中板、底模、钢支撑体系完全接触。

(3) 为满足钢管柱的安装与拆除,在等强拼接的原则下,钢管柱拼装节点必须满足施工操作需求。

(4) TBM过站顺序为先浇筑中板并布设钢支撑,以弧面过站方式通过中板后拆除钢支撑。具体详见图6-29~图6-32。

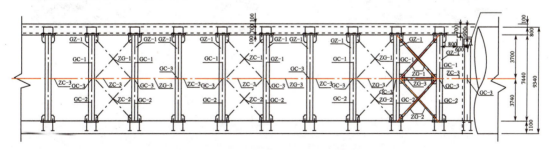

图6-29 中板下钢柱及柱间支撑布置图

4. TBM过中板施工应注意的问题

(1) 加强监控量测措施,制订应急加强处理预案。TBM步进通过后,应重新进行检测,根据检测结果,必要时采取补强中板措施。

（2）尽量缩短工期，减少 TBM 对中板的持续影响时间。

（3）TBM 整机荷载较大，在条件允许情况下，可进行部分拆卸过站。如把刀盘（80t）拆下，抵达车站端部再组装，以尽量减小整机作用荷载。

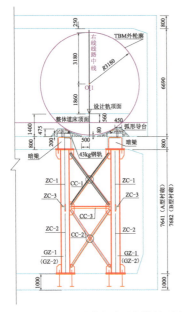

图 6-30　TBM 过站中板临时支撑剖面图　　　　图 6-31　中板钢支撑布置图

图 6-33 为大龙山站、冉家坝站 TBM 过站图。

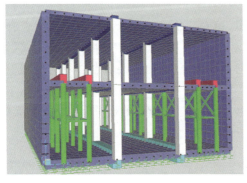
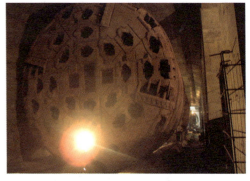

图 6-32　TBM 步进过明挖站中板计算模型图　　　图 6-33　大龙山、冉家坝站 TBM 过站图

采用上述 TBM 步进及中板加固方案后，顺利实现了 TBM 的中板步进，中板结构完好无损。相比车站主体加宽及 TBM 于站端起吊运输等其余过站方式，选择 TBM 直接在中板上步进方式，在工期、效率上优势巨大，并节省了车站大量土建投资。

第五节　复合式 TBM 过站案例

本节以重庆轨道交通 6 号线二期工程（复合式 TBM 试验段）为依托，通过具体工程案例进行介绍，阐述复合式 TBM 在城市地铁施工中的过站技术及相关要求。

一、工程概况

重庆轨道交通 6 号线二期工程为一期工程向南北两端的延伸，线路全长 37km，包括茶园、蔡家及北碚 3 段，共设车站 12 座，二期工程采用 8 台复合式 TBM 施工。其中茶园段 2 台，施工茶园—邱家湾—长生桥站区间；蔡家段 3 台，2 台 TBM 施工嘉陵江北桥头—曹家湾—蔡家站区间，1 台 TBM 左右线先后施工蔡家—向家岗站区间；北碚段 3 台，2 台 TBM 施工北碚站前入洞口—北碚—天生站区间，1 台 TBM 往返调头施工天生—五路口站区间。

二、复合式 TBM 过站及调头

(一) 复合式 TBM 空推步进通过车站

复合式 TBM 步进通过车站主要有两种方式：一种方式是空推管片步进，其原理与复合式 TBM 掘进类似，管片固定方式与始发段管片安装固定方式相似；另一种方式是在站内不安装管片，采用主机、后配套分体过站。本节对复合式 TBM 在不安装管片情况下，采用分体过站的施工情况进行具体描述。

1. 复合式 TBM 过站的定义与范围

复合式 TBM 空推步进过站（不安装管片）是指复合式 TBM 到站后，车站主体已开挖完成，底板结构已施作，结构净空满足复合式 TBM 空推步进通过要求，具备过站条件。其主要工作为复合式 TBM 到站后主机与设备桥分离、主机运输、后配套运输、复合式 TBM 到达下一阶段始发。根据重庆轨道交通 6 号线二期工程车站施工进展情况，复合式 TBM 采用步进方式过站的为茶园段邱家湾车站。复合式 TBM 到达中间车站示意如图 6-34 所示，过站施工流程如图 6-10 所示。

图 6-34　复合式 TBM 到达中间车站

2. 过站准备

(1) 车站过站区域结构底板施工完成，满足复合式 TBM 过站净空要求。

(2) 洞口密封环的安装与准备。

(3) 到达洞口接收导轨的安装。

(4) 贯通后的洞口清理。

(5) 复合式 TBM 主机与设备桥的分离。

(6) 过站小车准备。过站小车一般可由始发架改装加强而成。

(7) 过站期间其他设备的准备。在改装过站小车的同时，为便于过站小车的顺利移动，需要在小车下铺设一排钢板。车站安设一台卷扬机用于于钢板的来回移动，在复合式 TBM 到站之前要进行车站内卷扬机的安装固定工作，其工作原理如图 6-35 所示。

(8) 底面的准备工作。底面的工作主要是平整场地和铺设钢板，钢板的作用是为复合式

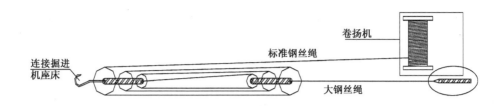

图 6-35 滚动轮组连接示意图

TBM 过站小车提供平整且有一定刚性和强度的滚动表面,同时要准备滚轮,滚轮一般可采用直径 80mm,长度 500mm 的钢棒,其工作原理如图 6-36 所示。

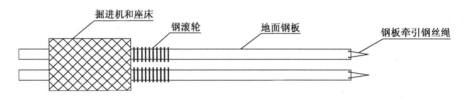

图 6-36 钢板铺设和混轮摆放

3. 复合式 TBM 到达车站

复合式 TBM 完全进入车站后,主要开始以下三项工作:

(1)清理复合式 TBM 刀盘和盾壳上的泥土;

(2)准备安装牵引和支撑主机的油缸;

(3)开始复合式 TBM 主机和后配套设备的分离工作。

复合式 TBM 清理完成后,开始固定复合式 TBM 和过站小车,使之成为一牢固的整体,固定采用数块垂直于座床和复合式 TBM 的钢板与 H 钢焊接即可,然后开始安装千斤顶,千斤顶固定焊接在复合式 TBM 两侧的两对支撑臂上,同时在复合式 TBM 前后部分的铰接处焊接钢板使复合式 TBM 前后两部分固定,然后在刀盘的前面焊接液压泵支架并安装液压泵,详见图 6-37。

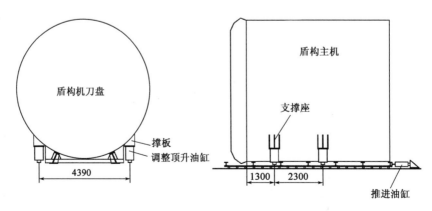

图 6-37 复合式 TBM 支撑及油缸布置(尺寸单位:mm)

4. 复合式 TBM 通过车站

1）过站准备

所有的工作准备好之后，可开始复合式 TBM 的推进过站。

先安装 4 个顶升液压千斤顶于复合式 TBM 两侧的支撑座上，并接好液压千斤顶油管。开动液压泵站，顶升液压千斤顶油缸均匀平稳地慢慢伸出，顶起复合式 TBM。复合式 TBM 抬起后，用卷扬机拖出始发台下部的平移钢板，然后再用卷扬机在过站小车底放置推进钢板，铺好钢板后，在钢板与过站小车之间放入滚轴，然后收回顶伸油缸，使复合式 TBM 和过站小车落在滚轴上，如图 6-38 所示。

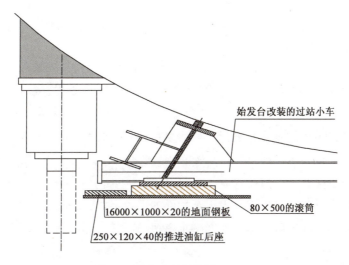

图 6-38　复合式 TBM 顶升

2）地面钢板的前移

复合式 TBM 前移一段距离后，需要将过站小车底钢板前移。具体方法是首先开动千斤顶将过站小车连同复合式 TBM 顶起至完全离开滚轴，然后用卷扬机将钢板前拖，直到钢板尾部与过站小车的尾部基本处于同一位置，拖动钢板到位后，调整钢板的横向位置及滚轴的摆放位置；然后再收起千斤顶，使复合式 TBM 连同过站小车落到滚轴上，开始下一循环的前移。依此循环，直至复合式 TBM 主机推进到位，即完成复合式 TBM 主机过站。

3）复合式 TBM 推进移动过程中的纠偏

复合式 TBM 移动过程中偏离中心线是不可避免的，重要的是及时发现，随时纠正。纠正的方式有两种，第一种是只用一侧的推进油缸纠偏，这种方式只适合小量的纠偏工作；第二种方法是利用滚轮纠偏，这种方法效果明显。通常第二种方法与第一种方法结合使用，适用于大量精确的纠偏。具体方法是先用千斤顶顶起过站小车，改变滚轮的方向，使每一根滚轮都正对要纠正的方向，然后收起千斤顶，用单边推进油缸缓缓推动前进，过程中随时纠正，直至纠偏完成。

5. 后配套设备的过站

1）后配套过站轨道

在复合式 TBM 前进的同时，要开始后配套轨道及运输轨道的铺设工作。后配套设备轨道及轨枕布置如图 6-39 所示。为了加快轨道及轨枕的铺设速度,道床的各个部件可为预制组装式。

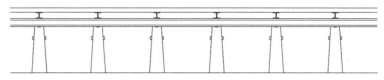

图 6-39 轨道及轨枕形式

2) 后配套设备过站

后配套设备的轨道铺设完成后,开始后配套设备的过站工作。将后配套连接桥的前端临时固定支撑在管片运送车上,直接利用蓄电池车牵引整个后配套系统向前移动。

3) 主机与后配套系统的连接

后配套设备到达后,与复合式 TBM 的主机重新进行连接。割掉固定复合式 TBM 的所有钢板,并制作延长过站小车至洞口,以使复合式 TBM 能顺利始发,复合式 TBM 的过站工作至此基本完成。

(二) 复合式 TBM 空推步进通过区间始发井、中间风井

始发井、中间风井底板标高一般较车站底板标高要低,复合式 TBM 到达始发井、中间风井位置前,需要沿线路方向施作混凝土梁,然后在梁上固定始发台。复合式 TBM 主机在始发台导轨上滑移,通过管片将推进反力传至后部的反力架,从而实现复合式 TBM 主机部分的前移,后配套部分采用在混凝土梁上加混凝土墩适当加高措施实现通过,如图 6-40 所示。

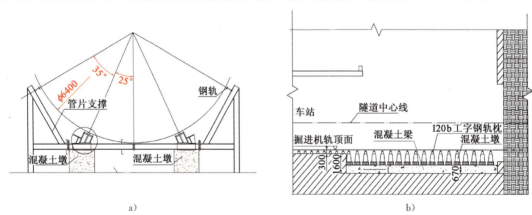

图 6-40 复合式 TBM 通过始发井中间风井支撑(尺寸单位:mm)

第七章 城市轨道交通工程TBM下穿建（构）筑物控制技术

城市轨道交通工程一般都修建在城市繁华地段，地表、地下建（构）筑物众多，由于线路条件和车站埋深的控制，区间隧道与周边建（构）筑物或其基础有时距离非常近，易诱发建（构）筑物的沉降或破坏。与钻爆法相比较，采用 TBM 施工对围岩扰动小，沉降控制好，有利于建（构）筑物的保护。本章根据 TBM 下穿建（构）筑物的控制因素和控制标准，确定 TBM 下穿建筑时的控制技术和具体的应对措施。

第一节 TBM下穿建（构）筑物的影响及工程措施

一、概述

暗挖隧道下穿建筑物施工，必然会对建筑物造成一定的影响。但使用 TBM 施工时，因 TBM 采用刀具挤压、切割方式破岩，对围岩扰动小，无需爆破，从根源上避免了振动，有效地保护了围岩的稳定和周边建筑物的安全。另外，TBM 施工形成的开挖面光滑圆顺（呈圆形），不会产生应力集中，有利于结构自身及周边围岩、建（构）筑物的稳定。相比而言，TBM 施工对周边建（构）筑物的影响很小，但城市轨道交通工程一般都修建在城市繁华地段，地表、地下建筑物众多，由于线路条件和车站埋深的控制，区间隧道与周边建（构）筑物或其基础有时距离非常近，即使采用 TBM 施工，也会对建筑物产生一定的影响。

TBM 下穿施工对建（构）筑物的影响分为均匀沉降、不均匀沉降（倾斜）、地表曲率变化、地表水平变形（拉伸、压缩变形）等四种。地层沉降和位移变形对于建筑物的破坏作用，不仅受单一种类的地表变形的影响，而是几种变形同时作用的结果。区间隧道与建（构）筑物的平面位置关系主要分为侧穿（隧道结构与建筑物有一定的距离）和下穿两种，其中下穿又可分为正下穿、侧下穿、斜下穿三类（详见图 7-1）。

二、TBM下穿建筑物的控制因素

（一）工程地质和水文地质条件

对于下穿隧道来讲，由于其在既有结构下方施工，工程地质和水文地质条件的好坏直接影

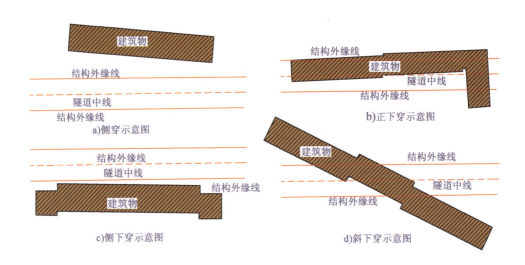

图 7-1 建筑物与隧道平面相对关系图

响上部既有结构的变形和安全情况,而岩体的具体特征决定下穿隧道的施工方法和具体措施,甚至是决定下穿工程成败的关键。

(二)空间位置关系

下穿隧道与既有上覆建(构)筑物结构的空间位置关系也是影响既有结构变形的关键因素之一。比如新建隧道是紧贴既有结构还是之间留有一定厚度的土(岩)层,针对不同的地质情况将会产生不同的影响。

(三)既有建(构)筑物结构的现状

结构的破坏是由于所受外力超过其极限承载力。在结构的设计过程中,对结构所受各种荷载一般都作了较保守的计算,在设计年限内,结构承载力一般都能满足要求。但由于新建结构要下穿既有建筑物施工,引起了新的变形,从而产生附加内力。对于已经使用若干年的地下结构,由于长期受外界因素影响,结构会遭受不同程度的破坏,很多结构已经开裂、渗水。因此,要充分做好既有结构的现状监测,在全面掌握既有结构动态反应的基础上,才能给出比较合理的变形警报值和容许值,才能选择合理的施工措施,达到控制变形的目的。

三、TBM 下穿施工对建(构)筑物的影响判断准则

TBM 下穿施工对既有建(构)筑物的影响范围、影响程度需要有一定的标准进行描述和判断。

(一)应力准则

隧道的开挖引起地层应力重分布,在地层变化处和既有建(构)筑物结构存在处会发生应力集中,这两点可以用开挖引起应力重分布的梯度变化范围和应力集中系数来衡量。对于Ⅰ级和Ⅱ级围岩,由于岩石强度较高,应力状态一般处于弹性状态,而对于Ⅲ~Ⅵ级围岩则一般处于弹塑性状态。因此,应根据围岩所处的不同的应力状态加以描述和判断。

(二)位移准则

位移、应变和应力其实是3个相互关联、密不可分的概念,通过几何方程将位移和应变建立起关系,通过物理方程(即不同的本构方程)将应变和应力有机地联系在一起。但对于地下工程来说,往往使用位移可以更加明了、直观地将地下洞室开挖对环境的影响反映出来,对于新建隧道下穿既有建(构)筑物更是如此,如地基基础的不均匀沉降、地表下沉、既有隧道的纵向变形等,都可以通过位移准则来进行区域划分和描述。

(三)塑性区准则

对于工程性质比较差的围岩,开挖引起的重分布应力很有可能超过围岩的弹性极限,从弹塑性力学角度讲就是重分布应力超过了围岩的塑性势面,围岩发生塑性屈服。如果近接施工引起周边围岩应力重分布后围岩仍处于弹性状态时,说明围岩强度仍有潜力,对既有建(构)筑物结构引起的受力变化不大,只有出现塑性区且与既有侧连通时,才会引起对既有建筑物的较大影响。因此,以塑性区不叠加为原则来进行穿越工程的判断和划分。

(四)既有建(构)筑物结构强度准则

既有建筑物结构的强度即为既有建(构)筑物结构的承载能力。既有建(构)筑物结构物的强度是其具有的物理特性,如果没有外界施加作用,则结构物的强度是一个相对固定的物理特性,比如已修建的地上建(构)筑物能承受的地震荷载是设计已定的。但由于新建隧道的下穿施工,可能改变了既有结构的承载能力,因此既有建(构)筑物结构的健全程度,也是一个重要的因素,健全程度越高,允许接近的距离越小,反之则越大。

(五)既有建筑物结构刚度准则

强度、刚度和稳定性始终是建筑结构永恒的话题,隧道开挖引起既有建筑物结构形状的改变程度和既有结构的容许变形要求可以作为判断和评价下穿工程成败与否的标准之一。

四、保护对象的确定

施工前应确定哪些建(构)筑物需要保护,如何保护。在施工中,对被保护的建(构)筑物要严格监测,以信息反馈确保建筑物和施工安全。所以,在施工前要做好以下几项工作:

(1)对已有建(构)筑物和地下管线进行调查。对沿线影响范围区域Ⅰ内的建筑物和地下管线逐一编号,根据图档资料和现场调查,列表标明建筑物的规模、形式、基础构造(形式、尺寸、埋深、材料等)、建造年代、使用状况(包括现有损坏程度和维修难易)等。对地下管线则标明其种类、材料、建造年代、接头形式和使用状况等。对有保护必要的建筑物尚需查清有无进行保护工程所必需的工作场地或与邻近建筑物的关系。

(2)确定已有建(构)筑物的容许变形量。确定建筑物和地下管线的容许变形量,需从结构和使用功能两方面加以考虑,也就是说应在考虑地基条件、基础形式、上部结构特性、周围环境、使用要求后,在不产生结构损坏和不影响使用功能的前提下予以确定。一般各地区的地基基础设计规范对此均有规定。

(3)预测已有建(构)筑物由于TBM施工可能产生的变形量。在TBM法施工中,地基变形的大小随地层条件、隧道埋深和尺寸、施工方法和水平而异,一般可根据理论分析和已有施工实践资料的积累,对处于不同位置的建筑物可能产生的变形量作出预测,并将其与自身的容许变形相比较,以判定它是否需要保护。但最终的决策还得从经济和社会效益等方面进行综合考虑。

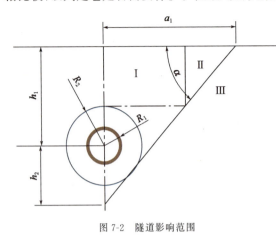

图 7-2 隧道影响范围

TBM 施工的影响范围,一方面可根据地层损失、隧道埋深、隧道尺寸、TBM 类型和地层情况进行预测;另一方面也可用地面建筑物基底压力扩散对隧道的影响来确定。假定基底压力按一定角度向下扩散,影响范围边线定在隧道扰动区外,并认为隧道扰动区为 R_2,如图 7-2 所示,进行影响区域等级划分,在影响范围 I 区内的建筑物基础为强影响区,在区域 II 内的建筑物基础为弱影响区,区域 III 内为无影响区。本次分级方法仅为指导性判断方法,针对特殊建筑物结构需具体分析确定。

五、TBM 下穿建(构)筑物的控制标准

TBM 施工下穿既有建筑物结构的控制标准有三项。其一,要保证上覆既有建筑物结构的安全和正常使用;其二,要保证新建隧道的安全和正常使用,特别是新建隧道的变形要满足施工正常运营限界要求,即不能发生过大的变形;其三,要满足新建隧道周围环境的要求,如地面沉降要满足地面建筑物变形要求等。

(一)地面建(构)筑物沉降及倾斜

沉降对地面建筑的危害主要表现在地面的不均匀沉降引发的建筑物倾斜(或局部倾斜),《建筑地基基础设计规范(GB 50007—2002)》对各类建筑物的允许倾斜值已明确规定。因此,对建筑物而言,根据不同的地质条件,其允许最大差异沉降(不均匀下沉)控制值见表 7-1。对表中未包括的其他建筑物的地基变形允许值,可根据上部结构对地基变形的适应能力和使用上的要求确定。

建筑物的地基变形允许值　　　　表 7-1

变形特征	地基土类别	
	中、低压缩土	高压缩土
砌体承重结构基础的局部倾斜	0.002	0.003
工业与民用建筑柱基的沉降差		
框架结构	$0.002l$	$0.003l$
砖石墙填充的边排柱	$0.007l$	$0.001l$
当基础不均匀沉降不产生附加应力的结构	$0.005l$	$0.005l$
单层排架结构(柱距 6m)柱基沉降量(mm)	(120)	200
桥式吊车轨面的倾斜(按不调整轨道考虑)	0.004	
纵向	0.003	
横向		

续上表

变 形 特 征	地基土类别	
	中、低压缩土	高压缩土
多层和高层建筑物基础的倾斜　$H_g \leq 24$ 　　　　　　　　　　　　　$24 < H_g \leq 60$ 　　　　　　　　　　　　　$60 < H_g \leq 100$ 　　　　　　　　　　　　　$H_g > 100$	0.004 0.003 0.0025 0.002	
体形简单的高层建筑基础的平均沉降量(mm)	200	
高耸结构基　$H_g \leq 20$ 　　　　　　$20 < H_g \leq 50$ 　　　　　　$50 < H_g \leq 100$ 　　　　　　$100 < H_g \leq 150$ 　　　　　　$150 < H_g \leq 200$ 　　　　　　$200 < H_g \leq 250$	0.008 0.006 0.005 0.004 0.003 0.002	
高耸结构基础的沉降量　$H_g \leq 100$ 　　　　　　　　　　$100 < H_g \leq 200$ 　　　　　　　　　　$200 < H_g \leq 250$	400 300 200	

注:1. 有括号者仅适用于中压缩土。
　2. l 为相邻柱基的中心距离(mm),H_g 为自室外地面起算的建筑物高度(m)。
　3. 倾斜指基础倾斜方向两端点的沉降差与其距离的比值。
　4. 局部倾斜指砌体承重结构沿纵向 6～10m 内基础两点的沉降差与其距离的比值。

(二)地表沉降(见表7-2)

暗挖隧道施工时地面下沉量允许值　　　　　表7-2

序号	建筑物类型	允许最大下沉量(mm)	附　注
1	主要交通干道及广场	30	主要交通干道、铁路、桥梁、停车场、广场等
2	一般道路	40	地下无构筑物的一般交通道路
3	建筑群	30	楼房及平房公共设施等
4	地下管线	30	电力、热力、煤气、上下水等

隧道在开挖时,由于释放应力的作用,将使洞周的地层发生位移,对浅埋隧道来说,位移场将波及地面,从而引起上部楼房和既有管线的变位。为了确保既有建筑物的安全,需根据结构的特征、已使用的年限以及隧道的结构形式、地层信息、施工效应等,制定合理的地面沉降控制标准。

(三)TBM洞室变形

洞室变形需小于洞室预留变形量,预留变形量应根据地层情况、洞室大小、施工方法、地表沉降控制要求等因素综合考虑确定。

六、TBM下穿建(构)筑物的处理方法

根据 TBM 下穿建筑物的控制因素和控制标准,TBM 下穿建筑物时要从以下几个方面考虑:一是对两结构之间的地层进行预加固;二是对既有建筑物进行现状评价和加固处理;三是根据需要适当加强 TBM 施工支护参数;四是根据实际条件调整 TBM 操作参数。

(一) 建筑物保护方法

对于影响较大的建筑物,需采取特殊保护方法。保护方法可分为基础托换、结构补强等直接法和地基加固、隔断法、冻结法等间接法两大类。

1. 基础托换

当 TBM 施工中需要将建筑物的桩基切断或可能使其产生过大的变形时,常采用基础托换予以保护。该法需预先在隧道两侧或单侧影响范围外设置新桩基和承载梁,以代替或承托原有基础。托换法按其对建筑物的支承方式又可分为下承式、补梁式、吊梁式等。

2. 地基加固

常用的地基加固方法有注浆、树根桩、旋喷桩、深层搅拌桩等。经实践证明,这些方法都能取得控制地表变形、保护建筑物的良好效果。地基加固范围应根据隧道与建筑物的相对位置、隧道覆盖层厚度以及建筑物基础结构形式而定。

3. 隔断法

在靠近已有建筑物进行 TBM 法施工时,为避免或减少 TBM 施工对建筑物基础的影响,应在两者间设置隔断墙予以保护。隔断墙可以采用钢板桩、地下连续墙、连续旋喷桩和挖孔桩等,它们应按承受 TBM 通过时的侧向土压力和地基下沉而产生的负摩擦力进行验算,以确定适当的配筋和埋置深度。为防止隔断墙侧向位移,还可在墙体顶部构筑连系梁并以地锚支承,如图 7-3 所示。

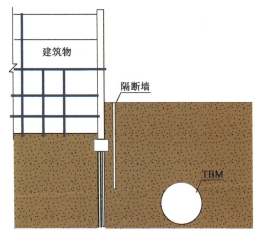

图 7-3 隔断法保护地面建筑

(二) 对结构风险点先期进行安全评估及控制管理

在进行下穿段施工前,首先对既有结构强度和现状进行全面评估,根据检测结果确定施工控制标准,如发现有脱离、断裂等现象,应提前进行处理。在施工过程中,要加强对既有结构的检查,对结构裂缝进行跟踪观察,密切注意裂缝的发展情况,对于一些对结构的使用和强度有影响的裂缝要及时进行处理。处理措施如下:

(1) 首先组织权威部门评估裂缝对于结构的耐久性和强度的影响程度;

(2) 根据评估结果采取相应的处理措施。对于一般的结构裂缝采用注环氧树脂填充的措施进行处理;对结构耐久性和强度影响较大的裂缝除采用环氧树脂填充外,还应根据需要采取措施对结构进行补强处理。

(三) 监控量测体系

隧道下穿施工时,首先建立严密的监控量测体系,对施工过程进行全面的监控量测,随时反馈信息,指导施工生产。当监测值达到控制标准的 30% 时,为"预警"状态,需通知施工单位引起注意;当监测值达到控制标准的 70% 时,为"报警"状态,此时立即要求施工单位停止施工,采取一定的防范措施后再进行施工,并密切关注变形的进一步发展。当发生既有结构沉降

速率超限时,立即启动抢险预案,采取下列措施:

(1)立即停止开挖施工,封闭所有施工掌子面,加强结构监控量测工作;

(2)启动应急预案,组织专家讨论分析造成既有结构沉降速率超限的原因和相应的控制措施;

(3)根据确定的控制措施重新制定或调整施工工艺和施工组织,进行施工交底,严格落实各项措施后再进行开挖施工;

(4)若既有结构沉降速率超限未得到有效控制,再次重复上述过程直到完全解决既有结构沉降速率超限问题。

(四)应急预案

加强地质超前预报和施工监测,并制定专项的施工组织设计。施工时应加强超前预注浆、初期支护及二次衬砌背后注浆,以保证开挖面的稳定和有效控制地面沉降。在进行下穿段隧道施工时,制定并严格落实各项防护措施。在发生施工段沉降或洞内变形过大时,立即启动抢险预案,并采取下列措施:

(1)立即使用防护措施处理,同时把有关信息上报相关各单位和部门,各单位联合采取必要的抢险措施,加强对既有结构的检查和量测工作;

(2)启动应急预案,组织专家讨论分析造成掌子面变形较大的原因和相应的控制措施;

(3)根据确定的控制措施重新制定或调整施工工艺和施工组织,进行施工交底,严格落实各项措施后再进行开挖施工。

第二节　隧道沿线新建建筑物的控制

为使已建轨道交通区间隧道不产生有害的附加沉陷以致影响其正常运行,在轨道交通路线经审批后,就应对沿线控制范围(见图7-2中的区域Ⅰ、Ⅱ)内所有拟建建筑物加以控制。一般情况下不允许在此范围内随意新建建筑物和附加大于10~20kPa的地面超载,以及进行有害隧道安全的一切工程活动。因此,凡需在此范围内新建建筑物时,均需经建设单位、设计单位审查同意,并选用合适的处理方法,以确保隧道和建筑物的安全,必要时还需进行结构安全论证。对此,除应设立专门的审理、档案制度外,更重要的是确定新建建筑物的控制要求。当然,这些要求也适用于其他方法修建的隧道。

一、区间隧道建成前,新建建筑物的控制要求

(1)建筑物的基础不得进入隧道断面内。若为桩基,应使隧道位于桩侧摩擦阻力扩散范围之外。

(2)建筑物基底压力不得大于设计中规定的地面超载。

(3)加强结构和基础的整体刚度和强度,以适应隧道施工所产生的沉降和不均匀沉降。若为桩基,还要考虑桩承受盾构施工所产生的附加侧压力。

二、区间隧道建成后,拟建建筑物的控制要求

(1)新建筑物在隧道顶部所产生附加应力应小于天然地基的容许承载力。

(2) 不得在控制范围内进行明挖或降水施工。若所产生的附加应力小于天然地基容许承载力,则可不在控制之列。

(3) 不得在隧道外侧一定范围内进行挤压沉桩,包括打桩、压桩,只能采用钻孔或挖孔桩,桩尖最好也应深入隧道底部以下一定范围。

三、地铁建设规划控制区

根据地铁影响范围,地铁项目建设指挥部会划定地铁建设规划控制区。

地铁建设规划控制区内征用或收回的地铁建设用地,无偿划拨给地铁公司使用。

综合考虑影响区域等多种因素,建设地铁建设规划控制区通常是指以地铁地下车站和隧道两侧各50m范围,地铁地面车站和高架车站以及线路轨道外边线外侧各30m范围,出入口、通风亭、变电站等建筑物、构筑物外边线外侧各10m范围内的陆域和水域。如需变更地铁建设规划控制区范围,需经市政府批准。

在地铁建设规划控制区内征用或收回土地用于非地铁建设用途的,或对原有建筑物进行重建、扩建、改建的,市规划国土、建设部门在批准前应事先征询地铁公司的意见。

凡在地铁建设规划控制区内对地铁建设工程构成妨碍的设施,有关单位应事先报请地铁公司,地铁公司组织相关单位综合审查,设计单位运用本节理论对其进行具体分析后,提出建议,以供地铁公司参考。影响较大时,应按规划要求予以拆除或改建,确有必要并可以保留的,建筑物的修建需进行相关安全技术论证,地铁公司也应当采取相应的技术措施确保地铁工程的进展和安全。

第三节　TBM下穿建(构)筑物案例分析

重庆轨道交通TBM施工隧道下穿的建(构)筑物主要有立交桥、过水涵洞等,本节介绍相关保护措施及TBM控制技术。

一、TBM下穿盘溪河涵洞控制技术

(一)盘溪河涵洞概况

盘溪河涵洞位于花卉园站至大龙山站区间,横穿轨道交通6号线。该段盘溪河走向大致由北向南汇入嘉陵江,上游有新牌坊龙湖花园的九龙湖。在修建松树桥立交时,设置涵洞成为暗渠,涵洞基本利用原河道进行改造。盘溪河涵洞上游接口位于6号线以北约260m处,该处河面宽度约为20m,两侧河堤标高为250m左右,断面形式为梯形。下游接口位于6号线以南约为130m处,该处河面宽度约为15m,两侧河堤标高为250.50m左右,断面形式为梯形。根据收集的竣工资料,该段涵洞长421.141m,为双跨5m拱涵,其流水板顶面标高为244～245.55m;该拱涵单跨跨度为5m,起拱线高度为5m,拱高为1.5m。侧边墙基础宽度为3.5m,置于中等风化泥质砂岩之上,基础材料为C15现浇混凝土或M10水泥砂浆砌C30毛条石,基础底标高为239.80m,墙身材料为M10水泥砂浆砌C30毛条石;中墙基础宽度为2.4m,同样置于中等风化泥质砂岩之上,基础材料为C15现浇混凝土或M10水泥砂浆砌C30毛条石,基础

底标高为239.80m,墙身材料为M10水泥砂浆砌C30毛条石;拱圈为C25钢筋混凝土,厚度为0.50m。根据实际调查,盘溪底部过水板上覆盖有0.5~1.0m不等的河流沉积物,主要为生活垃圾和少量的建筑垃圾。根据调查访问并查阅相关资料,盘溪河常年水位约为246.6m,流速为0.2~0.3m/s,流量约2m³/s。现场照片如图7-4所示,涵洞结构的具体尺寸如图7-5所示。

图7-4 涵洞与区间左右线平面位置关系

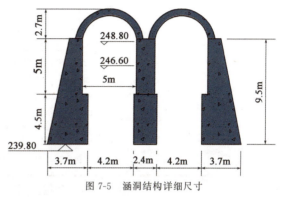
图7-5 涵洞结构详细尺寸

(二)TBM施工隧道与盘溪河涵洞的空间位置关系

盘溪河涵洞横穿轨道交通6号线,涵洞与TBM施工隧道的平面位置关系如图7-6所示,沿隧道纵向剖面的相对位置关系如图7-7所示。

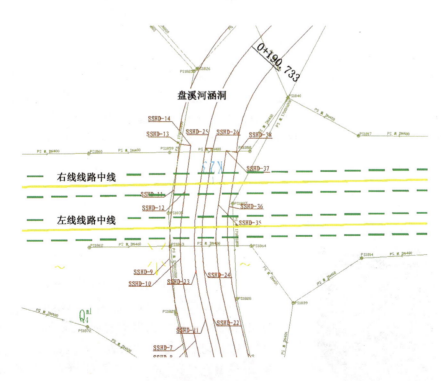
图7-6 涵洞与区间左右线平面位置关系

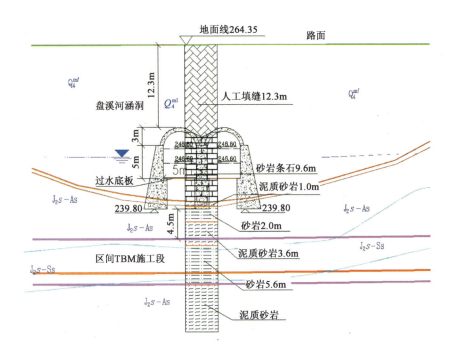

图 7-7　涵洞与 TBM 隧道剖面位置关系

(三)工程地质与水文地质条件

该段原为天然沟谷,在修建松树桥立交时,设置涵洞成为暗渠,涵洞基础以上均为回填土,厚度约为 17.8～23.9m,下伏厚层状泥质砂岩夹砂岩。地下水主要由大气降水补给,地下水类型为松散层孔隙水。洞顶中等风化岩层厚度为 1.2～9.9m,主要为泥质砂岩、砂岩,为浅埋隧道。隧道成洞条件差,洞顶易坍塌,涵洞内水体易通过裂隙下渗,造成隧道涌水量急剧增大,预测本段基坑单位涌水量 37.5L/(min·10m),有发生塌方、突水(泥)等自身掘进风险的可能性。

(四)结构模拟分析

1.模型及计算参数的选取

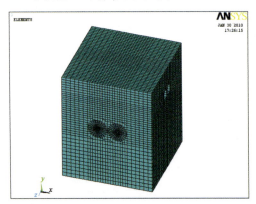

图 7-8　初始网格模型

按岩土力学法计算,采用有限元软件进行计算分析,计算模型如图 7-8 所示。

模型 X 轴方向取 60m,Y 轴方向取 70m,TBM 开挖竖向上 Z 轴方向取 60m。整个模型采用实体单元建模,土层采用摩尔-库仑模型,它主要考虑土体的黏聚力和内摩擦角,并用与主应力圆相切的一条直线来表示。隧道结构采用弹性体模型,共划分 62944 个实体单元。计算所用的地层和衬砌结构参数根据本段详勘地质资料及针对涵洞结构的单独钻孔资料,并结合相关规范选取。

2. 计算结果分析

1)盘溪河涵洞变形沉降计算

在隧道进行开挖之前，先进行应力平衡，计算平衡后的初始应力及位移分别见图 7-9、图 7-10。

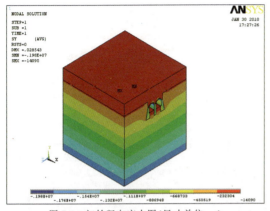

图 7-9 初始竖向应力图(尺寸单位:m)

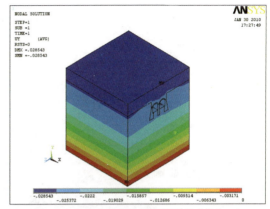

图 7-10 地层的初始竖向位移图(尺寸单位:m)

由图 7-10 可知，地层在开挖前的初始沉降量为 28.5mm，模拟施工时根据实际情况，隧道左右线先后掘进开挖，开挖后只考虑初期支护作用，每循环进尺为 1.5m。

涵洞的初始位移及应力见图 7-11～图 7-14，涵洞的最终位移见图 7-15、图 7-16，隧道初支的最终应力和位移见图 7-17、图 7-18，最终的位移结果见图 7-19、图 7-20。

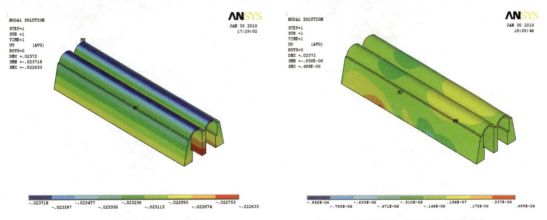

图 7-11 涵洞初始竖向位移(尺寸单位:m) 　　图 7-12 涵洞初始水平位移(尺寸单位:m)

由位移图发现，随着 TBM 推进，其上部土体也同样朝推进方向产生位移，且位置随 TBM 位置变化而变化，最终涵洞顶部隆起 1.0mm，底部最大隆起 2.0mm，发生在图中所取涵洞模型的两端位置，隧道拱顶最大沉降量为 1.5mm，仰拱最大隆起量为 2.0mm。

2)衬砌结构安全性计算

(1)断面及围岩荷载的确定

取开挖结束后最不利荷载断面处的应力，根据计算出的轴力、弯矩结果，进行安全系数检算。此断面(系盘溪河涵洞)与 TBM 开挖在空间上基本成垂直关系，TBM 开挖隧道距离基础底部,即人工填土下边界约 6m,此处人工填土厚约 24m。将人工填土和围岩换算为荷载施加在初期支护上进行安全系数检算,计算围岩压力如图 7-21 所示。

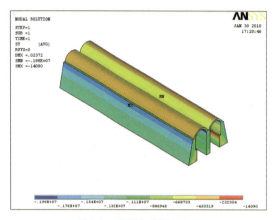

图 7-13　涵洞初始竖向应力

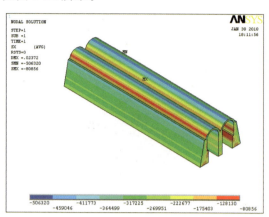

图 7-14　涵洞初始水平应力

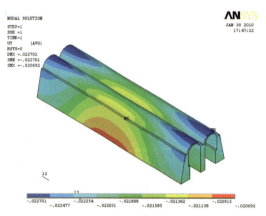

图 7-15　涵洞最终竖向位移(尺寸单位:m)

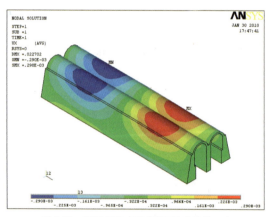

图 7-16　涵洞最终水平位移(尺寸单位:m)

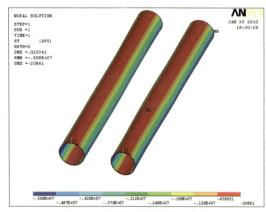

图 7-17　隧道初支最终竖向应力

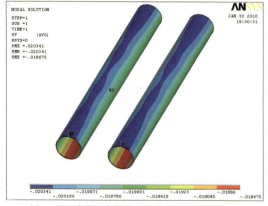

图 7-18　隧道初支最终竖向位移(尺寸单位:m)

(2)计算结果

计算荷载及参数选取均按照上述原则取值,将计算围岩压力的 100% 由初期支护承受,按荷载结构模型计算,见图 7-22～图 7-25。

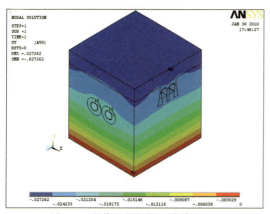

图 7-19　最终竖向位移(尺寸单位:m)

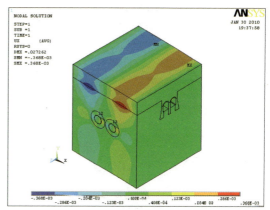

图 7-20　最终水平位移(尺寸单位:m)

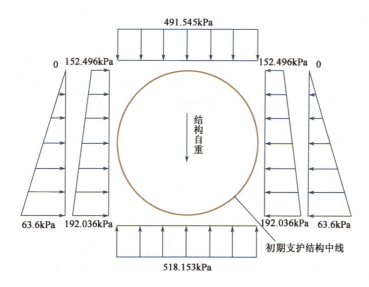

图 7-21　围岩压力图

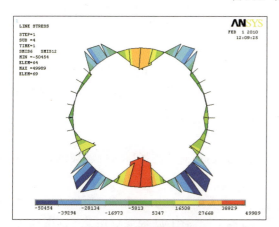

图 7-22　计算最终弯矩图

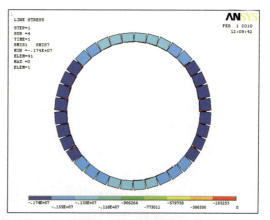

图 7-23　计算最终轴力图

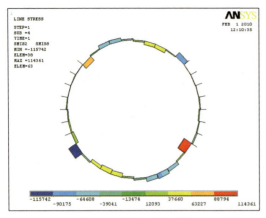
图 7-24 计算最终剪力图

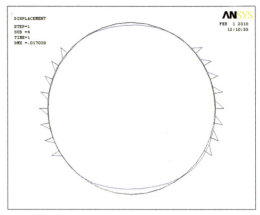
图 7-25 结构最终变形图

3. 计算结论

1) 结构变形满足要求

在 TBM 掘进下穿盘溪河涵洞施工过程中,隧道上部土体也同样朝推进方向产生位移,且位置随 TBM 位置变化而变化,涵洞顶部隆起 1mm,底部最大隆起 2mm。隧道拱顶最大沉降量为 1.5mm,仰拱最大隆起量为 2.0mm。所有变形均满足自身结构变形要求。

2) 隧道初期支护安全满足强度要求

根据第三章计算理论可知,TBM 掘进隧道初期支护满足强度要求。

(五) 处理措施

1. 对盘溪河涵洞及隧道拱顶围岩进行预加固

盘溪河涵洞为双跨 5m 拱涵,平时水量不大,流速为 0.2~0.3m/s,流量约为 2m³/s。利用其一侧断面排水足够,施工临时封闭一侧断面,河水改由另一侧断面通过,施工人员进入涵洞后向涵洞基底注浆加固涵洞基础,同时对涵洞自身破损部分进行修补,从而提高了涵洞自身承受变形的能力。为提高隧道纵向的刚度和进一步加固围岩,隧道拱部 120°范围设置一环 $\phi89$ 超前小管棚预支护,长 25m,环向间距 0.4m。另外结合小管棚的设置,在隧道拱部 120°范围增设 $\phi50$ 超前小导管预支护,小导管长 12m,环向间距 0.4m,并注水泥水玻璃浆加固地层并止水。

2. 对强隧道衬砌支护参数

本段隧道采用 V 级围岩衬砌断面,拱墙设置锚杆,长度加长为 3.5m,环向间距为 1.0m,纵向间距为 0.75m。其中,拱部锚杆采用中空注浆锚杆,喷混凝土采用 15cm 厚的 C25 早强喷射混凝土,全断面设置 I14 型钢钢架,间距为 0.75m。

3. 调整 TBM 操作参数

TBM 掘进通过本段时,减少推力,降低转速,慢速通过,把对周围岩层的扰动降低到最小。

4. 施工预案

(1) TBM 施工期间加强涵洞及洞内监控量测,并根据量测结果及时调整支护措施。

(2) 根据量测资料,二次衬砌施作前必要时增设全断面临时钢架,钢架采用 I16 型钢钢架,间距为 0.75m,与永久钢架交错布置。

(3)及早施作二次衬砌。

5.涵洞地表加固处理方法

1)总体施工方案

TBM 掘进至盘溪河涵洞之前,预先在盘溪河涵洞两端设置围堰导流,分别对两孔涵洞底板下部的人工填土层及基岩进行小导管注浆加固,小导管长度以控制在距离隧道拱顶1m 的距离为准,以防止破坏隧道顶部地下水环境。

2)施工方法

TBM 下穿盘溪河涵洞施工前,为确保涵洞结构的安全,采取在涵洞内进行注浆加固的措施,涵洞洞内加固施工图详见图 7-26。

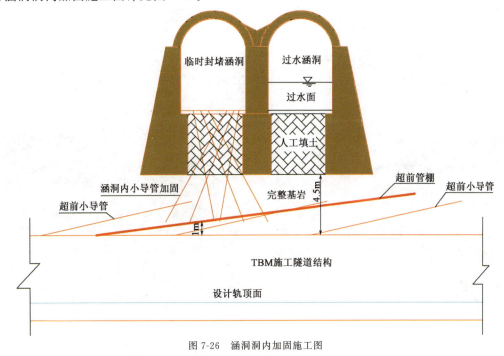

图 7-26　涵洞洞内加固施工图

(1)封堵截流。先检测有害气体、通风,然后施作砂袋围堰,将两管涵洞的右侧一管临时封堵,水流汇集到左侧一管涵洞内流动,封堵后将涵洞内水抽干(或自然流尽风干)。排水截流施工详见图 7-27~图 7-29。

(2)确定加固范围。右侧涵洞封堵后,将该管涵洞内淤泥清理干净,然后测量放线,确定加固范围,加固范围为左右线中线外 11m,共计 35m。

(3)打孔、注浆。在施工范围内打孔,进行小导管注浆加固。钻孔采用 D2-25A 强力地面岩石电钻。小导管斜向插入涵洞基础下方,通过涵洞底板下方的人工填土对涵洞基底下方的基岩进行注浆加固,小导管的打入长度以控制在距离隧道拱顶1m 的距离为准,小导管平均长度为 7.7m,平面布置间距为 1.5m,梅花形布置,详见图 7-30。

注浆材料选用水泥浆,注浆时确保浆液将小导管内填充满,注浆压力达到设计终压(0.5~1.0MPa)时,可结束注浆。注浆过程中要随时观察注浆压力及注浆泵排浆量的变化,分析注浆情况,防止堵管、跑浆、漏浆。做好注浆记录,以便分析注浆效果。封闭小导管孔口,防止后期涵洞内水顺沿钻孔下渗。将小导管头割除,为防止其损伤防水板,将小导管头割至混凝土面以下。

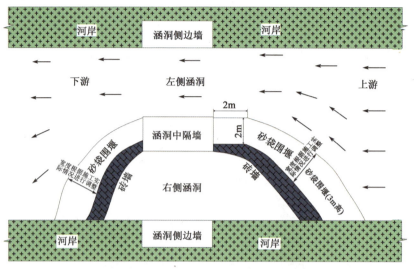

图 7-27　盘溪河涵洞砂袋围堰封堵截流平面示意图

图 7-28　涵洞上游左洞围堰

图 7-29　涵洞上游右洞围堰

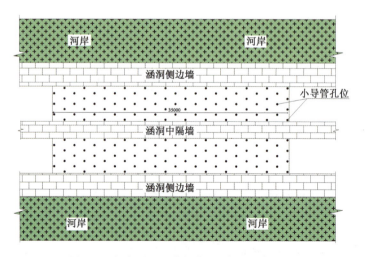

图 7-30　盘溪河涵洞注浆加固小导管平面布置图

(4) 涵洞过水底板铺设防水层,施作混凝土保护层。将地板的泥渣及积水清理干净后,在过水底板上铺设防水卷材,并在防水层上铺设 50~80mm 厚细石混凝土保护层。防水层铺设范围纵向,加固范围共计 35m;横向满铺过水底板,并在两侧拱墙高度不小于 1mm 范围内铺设防水层并砌 240mm 厚砖墙保护防水层,砖墙外侧抹水泥砂浆,如图 7-31 所示。

图 7-31　铺设防水板及保护层,涵洞侧壁砌砖墙

(5) 重复以上措施,对右侧涵洞进行截流、清淤、破除混凝土底板、打孔注浆等工作。

(6) TBM 掘进通过并施作完成二次衬砌之后,对涵洞结构及周边环境进行检查,做好文明施工,协同市政、水利部门办理移交手续。

二、TBM 下穿松树桥立交控制技术

(一) 工程概况

重庆轨道交通 6 号线花卉园—大龙山站区间隧道主要走行于红石路下方,在 YDK22+869~YDK22+909 处下穿松树桥立交桥,该桥长约 40m,采用桩基础,桩径为 1.30m,基底标高为 251.80m,基底距洞顶高度约为 16.6m。

(二) TBM 施工隧道与松树桥立交的空间位置关系

松树桥立交与 TBM 施工区间隧道近似正交,现场如图 7-32 所示,其平面及立面相互关系如图 7-33、图 7-34 所示。

图 7-32　松树桥立交现场状况

(三) 工程地质及水文地质条件

桥桩与区间隧道间为中等风化砂质泥岩,围岩呈块状砌体结构,岩体较完整。水文地质条件简单,为基岩裂隙水,大气降水补给。预测基坑单位涌水量为 4.2L/(min·10m),隧道干燥

或湿润,围岩级别Ⅳ级,成洞条件较好。

(四)结构模拟分析

1.模型及计算参数的选取

按照实际情况建立模型,该模型左右宽为75.3m,上下高为70.3m,纵向厚度为45m,建立初始模型如图7-35所示,共59799个单元,本模型全部采用solid45、mesh200单元。计算所用的地层和衬砌结构参数根据本段详勘地质资料,并结合相关规范选取,考虑到隧道所处围岩环境的实际情况、围岩的破碎程度以及水环境的影响等因素,在模拟分析过程中泊松比、内摩擦角、黏聚力、弹性模量均降低20%使用。模型的荷载主要来自自重荷载和桩基承受荷载,按每根桩按承受50t的荷载考虑。TBM掘进机在破岩掘进时,依靠撑靴支撑反力推动刀盘,挤压掌子面,利用刀盘上的刀具破岩,因此掘进时掌子面会承受一定的推力。参考TBM相关资料及Robbins厂家所提供的设备资料,计算时将刀盘作用在掌子面上的推力按15000kN考虑,换算成均布荷载施加在掌子面上,计算如下:

$$\sigma = \frac{F}{S} = \frac{4F}{\pi R^2} = \frac{4 \times 15000}{6.36^2 \times \pi} = 472.4 \text{kPa}$$

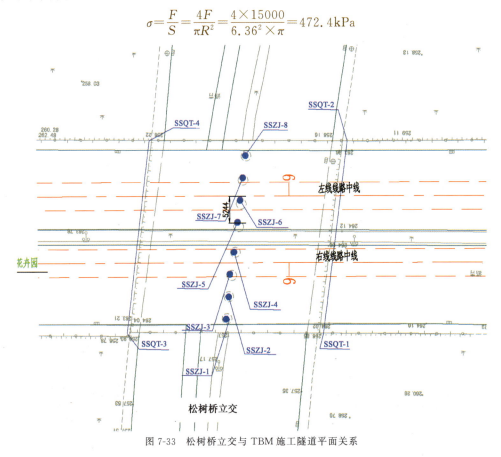

图7-33 松树桥立交与TBM施工隧道平面关系

2.计算结果分析

1)变形沉降计算

在隧道进行开挖之前,先进行应力平衡,计算结果见图7-36~图7-44。

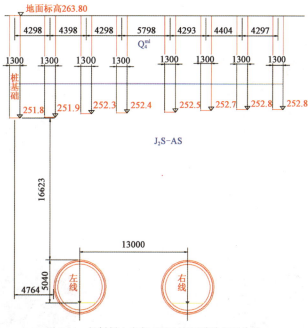

图 7-34 松树桥立交与 TBM 施工隧道立面关系

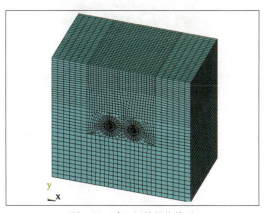

图 7-35 建立初始网格模型

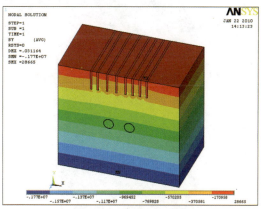

图 7-36 初始竖向应力图

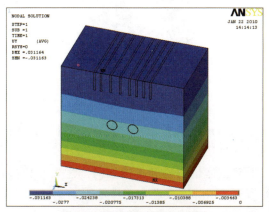

图 7-37 地层的初始竖向位移图

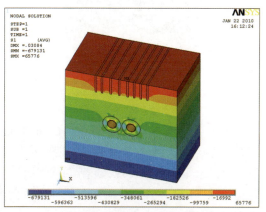

图 7-38 模型第一主应力云图

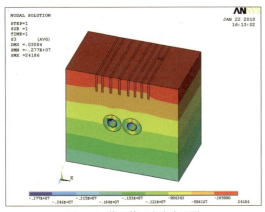

图 7-39 模型第三主应力云图

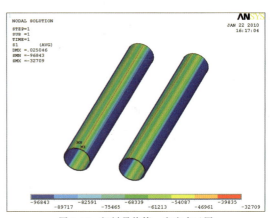

图 7-40 初衬最终第一主应力云图

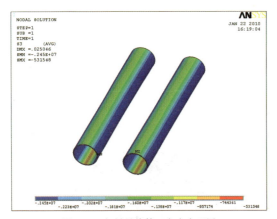

图 7-41 初衬最终第三主应力云图

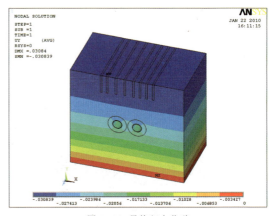

图 7-42 最终竖向位移

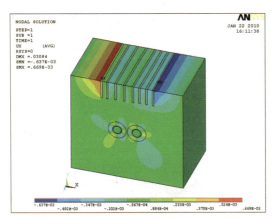

图 7-43 最终水平位移

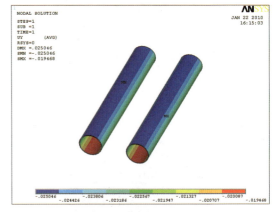

图 7-44 最终初衬的竖向位移

由图 7-37 可知，地层在开挖前的初始沉降量为 31.2mm，模拟施工时根据实际情况，隧道左右线先后开挖，开挖后只考虑初期支护作用，每循环进尺为 1.5m。

通过水平位移图发现，随着 TBM 的推进，其上部土体也同样朝推进方向产生较小位移，且位置随 TBM 位置变化而变化。桩底最大沉降为 1.5mm，拱顶最大沉降量为 1.0mm，仰拱最大隆起量为 0.9mm。

2)衬砌结构计算

取开挖结束后最不利荷载断面处的应力,根据计算出的轴力、弯矩结果,进行安全性检算,衬砌结构强度满足要求。

3. 计算结论

(1)土体位移与 TBM 掘进密切相关,随着 TBM 在推进,上部土体也同样朝推进方向产生较小位移,且位置随 TBM 位置变化而变化。桩底最大沉降为 1.5mm,拱顶最大沉降量为 1.0mm,拱底最大隆起量为 0.9mm,满足控制要求。

(2)从支护结构受力情况来看,结构主要承受竖向应力,初期支护结构满足强度要求。

(3)在隧道开挖过程中,隧道上方土体呈现隆起趋势,计算所得地表最终隆起值约为 0.5mm,满足地表变形控制要求。

(五)处理措施

1. 对隧道拱顶围岩进行预加固

为提高隧道纵向的刚度和加固围岩,隧道拱部 120°范围增设 $\phi50$ 超前小导管预支护,小导管长 12m,环向间距 0.4m,并注水泥浆加固地层。

2. 对强隧道衬砌支护参数

本段隧道采用Ⅳ级围岩衬砌断面,拱墙设置锚杆,长度为 3.0m,环向间距为 1.0m,纵向间距为 0.75m。其中,拱部锚杆采用中空注浆锚杆,喷混凝土采用 15cm 厚的 C25 早强喷射混凝土,全断面设置 I14 型钢钢架,间距为 0.75m。

3. 调整 TBM 操作参数

TBM 掘进通过本段时,减少推力,降低转速,慢速通过,把对周围岩层的扰动降低到最小。

4. 施工预案

(1)TBM 施工期间加强松树桥立交及洞内监控量测,并根据量测结果及时调整支护措施。

(2)根据量测资料,二次衬砌施作前必要时增设全断面临时钢架,钢架采用 I16 型钢钢架,间距为 0.75m,与永久钢架交错布置。

第八章　城市轨道交通工程TBM小净距隧道掘进技术

城市轨道交通工程区间隧道受地形、周边建筑物以及车站型式的限制,不可避免地会出现小净距隧道。对于TBM施工的小净距隧道,确定两隧道间最小净距值并有针对性地选择掘进参数是小净距隧道修建的关键。

第一节　TBM小净距隧道掘进技术

一、概述

轨道交通工程中,为了便于乘客换乘方便,侧式站台左右线间距较小,出现水平小净距隧道。同台换乘车站左右线在车站及其两端一定长度区间范围内上下立体布设,两管隧道由上下平行布置过渡为水平左右布置。

尽管TBM施工采用机械破岩,无需爆破,对围岩及周边建筑物的影响很小,两相邻隧道间围岩最小净距可以适当放小,但TBM施工也有其自身特点,其撑靴的水平撑力、对掌子面的推力以及相当大的自重会对临近的隧道产生影响。因此,TBM施工相邻隧道的最小净距如何确定,TBM施工小净距隧道的技术都需要研究确定。

二、小净距隧道TBM掘进施工存在的问题

(1)TBM掘进依靠撑靴紧撑洞壁提供巨大的推力和反向扭矩,撑靴对隧道洞壁的顶推力相当大,需要隧道洞壁提供相应的反力,将对水平小净距隧道及周边围岩产生影响。

(2)TBM是一个集开挖、出渣、支护为一体的大型隧道施工机械,其自重很大,仅主机自重就达400t,掘进或步进通过上下小净距隧道上洞时,对下洞衬砌结构影响较大。

(3)城市轨道交通工程区间隧道断面较小,采用TBM施工,二次衬砌难以紧跟,导致区间隧道初期支护在暴露时间较长。

三、小净距隧道技术研究

(一)小净距隧道力学模型及分析方法

TBM施工小近距隧道,后一台TBM施工会改变前一台TBM施工隧道的受力状态,产生

种种不利影响,同时后掘进隧道的受力模式也不同于半无限体中掘进隧道的一般状况,这就造成了更为复杂的受力机理。因此,需要搞清其机理并研究相应的对策,才能保证两管隧道的合理设计与掘进施工。

TBM 小净距近接隧道荷载主要考虑以下几种力:地层自重应力场、支护结构的重力、刀盘对掌子面推力、TBM 主机重力、TBM 撑靴水平推力。

1. 刀盘推力

TBM 掘进机在破岩掘进时,依靠撑靴支撑反力提供向前推力推动刀盘,挤压掌子面围岩,再利用刀盘上的刀具切割破岩,因此掘进时掌子面会承受一定的推力。掌子面承受推力可按下式换算为均布荷载考虑。

$$\sigma = \frac{F}{S} = \frac{4F}{\pi D^2} \tag{8-1}$$

式中:F——刀盘作用在掌子面上的推力(kN);

D——盾构机直径。

2. TBM 主机作用在洞周的荷载

TBM 掘进时,主机部分自重通过刀盘护盾作用在围岩上,对洞周有一定的压力,根据主机部分重量分布及前盾接地面积,换算出该压力为 275kPa,并作用在仰拱位置成 120°的左右对称范围内,如图 8-1、图 8-2 所示。

图 8-1 机头部分自重作用范围

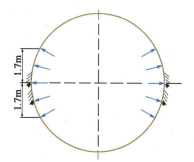

图 8-2 撑靴作用荷载示意图

3. TBM 撑靴作用力

TBM 破岩掘进时,水平撑靴支撑在隧道洞壁上,对隧道洞壁形成一个水平压力,撑靴撑力按滞后掌子面 10m 处水平施加。根据重庆轨道交通敞开式 TBM 厂家所提供的资料,计算时撑靴压力按最大接地比压 2.92MPa 考虑,撑靴作用在开挖中心与水平方向上下两侧各 1.7m 的范围内,去除预留钢架凹槽后,撑靴作用宽度为 1.5m。

根据各类近接施工的受力特征建立其力学模型,从而对其影响进行分析。其力学模型及分析方法总结见表 8-1。

各类近接施工的力学模型及分析方法   表 8-1

	模型及方法		适用条件
力学模型	平面(2D)	横截面模型	横向效应
		纵断面模型	纵向效应
	空间(3D)	空间立体模型	空间效应(横+纵复合效应)

续上表

模型及方法			适用条件
受力分析方法	位移响应法		结构刚度较地层刚度小得多时
	荷载响应法		结构刚度较地层刚度大得多时
	刚度分配法		普适方法(更适应结构刚度与地层刚度相当时)
施工模拟方法	平面问题		生死单元法或荷载释放法模拟开挖与支护
	空间问题	准三维法	平面建模+荷载释放率法
		真三维法	空间建模+生死单元法

(二)近接影响程度分区

如前所述,小净距隧道施工的影响不仅存在着局域性,而且在局部的范围内应力重分布是有梯度变化的,这也表明影响程度是不同的,因此提出近接施工影响分区及标准。分区标准见表8-2。

分区标准　　　　　　　表8-2

近接区划	特征	对策
A-强影响区	后掘进隧道对先掘进隧道有影响,且影响较强,通常会产生危害	必须从施工方法上采取措施并根据先掘进隧道的强度、变形量等来研究影响程度,而后采取相应措施。同时对先掘进隧道和后掘进隧道进行监控量测管理
B-弱影响区	后掘进隧道对先掘进隧道有影响,但影响较弱,通常不会产生危害,但需注意	一般以采用合适的施工方法为对策,并根据先掘进隧道的强度、变形量等来推定容许值,再决定是否采取其他措施。为施工安全,要对先掘进隧道和后掘进隧道进行监控量测管理
C-无影响区	一般不需要考虑后掘进隧道对先掘进隧道的影响	一般不需要采取措施

四、TBM小净距隧道施工对策

根据小净距隧道的影响因素,对于小净距隧道的施工对策应该主要从以下几个方面进行考虑。

(一)选取合理的施工方法

隧道施工方法是否正确合理,关系到小净距隧道能否成功建成。尽管TBM施工采用机械破岩,无需爆破,对围岩及周边建筑物的影响很小,一般情况下是个不错的选择,但对于围岩较差,净距特别小的小净距隧道,由于临近侧洞壁不能为TBM提供足够的撑靴反力,或者下洞难以承受上洞TBM的自重及推力等附加荷载,导致采用TBM施工具有较大的风险。因此,对于小净距隧道,须根据隧道的断面大小、地质条件、空间位置关系等确定合理的施工方法。

依据中铁第一勘察设计院科研成果报告——《重庆轨道交通6号线敞开式TBM科研报告》,重庆地区隧道为净距很小的小净距隧道,一旦受TBM的特殊荷载影响,采用TBM施工具有一定的风险,须采用钻爆法提前施工,TBM直接步进通过。当净距大于下列值时,采用TBM施工是安全、可行的。

1. 水平小净距隧道

(1) Ⅲ级围岩:水平净距大于 $0.45D(3.0m)$;
(2) Ⅳ级围岩:水平净距大于 $0.6D(4.0m)$;
(3) Ⅴ级围岩(超前注浆加固后):水平净距大于 $0.8D(5m)$。

2. 上下立体小净距隧道

(1) Ⅲ级围岩:立体空间净距大于 $0.8D(5m)$;
(2) Ⅳ级围岩:立体空间净距大于 $0.9D(5.8m)$;
(3) Ⅴ级围岩(超前注浆加固后):立体空间净距大于 $1.2D(8.0m)$。

由于各工程、各地质岩性等不同,TBM小净距范围也不同,故本章仅列出重庆轨道交通6号线小净距理论影响值及相关研究思路,具体研究思路详见本章案例分析节。

(二)保护好周边围岩,必要时对周边围岩进行注浆加固

隧道地层岩性、节理裂隙发育程度、地下水情况以及埋深对隧道稳定性的影响是相互联系、相互交错的。其中,围岩的岩性以及完整性是隧道围岩变形及其稳定性最主要的影响因素。对于不同围岩级别,隧道净距对拱顶下沉和洞周水平位移值的影响程度不同,围岩级别越差,隧道变形受到埋深和净距变化的影响程度就越大。

(三)适当加强隧道衬砌支护参数

在TBM隧道开挖施加支护后,地层中的应力状态又会发生变化,形成三次应力状态。在弹性状态下,如果支护阻力存在,使周边的径向应力增大,而使切向应力减小。实质上是使直接靠近坑道周边的岩石的应力状态,从单向的(或双向的)变成双向的(或三向的)受力状态,因而提高了岩石的承载力。在弹塑性应力状态下,当坑道周边有径向阻力时,随着径向阻力的增加,塑性区相应减小,这说明,径向支护阻力的存在对形成塑性区的范围有直接的影响,它限制了塑性区域的发展。因此,在对开挖隧道采取一定的支护措施后,可以减小其开挖影响范围。支护措施越强,隧道结构就越安全,隧道净距就可适当放小。

(四)尽量减少对已施工隧道的影响

后施工隧道对已施工隧道的影响不可忽视,在具体实施中应尽量降低对已施工隧道的影响。

第二节 TBM水平小净距掘进案例

一、工程概况

重庆轨道交通6号线红旗河沟站设计为侧式站台,为6号线与3号线的十字换乘车站,由于站内左右线间距仅为4.9m,故红旗河沟站两端区间结构由两个单洞单线向一个单洞双线过渡,其中两个单洞单线隧道的净距由1m逐渐拉开,属于小净距隧道。红旗河沟站端小间距隧

道平面布置如图 8-3 所示。

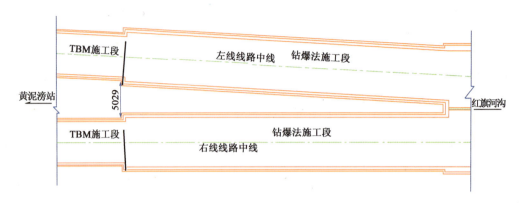

图 8-3　红旗河沟站端小间距隧道

二、地质条件

本段位于构造剥蚀丘陵地貌区,地面平缓。地质构造上位于金鳌寺向斜东翼,线路走向与地质构造线走向近于直交～大角度相交。隧道上覆土层厚为 1～2m,下伏侏罗系中统沙溪庙组泥质砂岩及砂岩。水文地质条件简单,为基岩裂隙水,主要由大气降水补给。围岩基本级别Ⅲ级。预计基坑单位涌水量为 10.6L/(min·10m),地下水状态分级为Ⅰ级,隧道干燥,经修正后,围岩级别Ⅳ级,成洞条件好。

三、结构模拟分析

采用地层-结构模型及三维实体模型等有限单元法,根据不同的计算需要采用 ANSYS、FLAC、MIDAS 等有限元(有限差分)分析软件。计算时围岩和衬砌结构的物理力学指标根据《TBM 段岩土工程勘察报告(详勘)》选取。

(一)平面模型

1. 计算模型及参数的选取

计算采用弹塑性平面应变模型,计算理论采用地层-结构模式,采用 ANSYS 计算程序,地层及结构物理力学参数根据本段详勘地质资料,并结合相关规范选取,塑性准则使用 Drucker－Prager 屈服准则。计算步骤:初始平衡→右线隧道掘进开挖→右线隧道初期支护→左线隧道掘进开挖→TBM 撑靴支撑加力。有限元模型如图 8-4 所示。

2. 计算结果

1)隧道周围的围岩位移(见图 8-5、图 8-6)

从位移计算结果可知,隧道位移很小,开挖过程竖向总位移最大为 2mm;水平总位移为 0.3mm。

2)隧道周围的围岩应力(见图 8-7、图 8-8)

由各个方向的应力云图可看出,隧道周围围岩的最大压应力为 －4.75MPa;在围岩的最大拉应力为 1.2MPa。围岩在施工过程中是稳定的。

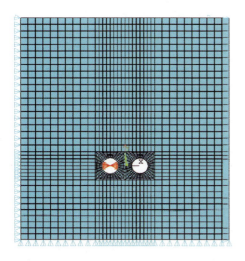
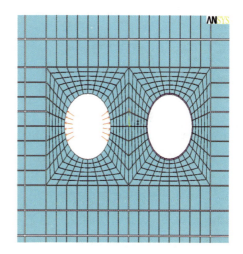

图 8-4　计算模型

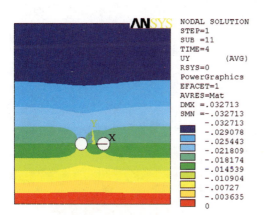

图 8-5　围岩竖向位移图

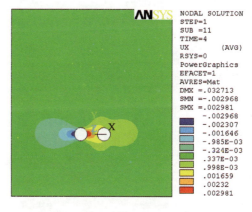

图 8-6　围岩水平位移图

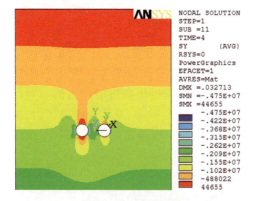

图 8-7　围岩竖向应力图

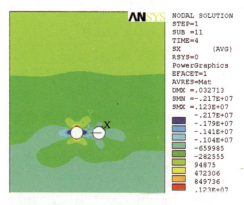

图 8-8　围岩水平应力图

3) 衬砌结构的变形和内力

先施工隧道的衬砌结构轴力图、弯矩图、剪力图见图 8-9、图 8-10。

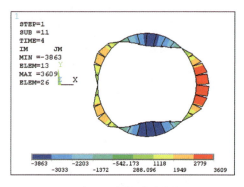
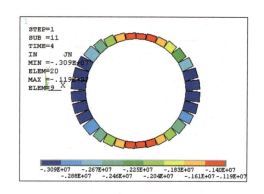

图 8-9　先施工隧道初期支护弯矩图　　　　图 8-10　先施工隧道初期支护轴力图

如图 8-11 所示,取先掘进施工隧道支护结构拱顶、右拱腰、右拱脚、右墙脚、仰拱、左墙脚、左拱脚、左拱腰共 8 个结构控制点进行受力分析检算,安全系数均满足要求。由此可见,右线隧道 TBM 掘进开挖过程中,对左线隧道的初期支护结构影响较小,两隧道之间保留 5m 的岩体是稳定的,将 5m 作为钻爆法施工与 TBM 满载掘进开挖的分界距离是安全的。

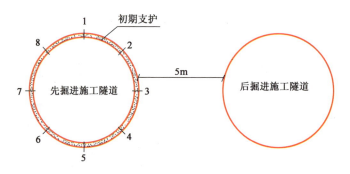

图 8-11　研究点编号图

(二) 三维地层结构模式

1. 计算模型及参数的选取

数值模拟模型如图 8-12 所示,计算模型的荷载主要考虑地层自重应力场、支护结构的重力以及左线隧道 TBM 步进通过时,作用于隧道衬砌上的盾构机支撑重力。考虑左线隧道 TBM 掘进至中央(本模型纵向长 30m)情况下,左线隧道 TBM 掘进机掘进时产生的力对已开挖及衬砌完的右线隧道衬砌结构的影响大小,TBM 掘进时共有 3 种力:掌子面掘进压力、掘进机支架重力及撑靴力。计算步骤:初始平衡→右线隧道开挖→右线隧道初支施作→左线隧道开挖→TBM 支撑加力。

2. 计算结构分析

水平小间距计算考虑:一是在右侧隧道开挖至与左侧隧道研究面相平齐时;二是在右侧隧道开挖至与左侧研究面相距 10m 时,此时右侧隧道 TBM 的水平撑靴刚好作用在与左侧隧道研究面相对应的位置上。

(1)工况 1:当右侧隧道开挖到与左侧隧道研究面平齐时,计算结果见图 8-13~图 8-16。

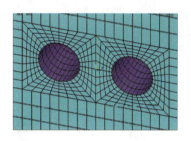

图 8-12 模型图

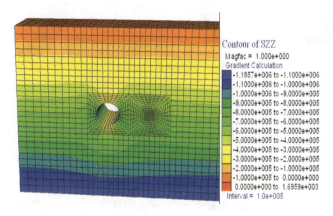

图 8-13 围岩竖向应力图

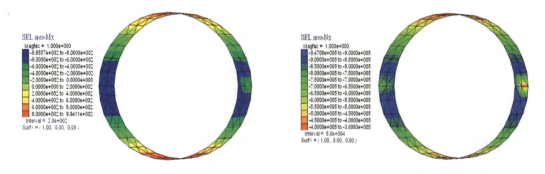

图 8-14 先施工隧道初期支护弯矩图　　　图 8-15 先施工隧道初期支护轴力图

在纵向最不利的研究面上,取先掘进隧道支护结构拱顶、右拱腰、右拱脚、右墙脚、仰拱、左墙脚、左拱脚、左拱腰共 8 个结构控制点进行受力分析检算,安全性均满足要求。

(2)工况 2:当右侧隧道开挖到与左侧隧道研究面 10m 时,此时新开挖隧道 TBM 撑靴与既有隧道研究面平齐,计算结果见图 8-17～图 8-19。

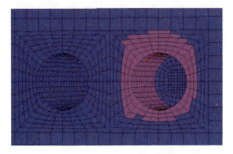

图 8-16 隧道开挖塑性区图

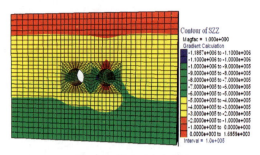

图 8-17 围岩垂向应力图

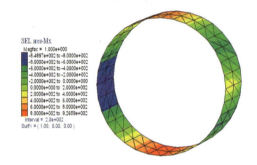

图 8-18 先施工隧道初期支护弯矩图

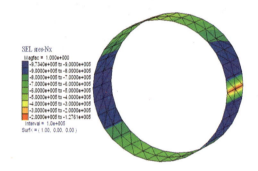

图 8-19 先施工隧道初期支护轴力图

在纵向最不利的研究面上,取先掘进隧道支护结构拱顶、右拱腰、右拱脚、右墙脚、仰拱、左墙脚、左拱脚、左拱腰共 8 个结构控制点进行受力分析检算,安全性均满足要求。

(三)结论分析

从以上计算结果看,右线隧道 TBM 法掘进开挖过程中,不论是开挖掌子面还是撑靴到达先掘进施工隧道研究断面的位置,对先掘进施工隧道的初期支护结构影响较小,两隧道之间保留 5m 的岩体是稳定的,将 5m 作为钻爆法施工与 TBM 满载掘进开挖的分界距离是合理的。

四、TBM 水平小净距隧道掘进技术

(一)选取合理的施工方法

一般情况下,净距小于 5m 的水平小净距隧道,采用 TBM 施工具有一定的风险,建议采用钻爆法提前施工,TBM 直接步进通过。净距大于 5m 的水平小净距隧道,采用 TBM 是安全可行的。

(二)保护好周边围岩,必要时对周边围岩进行注浆加固

对于岩性较软、节理裂隙发育的小净距隧道,无论是采用钻爆法还是 TBM 施工,均应提前对围岩进行注浆预加固。另外,不论在什么情况下,都要加强对围岩的保护,采用 TBM 施工,应降低刀盘转速,减少推力,慢速通过;采用钻爆法施工,要减少装药量,降低振速,并及时施作支护,尽最大限度地保护围岩。

(三)对隧道衬砌支护参数进行适当加强

小净距隧道本身受力就比较复杂,另外还要考虑后一台 TBM 施工对前一台 TBM 已经施

工形成的隧道的影响。因此,对于小净距隧道,两管隧道的初期支护都需要加强,特别是中间岩柱薄弱部位。

第三节　TBM上下立体小净距掘进案例

一、工程概况

重庆轨道交通6号线一期工程大龙山站与冉家坝站是6号线与5号线的平行同站台换乘车站,6号线与5号线分别位于车站的左右两侧,在车站两端区间隧道上下垂直设置,远离车站后,两隧道逐渐过渡为水平左右布设,具体见图8-20。在车站端头,区间隧道外轮廓基本相接,属于典型的立体小净距隧道。由于大龙山、冉家坝两座车站两端区间隧道埋深、相对位置、工程地质及水文地质条件基本相同,以下就以大龙山小里程端小净距隧道段为主进行分析。

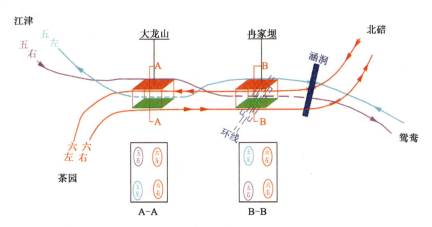

图8-20　大龙山站、冉家坝站、平行同站台换乘

二、工程地质及水文地质条件

本段所处为构造剥蚀丘陵地貌,微地貌为缓坡,地质构造上位于沙坪坝背斜东翼,线路走向与地质构造线走向呈大角度斜交。由于本段区间左右线隧道上下布置,左右线隧道地质条件不完全一样,以下分别分段进行描述。

左线隧道在下,地表素填土厚为15~20.6m,隧道上下伏侏罗系中统沙溪庙组厚层状砂质泥岩夹砂岩。水文地质条件简单,主要为松散层孔隙水及基岩裂隙水,地下水主要由大气降水补给。隧道顶部中等风化砂质泥岩厚为28.5~39.5m,4.2~7.7倍洞跨,属深埋隧道,岩体较完整,呈块状砌体结构,围岩基本分级为Ⅳ级。预计单位涌水量5.8L/(min·10m),地下水状态分级为Ⅰ级,隧道干燥或湿润,经修正后,围岩级别Ⅳ级,成洞条件好。

右线隧道处上覆土层厚度约为18.4~25.6m,下伏沙溪庙组厚层状砂质泥岩夹砂岩。水文地质条件简单,地下水主要由大气降水补给,基岩裂隙水,多呈串珠状或脉状。隧道顶部中等风化岩层厚度为8~46.7m,深埋隧道,围岩呈大块状砌体结构,岩体较完整,围岩基本级别为Ⅳ级,预计单位涌水量5.7L/(min·10m),地下水状态分级为Ⅰ级,隧道干燥或湿润,经修正后,隧道围岩级别为Ⅳ级,成洞条件好。

三、结构模拟分析

采用地层-结构模型及三维实体模型等有限单元法,根据不同的计算需要采用ANSYS、FLAC、MIDAS等分析软件。计算时围岩和衬砌结构的物理力学指标根据《TBM段岩土工程勘察报告(详勘)》选取。

大龙山、冉家坝站区间进出大龙山、冉家坝站线路由水平平行逐渐过渡为上下垂直的位置关系,间距较小,综合考虑各种影响因素,初步拟定为当左右线隧道净距大于0.85D时,区间可采用TBM法施工,否则先期采用钻爆法施工,预留TBM步进通过条件,即将区间净距0.85D作为TBM工法与钻爆法的分界点。对于车站两端TBM近接施工段,考虑右线(上洞)TBM先期通过明挖车站中板的因素,即右线(上洞)TBM区间先期施工,待结构稳定后再进行左线(下洞)TBM区间的施工;对于区间钻爆法上下近接段,考虑施工影响因素后,可先期进行左线(下洞)施工,待其结构稳定后再进行右线(上洞)施工。左右线区间位置关系如图8-21所示。

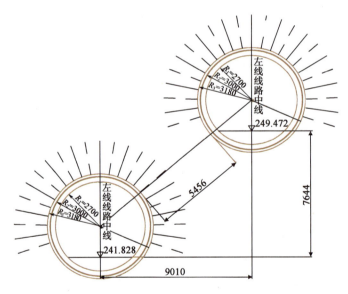

图8-21 TBM近接区间位置关系

(一)数值模拟分析模型

数值模拟采用ANSYS软件进行三维有限元分析,有限元模型如图8-22所示,TBM区间隧道近接模型如图8-23所示。隧道纵向长度取40m,左右边界距左右线隧道中线距离取40m,下边界距左线隧底距离取40m。边界条件为左右边界约束X方向的位移,下边界约束Y方向位移,前后边界约束Z方向位移。TBM初期衬砌支护采用shell 63壳单元模拟,围岩采用SOLID 45号8节点体单元模拟。

图 8-22 有限元模型

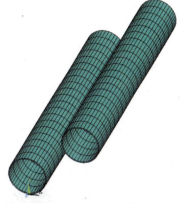

图 8-23 TBM 隧道近接模型

(二)计算荷载及开挖支护效果实现

1. 计算荷载的施加

本计算模型的荷载主要考虑以下几种力:地层自重应力场、支护结构的重力、刀盘对掌子面推力、TBM 主机重力、TBM 撑靴水平推力。

1)刀盘推力

TBM 掘进机在破岩掘进时,依靠撑靴支撑反力提供向前推力推动刀盘,挤压掌子面围岩,再利用刀盘上的刀具切割破岩,因此掘进时掌子面会承受一定的推力。参考掘进机相关资料及 Robbins 厂家所提供的本机器技术参数资料,计算时将刀盘作用在掌子面上的推力按 12800kN 考虑,换算成均布荷载施加在掌子面上,计算如下:

$$\sigma = \frac{F}{S} = \frac{4F}{\pi D^2} = \frac{4 \times 12800}{\pi 6.36^2} = 402.908 \text{kPa}$$

2)TBM 主机作用在洞周的荷载

TBM 掘进时,主机部分自重通过刀盘护盾作用在围岩上,对洞周有一定的压力,根据主机部分重量分布及前盾接地面积,换算出该压力为 275kPa,并作用在仰拱位置成 120°的左右对称范围内,如图 8-1、图 8-2 所示。

3)TBM 撑靴作用力

TBM 破岩掘进时,水平撑靴支撑在隧道洞壁上,对隧道洞壁形成一个水平压力,撑靴撑力按滞后掌子面 10m 处水平施加。根据 Robbins 厂家所提供的资料,计算时撑靴压力按最大接地比压 2.92MPa 考虑,撑靴作用在开挖中心与水平方向上下两侧各 1.7m 的范围内,去除预留钢架凹槽后,撑靴作用宽度为 1.5m。

2. 开挖支护效果实现

数值模拟按照以下 3 个步骤进行:初始地应力场平衡→开挖右线隧道(上管隧道)土体,右线隧道初期支护→左线隧道开挖及初期支护(每 1.5m 计算一步)。

(三)数值模拟分析结果

通过有限元数值模拟分析左线 TBM 区间隧道开挖对右线 TBM 区间隧道沉降与结构受力等的影响,考察其安全性,分析区间隧道在开挖过程中自身的安全性。

1. 区间隧道衬砌沉降变化

图 8-24、图 8-25 分别为各阶段上、下管隧道衬砌沉降图,提取衬砌结构上的控制点,进行沉降量分析,从图中可以得知:

(1)下洞拱顶沉降为 -1.95 mm,下洞仰拱隆起最大值为 2.09 mm,均小于规范要求。

(2)上洞自身开挖引起的拱顶沉降为 -1.44 mm,下洞开挖引起的上洞拱顶沉降为 -0.32 mm,上洞拱顶总沉降为 -1.76 mm,均小于规范要求。

(3)上洞自身开挖引起仰拱隆起最大值为 1.65 mm,下洞开挖引起的上洞仰拱沉降最大值为 -1.64 mm,上洞仰拱总隆起值为 0.01 mm,均小于规范要求。

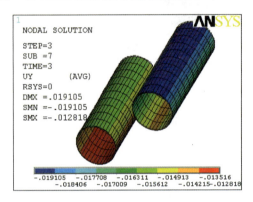

图 8-24　右线隧道(上部隧道)开挖后初期支护沉降图
(下洞为虚拟节点)

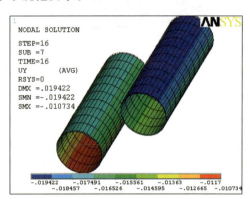

图 8-25　左右线隧道开挖后初期支护沉降图

2. 区间隧道初期支护内力变化

为了研究下侧隧道开挖对上侧隧道沉降、结构受力的影响,取模型 $Y=25$ m 处为计算分析面,这个长度可以抵消由于模型周边约束与实际情况不同所造成的边界效应影响。上下近接隧道衬砌结构轴力图、弯矩图如图 8-26、图 8-27 所示。

在纵向最不利的研究面上,取上下隧道支护结构拱顶、右拱腰、右拱脚、右墙脚、仰拱、左墙脚、左拱脚、左拱腰各 8 个结构控制点进行受力分析检算,安全系数均满足要求,说明初期支护处于安全状态。

3. 围岩应力

围岩应力计算如图 8-28、图 8-29 所示,由计算可得,隧道周围围岩均为压应力,未出现拉应力,最大压应力为 2.4 MPa,小于围岩强度,围岩在施工过程中是安全的。

(四)结论分析

通过以上对 TBM 近接施工段区间隧道的计算,左右线隧道立体上下分开布设,其斜向净距达到 $0.9D$ 时,采用 TBM 施工过程中上下区间隧道初期支护计算安全系数均满足受力要求,其沉降值均较小,小于规范要求,表明衬砌结构在施工阶段是安全的。通过对隧道周围围岩应力比较,隧道周围围岩均为压应力,未出现拉应力,最大压应力为 2.4 MPa,小于围岩强度,表明洞周围岩在施工过程中是安全的。由此可见,左右线隧道立体上下分开布设,其斜向净距达到 $0.9D$ 时,采用 TBM 施工是安全、可行的,将 $0.9D$ 作为钻爆法施工与 TBM 满载掘进开挖的分界距离是安全的。

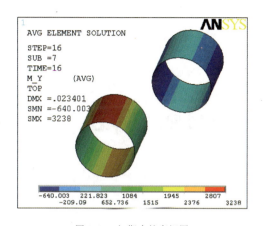

图 8-26　初期支护弯矩图

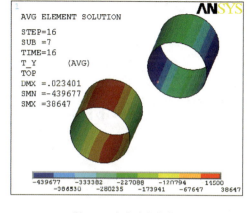

图 8-27　初期支护轴力图

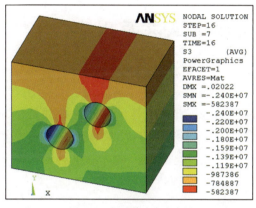

图 8-28　围岩第一主应力图

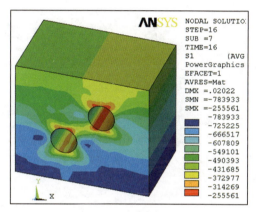

图 8-29　围岩第三主应力图

四、TBM上下立体小净距隧道掘进技术

(一)选取合理的施工方法

一般情况下,净距小于 $0.9D$ 的上下立体小净距隧道,采用 TBM 施工具有一定的风险,建议采用钻爆法提前施工,TBM 直接步进通过。净距大于 $0.9D$ 的上下立体小净距隧道,采用 TBM 安全可行,若围岩较差,隧道净距须适当放大。

(二)保护好周边围岩,必要时对周边围岩进行注浆加固

对于岩性较软、节理裂隙发育的小净距隧道,无论是采用钻爆法还是 TBM 施工,均应提前对围岩进行注浆预加固。另外,不论在什么情况下,都要加强对围岩的保护,采用 TBM 施工,应降低刀盘转速,减少推力,慢速通过;采用钻爆法施工,要减少装药量,降低振速,并及时施作支护,尽最大限度地保护围岩。

(三)对隧道衬砌支护参数进行适当加强

对于小净距隧道,两管隧道的初期支护都需要加强,为了降低上洞在下洞掘进时的沉降,提高上洞的纵向刚度,建议下洞设置必要的超前支护系统。

第九章 城市轨道交通工程TBM施工筹划

第一节 施工筹划研究重点及原则

一、施工筹划研究重点

在城市轨道交通工程中,合理的施工组织设计是 TBM 发挥其快速掘进的关键。施工组织设计应围绕实现地铁建设项目质量、安全、工期、投资效益、环境保护和技术创新的管理目标开展工作,按照各阶段要求,逐步深化、细化。施工组织设计按阶段分类见表9-1。

施工组织设计分类表　　　　表 9-1

编制阶段		名　称	编制单位
设计阶段	预可行性研究	概略施工组织方案意见	设计单位
	可行性研究	施工组织方案意见	
	初步设计	施工组织设计意见	
实施阶段		指导性施工组织设计	建设单位、设计单位
		实施性施工组织设计	施工单位

设计阶段施工组织设计重点研究施工组织方案,提出工期安排意见,满足技术可行和经济合理的要求;实施阶段施工组织设计在批复施工组织设计意见的基础上,侧重于各种要素的详细安排、有序组织、全面落实。分阶段施工组织设计工作重点见表 9-2。

各阶段施工组织设计工作重点　　　　表 9-2

名　称	工 作 重 点
概略施工组织方案意见	以预可行性研究提出的建设项目主要技术标准和方案为基础,根据主要工程内容和分布情况,侧重研究主要控制工程的施工方案,提出建设项目总工期意见,为编制投资预估算提供基础,为项目立项提供技术支持

续上表

名　称	工作重点
施工组织方案意见	以可行性研究提出的主要技术标准和方案为基础,根据主要工程内容和分布情况,侧重研究城市轨道交通工程TBM区间隧道及车站的施工方案,经施工组织方案比选,提出建设总工期推荐意见、主要大型临时设施设置方案及所需主要工装设备数量、分年度完成的主要工程量及投资、主要工程和控制工程的工期和施工方法顺序、进度等,为编制投资估算提供基础,为项目决策提供技术支持
施工组织设计意见	以初步设计确定的主要工程内容和工程分布情况为基础,根据批复的可研阶段确定的总工期和施工组织方案,对控制工程、重难点工程和各专业工程施工方案、施工方法、资源配置、大临和过渡工程等进行全面深化和优化设计,为编制设计概算提供基础,为制定基本建设投资计划、进行项目交易提供基础
指导性施工组织设计	以批准的设计文件为基础,遵循质量可靠、安全第一、技术先进、经济合理、确保工期的原则,合理划分标段,进一步细化、优化和落实施工方案、资源配置方案等。注重施工与设计的结合、站前与站后及各专业工程间的衔接,为建设项目顺利实施进行总体规划、部署和组织建设提供指导,为编制各项工作计划提供基础
实施性施工组织设计	以施工合同和指导性施工组织设计为基础,结合现场施工条件,对工地布置、施工方案、施工方法、施工工艺、施工顺序、资源配置、工期等进行详细安排,并根据实施情况进行动态管理。制定切实可行的质量、安全保障措施,对高风险工程制定应急预案,全面响应指导性施工组织的各项目标要求

二、施工筹划设计原则

TBM工程施工组织设计是城市轨道交通工程设计文件中的重要组成部分,是对工程建设项目进行全程筹划的指导性文件。在确定的总工期范围内,土建工期与车辆及设备的供(订)货时间、铺轨及设备运输方式、建筑装修、设备的安装及调试等因素互相制约,又与TBM区段施工筹划及控制工期的车站施工相关。因此,TBM工程施工组织设计筹划,既是全线工程筹划的一部分,又是编制工程筹划的前提条件,影响因素很多。在其编制过程中需着重贯彻以下原则:

(1)城市轨道交通TBM工程施工筹划应符合相关规范、规程、施工工艺等技术要求,合理安排施工顺序,注重与专业设计的结合、土建与系统工程间的接口与配合。

(2)施工筹划总工期由关键工点确定,各节点工期可通过网络计划技术来安排。在满足总工期和均衡生产的要求下,优化各节点的施工进度计划。

(3)施工进度计划应关注征地拆迁、管线迁改、评估评价工作和相关协议签订、物资采购供应、环境保护、图纸供应、质量检验与评估等制约工程顺利推进的因素。

(4)施工筹划应以TBM经过技术复杂或关键点位的区间及车站工程为重点,应针对建设过程中不确定因素(如由于车站征地拆迁、管线迁改阻碍进度等),建立预警机制并制定相应的预案。

(5)一般情况下,首次采用TBM施工的城市轨道交通TBM工程建设应按照"典型引路,试验先行"原则,设置试验段或先导段,作为新技术、新工艺、新设备、新材料的载体,开展施工工艺性试验和适应性研究。通过调整、完善生产工艺,统一技术标准、质量检测标准和现场管理标准等，为城市轨道交通 TBM 工程建设的工装设备、施工工艺、试验检测、现场管理等方面奠定基础。

（6）施工筹划时，应考虑大力推广与 TBM 配套的机械化、工厂化、专业化、信息化技术。

（7）城市轨道交通 TBM 工程施工进度计划的编制应遵循的原则：

①遵守基本建设程序；

②前期设计应适当留有余地以增强抵御建设风险的能力，实施阶段的指导性施工组织设计宜体现平均先进水平，实施性施工组织设计可根据企业管理水平和技术装备水平等合理安排工期，鼓励采用先进技术；

③人力、物资、设备和资金等资源分配应均衡；

④单项工程施工进度应与施工总进度相互协调，各施工工序应前后兼顾、衔接合理，且做到干扰少、施工均衡；

⑤在保证工程施工质量、总工期的前提下，充分发挥资金的时间价值和投资效益。

（8）施工进度计划的优化调整根据优化条件和目标不同，分为工期优化、费用优化和资源优化等。

（9）施工组织在实施过程中应及时跟踪检查，针对实际进度偏离计划进度的情况，分析其影响工期和后续工作的范围，拟定改进措施或修改方案，以实现施工组织设计的目标。

（10）在满足 TBM 工程建设工期的前提下，优化各工序安排，有所侧重，在平行作业基础上保证重点工序，加强协调，避免工序干扰，减少 TBM 掘进的辅助工时。将 TBM 区间施工与车站施工、铺轨、设备安装的相互干扰降至最低，充分发挥 TBM 施工速度快、质量好、安全可靠的优势。

（11）科学合理安排 TBM 数量和掘进速度，尽量避免 TBM 在地层中停机等待的情况，以降低地面塌陷出现事故的几率，减少 TBM 维护保养的费用和对 TBM 本身造成的损害。

（12）充分比较 TBM 过站与折返拆卸起吊的技术经济合理性，减少 TBM 解体组装次数，保证 TBM 区间工程筹划的可实施性，找到建设过程中的控制因素和工作重点，合理安排各区间的开竣工时间，尽量使投资进度均衡并节省投资。

（13）避免因施工场地布置与交通疏解的不合理导致 TBM 始发周期延长，出渣、进料及管片等运输作业效率下降。

（14）TBM 掘进速度与工程地质条件、TBM 机型、掘进管理水平、地面建（构）筑物保护要求等因素密切相关。在满足工期的条件下，尽量加大 TBM 的掘进长度，降低 TBM 摊销费用。

（15）根据复合式 TBM 台数、施工进度、沿线交通运输条件，合理确定管片场设置规模及位置。尽量避免因管片供应过于集中而增加模板套数及管片堆场面积，直接或间接增加 TBM 区间投资，或管片生产、运输及供应不及时影响工程进度。

（16）为保证铺轨作业的连续性，铺轨基地宜尽量选择在背离 TBM 掘进方向一侧，避免控制工期的 TBM 区间施工完成后才能开始铺轨。

（17）建立健全 TBM 掘进通过硬岩、孤石、地下障碍物及地下构筑物时，施工组织与工期的风险预案。

第二节　敞开式TBM施工筹划主要内容

一、施工段落选择

在满足地质适应性的硬岩城市地铁工程中采用TBM施工,具有以下主要优势:施工对围岩的扰动少,洞内施工人员及地面构筑物安全易得到保障;无爆破,方便出渣,施工环保;开挖断面光滑,施工质量好;工厂化作业,文明施工;施工快速、高效,缩短了建设工期。但由于城市轨道交通工程周边环境复杂,区间隧道受线位、周边建筑物、车站形式、换乘功能及运营要求等限制,会出现少部分不适合采用TBM施工的段落,建议采用相对灵活的钻爆法施工。城市轨道交通TBM工程区间隧道采用"TBM+钻爆法"施工方案。

城市轨道交通工程地下区段内不适合采用TBM施工的段落主要有:

(1)TBM组装调试及洞口始发时,设置预备洞;

(2)区间进出车站及大跨配线的端头需设置出发洞与接收洞;

(3)对于TBM区间段内区间配线、存车线及折返线等大跨断面,需先期采用钻爆法施工,TBM步进通过;

(4)对于区间上下及水平近接区间,经分析论证采用TBM施工具有很大的风险,结构安全不能满足时,可采用钻爆法先期施工,预留TBM步进通过条件;

(5)隧道在完整基岩内的拱部覆盖层厚度小于TBM施工要求时,为确保TBM的安全施工,采用钻爆法施工;

(6)车站段。

常规TBM施工运行段落形式为TBM组装始发场地→设备预备洞→TBM施工段→TBM接收洞→车站→TBM出发洞→TBM施工段→特殊衬砌段→车站→特殊衬砌段→TBM施工段……→TBM出发洞→TBM施工段→TBM拆卸场地。

(一)钻爆法TBM预备洞、出发洞及接收洞设置段

1.预备洞(见图9-1)

由于围岩条件影响,洞口部分地段不适合敞开式TBM施工,为确保TBM早日投入正常掘进施工,一般采用人工开挖至围岩条件较好的洞段(此段TBM依靠自身步行装置进洞),称为预备洞。

对于TBM始发场地狭窄地区,隧道施工初期很难提供TBM组装调试所需的场地。修建预备洞的目的,就是让先期组装好的TBM前部进入隧洞,让出场地继续组装其中部和后部。整机组装完成后再步进预备洞进行调试和试运转。

TBM在组装场地内完成组装及调试后,进入预备洞,为始发掘进作前期准备,包括洞内调向、精确定位、撑靴适应、机器走行调试等。根据铁路隧道TBM施工隧道经验,设置预备洞对于TBM始发掘进很有必要。

2.出(始)发洞(见图9-2)

TBM步行至预备洞工作面开始掘进时,由于TBM本身要求应有撑靴撑紧洞壁,以克服刀盘破岩的反扭矩及推进油缸的反推力，因此需设计一个用于 TBM 开始掘进前的辅助洞室，这个洞室称为出发洞。其施工长度由 TBM 的结构尺寸而定，预备洞与出发洞连接处应预留有足够的空间，用于拆卸 TBM 步进装置。

图 9-1　TBM 预备洞

图 9-2　出发洞

城市地铁施工中，敞开式 TBM 需要频繁过站，敞开式 TBM 步进通过车站后，由步进转为掘进时，需设置出发洞，满足 TBM 撑靴的支撑要求，以提供掘进反力再次掘进。出发洞长度根据围岩情况、TBM 设备撑靴距掌子面距离的大小确定。TBM 向前掘进，是依靠前后支撑靴在洞壁上，以其与洞壁的摩擦力来平衡掘进时的刀盘扭矩和推力。出发洞就是开始掘进提供具有足够支撑能力的出发场所。段落设置方法在本书前述章节有论证。

TBM 在始发洞内做掘进之前的最后准备，一般而言，始发洞最好位于直线段上，TBM 在洞内进行坐标、高程等的再次定位后，撑靴撑紧洞壁受力，开始始发掘进，如图 9-3 所示。

3. 接收洞（见图 9-4）

当 TBM 到达车站端部或者完成掘进时，由于 TBM 的掘进推力较大，为确保其安全进站，在站端需施作接收洞，TBM 先期进入接收洞内，完成掘进与步进的转换后，步进进入车站。

图 9-3　TBM 进入始发洞准备始发

图 9-4　接收洞

（二）大跨段（见图 9-5、图 9-6）

地铁区间中为满足运营等要求，存在一些特殊线路，无法形成单洞单线的 TBM 洞室，区间结构采用大跨结构，先期采用钻爆法施工，TBM 步进通过。设置大跨结构段段落一般有：

（1）地铁区间线路的终点站或区段折返站设置的专用折返线或折返渡线；

（2）车辆段出入线与正线发生交叉时，常采用立体交叉方式；

(3)区间配线、存车线、单渡线、交叉渡线等。

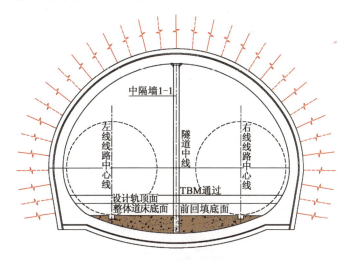

图 9-5　站后配线大跨断面

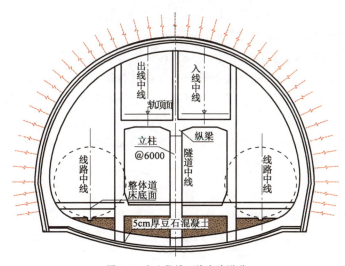

图 9-6　出入段线四线大跨隧道

(三)小净距施工段

城市轨道交通工程周边环境复杂,区间隧道受线位、周边建筑物、车站形式及换乘功能等限制,会出现小净距隧道情况。对于区间上下及水平近接区间,经论证采用 TBM 施工具有很大的风险,不能保证结构安全时,可采用钻爆法先期施工,预留 TBM 步进通过条件。

(四)车站段

车站是地铁系统中一个很重要的组成部分,地铁乘客乘坐地铁必须经过车站,它与乘客的关系极为密切,同时它又集中设置了地铁运营中很大一部分技术设备和运营管理系统,因此,车站结构形式及所处位置也不相同,施工方法也不尽相同。条件允许段建议采用 TBM 法掘进过站,采用适应 TBM 过站的车站形式或后期钻爆扩挖成相应车站。一般情况下,由于工期等原因,大部分车站采用钻爆法或明挖法施工。

(五)敞开式 TBM 施工段

除以上特殊结构段外,在满足线路适应性、地质适应性、区间隧道埋深适应性分析、技术安全性的硬岩城市地铁工程中,均可采用 TBM 施工。

二、工期、进度计划安排

(一)工期安排原则

(1)提高对施工准备期的重视程度,多角度、全方位地统筹考虑,尽早安排,以缩短施工准备期的时间。

(2)以 TBM 始发车站施工及区间隧道 TBM 掘进为重点,多项目、多工序平行展开施工。

(3)隧道施工安排原则为及早进洞、快速掘进,设备高效精良,地质预报准确,工序紧凑平行,措施及时可靠。

(4)隧道洞口土石方尽早开工,及时进行洞顶边仰坡加固,为进洞施工创造条件。

(5)充分重视隧道不良地质地段处理的施工难度,进度安排考虑超前地质预报时间,将地质预报作为工序管理,安排足够的时间进行不良地质地段的施工。

(6)选择安全、可靠、经济、合理的施工方案,优化资源配置,实现快速、连续、均衡生产。在保证施工安全的前提下,根据各种施工条件安排合理的掘进速度,均衡施工。

(7)加强现场的管理力度,合理调配资源,确保大型设备的投入,为大规模施工生产创造条件。

(8)充分考虑施工现场的复杂情况及施工中不可避免的相互干扰和影响,施工进度及工期安排同具体实际情况相结合,确保总工期目标。

(二)工期风险及对策

城市轨道交通工程施工对城市影响较大,总工期要求一般很紧,虽然 TBM 法施工速度相对较快,但设计、施工及管理时需充分考虑相关系统工程给 TBM 工期带来的风险。

1. TBM 设备制造、运输工期风险

TBM 设备属非标准产品,需要由 TBM 的生产厂商根据具体工程进行设计制造,其设计、制造、运输周期较长,对建设工期的影响很大,建议在招标文件及购置合同中严格明确 TBM 到场时间,并设置严厉的违约责任,以降低 TBM 到场期延长导致的工期风险。若厂家没能按时提供 TBM 设备而导致 TBM 不能按期掘进时,可在后面区间采用钻爆法对向及时接应,以保证总工期的要求。

2. 车站施工缓慢影响 TBM 施工的工期风险

城市轨道交通工程 TBM 需频繁过站,TBM 到达时车站需提供 TBM 的通过条件。

在 TBM 到达时若不能提供 TBM 的通过条件,将影响 TBM 施工及其自身的施工工期,车站施工须严格按照开挖工序进行合理开挖,保证车站施工安全、顺利,避免产生塌方等重大事故。在规定的时间内完成相应的施工任务,对于控制性车站需提前开工,以保证 TBM 到站后步进通过,这就要求明确车站施工节点时间。为应对车站施工缓慢影响 TBM 施工的工期风险,设计中需制定相应预案,相关内容在本书第六章"城市轨道交通工程 TBM 过站技术"中论述。

若车站工期延误导致 TBM 不能按期掘进时,可采用钻爆法对向施工及时接应,以保证总工期的要求。

(三)进度指标

1. TBM 掘进指标

根据刀盘转速和切入深度计算进度指标并参照类似工程实际进度预测掘进指标,确定 TBM 项目正常情况下的综合掘进指标,并根据勘测围岩段落划分进行 TBM 区段的施工组织筹划。一般情况下,掘进指标与围岩岩性、岩石物理力学指标、地面(地下)建(构)筑物环境条件等有关,根据类似工程经验,考虑施工筹划时,建议进度指标按表 9-3 进行估算。

城市轨道交通敞开式 TBM 掘进指标　　　　表 9-3

围岩级别	综合进度指标(m/月)
Ⅲ	600～900
Ⅳ	500～700
Ⅴ	200～400

2. TBM 非掘进通过指标

工程中 TBM 采用步进或掘进的方式前进。通过车站、在区间钻爆法提前施工段采用步进通过。考虑敞开式 TBM 的步进方式,TBM 步进通过车站及区间钻爆法提前施工段的指标为不应小于 1500m/月。结合车站施工组织,过站时间及过站方式需参照每个车站的具体情况而定。

3. 二次衬砌指标

常规采用 12m 模板台车,考虑台车施工干扰,每台台车的进度指标约为 200m/月。在工期紧张时为提高二次衬砌速度,可增加区间内模板台车数量,由两端车站向区间隧道运送混凝土。

4. 钻爆法施工进度指标

城市地铁采用钻爆法施工受"不能在夜间进行爆破施工、白天和雨天限制出渣及在重大节日、国家和当地大型政治、经济、文化、体育活动期间以及高考期间都要求停工"等因素的影响,综合进度较低,但配合 TBM 施工的钻爆法段在整体施工筹划中不起控制作用。

三、运输方式

制约 TBM 能否成功使用的不仅仅是 TBM 自身的开挖及推进系统,还有后续出渣进料运输系统。也就是说,若后续出渣及进料运输系统无法及时跟上,则同样会制约 TBM 的正常掘进。鉴于城市地铁工程的施工风险及对周边建筑物的影响,甚至可以说,TBM 能否快速掘进取决于后续的支护措施能否及时跟上,出渣进料能力是否满足等。因此,如何合理的选择和配置 TBM 的运输系统也至关重要。

四、TBM 出发场地选择

TBM 施工对隧道洞口场地条件要求比钻爆法高。一般情况下,洞外线路长度不小于 3 倍出渣列车长度(即 270m),宽度不小于 40m,洞口外宽度不小于 60m,线路纵坡应在±2‰。总体来说,洞口外场地尺寸应达到 50m×60m,否则大件运输、主机安装难以进行。

TBM 施工,主要的洞外配套设施有混凝土拌和系统、修理车间、各种配件、材料库、供水、电、风系统、运渣及翻渣系统、装卸调运系统、进场及厂区道路、掘进机的组装场地等。根据 TBM 掘进机不同阶段的施工需求和现场的实际情况,科学合理地统筹布置,是充分发挥掘进机的性能,确保掘进机顺利施工的前提。

五、出渣进料转场选择

TBM 掘进通过车站后,后续出渣进料运输仍须占用车站内通道,导致沿途所经车站的主体结构无法大规模正常施工,部分影响车站整体工期。另外,随着 TBM 的不断向前掘进,出渣进料距离不断增加,矿车长距离运输效率低、能耗大。因此考虑车站工期、施工造价、施工效率等多种因素,必须在 TBM 施工段合适的位置进行出渣进料转场。一般情况下,出渣进料场地与明挖法施工的车站结合布置,掘进区间距离较长且地面条件便于布置场地时,也可设置中间专用出渣进料场地。

六、拆卸形式及场地选择

TBM 的拆卸是 TBM 施工的最后一道必不可少的工序。TBM 拆卸出洞,其目的是为隧道灌筑混凝土衬砌、施作道床等后续工序腾出作业时间。TBM 拆卸的方法有两种,一种是区间隧道较短,拉出洞外进行拆卸;另一种是隧道较长,采用两台 TBM 对打,或者一端采用钻爆法施工时,则必须在贯通面附近设置拆卸洞,在洞内进行拆卸。

(一)洞内拆卸

TBM 掘进只能前进不能后退,对于较长隧道,采用两台 TBM 相向施工时,就必须在贯通面附近选择围岩条件较好的地段设置拆卸洞,在洞内安装布置吊装和运输设备,将 TBM 拆卸解体后分批运出洞外。拆卸洞内安装有桥式起重机及其走行轨,利用起重机小车左右移动和起重机前后走行,将解体后的主机和后配套大件提升、移动、装放到运输平板车上外运。因此,拆卸洞是 TBM 掘进完成后解体并吊装外运的场所,它是两台 TBM 相向施工时必不可少的组成部分。拆卸洞必须有足够的空间和结构强度,用以安装桥式起重机;起重机走行轨基础要有可靠的承载能力,以确保安全、稳妥地吊装 TBM 大件。

拆卸洞的长度和断面尺寸可根据 TBM 的型号、TBM 拆卸的技术要求和所使用的起重机技术参数而定,洞内结构必须有足够的强度。

(二)洞外拆卸

对于长度较短的单向施工的区间隧道,TBM 掘进完成后,可以牵引或步进出洞,在洞外拆卸。

第三节 复合式TBM施工筹划主要内容

复合式TBM是以传统的全断面隧道岩石掘进机(TBM)为基础,吸取了土压平衡盾构的原理及优点后产生的一种岩石掘进机,兼具土质及软硬交错地层的隧道施工。复合式TBM在施工过程中既可以采用全断面岩石掘进机模式开挖隧道,又可以采用土压平衡盾构模式开挖隧道,可根据开挖地层条件进行两种模式的相互转换。开挖后采用管片紧跟支护,一次成洞。

根据城市轨道交通工程地质、线路及工程自身特点,对城市轨道交通工程采用复合式TBM进行施工组织设计。复合式TBM施工组织设计中,应针对工程特点对复合式TBM进度指标、洞内运输及轨道布置、始发方式及场地选择、拆卸方式及场地选择等问题进行系统分析研究。

一、进度指标

(一)掘进指标

复合式TBM掘进指标与地质条件、管片宽度、场地条件、运输条件有关。

正常掘进段根据刀盘转速和切入深度计算进度指标,参照类似工程的施工组织预测进度指标,通常按6~10环/d估算。

始发、到达段考虑姿态调整、补充注浆、设备调试等因素,在整机始发时,其进度指标考虑为正常掘进时的70%左右;延长管线分体始发、调头后分体始发时,其进度指标考虑为正常掘进时的50%左右。

复合式TBM在始发井中始发,且始发井的复合式TBM掘进反方向无法设置双线运输线路时,复合式TBM的出渣和进料运输组织将采取2列编组列车完成一个循环的施工,2列编组分别为1节机车+3节渣车和1节机车+2节渣车+1节砂浆车+2节管片厂。与1列列车完成一个循环相比,它增加了一次列车进出时间,循环时间约增加30min,施工进度指标约为整列列车的80%。

(二)空推段施工指标

复合式TBM空推段除可设置导台用千斤顶空推通过外,也可采用装管片通过。考虑到距离不长,按始发到达段的进度指标考虑。

二、洞内外运输及轨道布置

复合式TBM施工段一般洞内采用双轨单线,轨道布置于管片上方,采用有轨电瓶车出渣进料运输。而始发段洞外采用四轨布置,最外侧两根轨道走行后配套拖车,中间两根轨道走行运输轨道车。运输车辆数量根据每循环开挖进尺、出渣量及管片数量配备。

三、复合式TBM始发场地选择

复合式TBM始发分为整机始发及分体始发。工程始发场地允许时,采用整机始发;在城市环境中，由于场地条件限制，复合式 TBM 大部分采用始发井内分体始发，后配套设备先置于地面，通过延长管线与主机连接，在主机掘进一定距离后，后配套跟进进行复合式 TBM 的二次始发。为了尽快使复合式 TBM 正常掘进运行，可以采用钻爆法施工出预备洞方式，即让先期组装好的复合式 TBM 主机吊入始发井，进入预备洞，让出始发井场地继续组装后配套。整机组装完成后再进行调试和试运转。始发井截面尺寸根据复合式 TBM 主机尺寸确定。

四、拆卸形式及场地选择

(一) 洞外、洞内拆卸

复合式 TBM 拆卸可采用拉出洞外进行拆卸，或者设置拆卸洞，在洞内进行拆卸。此两种拆卸方法同敞开式 TBM。由于复合式 TBM 与敞开式 TBM 结构尺寸相同，拆卸洞截面尺寸及形式也相同，但由于敞开式 TBM 主机相对较长，拆卸洞纵向长度也相应较长。

(二) 吊出井拆卸

由于复合式 TBM 主机长度相对较短，吊出吊进相对灵活，可采用吊出井方式或利用明挖车站预留条件吊出。

五、施工段落选择

复合式 TBM 主机尺寸较短，施工段落、始发、到达场地的选择、过站段处理方式相对比较灵活，施工筹划与国内城市地铁盾构施工类似。

第四节 重庆轨道交通 TBM 施工筹划实例

重庆轨道交通 6 号线全长 60.75km，分两期建设。一期工程总长 23.684km，共设 16 座车站，其中地下站 12 座、高架站 4 座；二期工程为一期工程向南北两端的延伸，线路全长 37.066km，其中地下线 30.853km，高架线 5.687km，路基敞开段 0.526km，共设 12 座车站（换乘站 3 座），其中地下站 10 座，高架站 2 座。二期工程途经两座山岭隧道，即铜锣山隧道 (5.6km) 和中梁山隧道 (4.3km)，均为轨道交通领域长大区间隧道，铜锣山隧道为国内目前最长的轨道交通区间隧道。

一、重庆轨道交通 6 号线一期工程 TBM 施工筹划

重庆轨道交通 6 号线一期工程是国内城市轨道交通工程首次引入 TBM 施工。五里店～山羊沟水库敞开段确定为 TBM 试验段，全长 12.123km，采用 2 台敞开式 TBM 施工，于五里店明挖车站始发后，途经红土地、黄泥塝、红旗河沟、花卉园 4 座暗挖车站和大龙山、冉家坝 2 座明挖车站，右线 TBM 施工长度 6.705km（左线 TBM 施工长度 6.788km）。

(一) 进度指标

重庆轨道交通 6 号线一期工程敞开式 TBM，直径为 6.36m，TBM 施工段掘进指标见表 9-4。

第九章 城市轨道交通工程TBM施工筹划

重庆轨道交通6号线敞开式TBM掘进指标 表9-4

围岩级别	作业循环时间(min)							计算月进尺(m)	综合考虑进度指标(m/月)
	TBM换步	TBM掘进(1.5m)	锚网支护	底部清渣	轨线延伸	喷射混凝土	合计		
Ⅲ	15	30	30	30	30	30	45	800	750
Ⅳ	15	40	55	50	30	45	70	620	600
Ⅴ	15	30	95	90	30	90	110	330	300

说明：
1. Ⅲ级围岩除换步外，其余各工序为同步作业，基本不占循环时间；
2. Ⅳ级围岩支护将作为控制时间，考虑支护重叠时间，循环时间按70min计；
3. Ⅴ级围岩支护占用大量时间，考虑重叠时间，循环时间按110min计；
4. 每天考虑8h常规保养时间，TBM设备利用率45%计算。

TBM步进通过车站及区间钻爆法提前施工段的指标为不小于1500m/月。

采用12m模板台车，每台台车的进度指标约为200m/月。

钻爆法段施工进度指标：城市地铁采用钻爆法施工受"不能在夜间进行爆破施工、白天和雨天限制出渣及在重大节日，国家和当地大型政治、经济、文化、体育活动期间以及高考期间都要求停工"等因素的影响，综合进度较低，根据重庆轨道交通的实际施工进度，钻爆法的施工进度为：大跨断面，30～45m/月；市内一般断面(五里店站端)，60～90m/月；郊区一般断面，90～110m/月。

(二) 运输方式

重庆轨道交通6号线一期敞开式TBM工程采用矿车出渣进料运输系统。

1. 车辆配置

采用直径为6.36m的敞开式TBM施工，开挖断面为31.77m²，循环进尺为1.5m，一个循环的出渣量为47.66m³，折合松方为76.3m³，列车配置按满足TBM一个掘进循环(1.5m)的出渣、进料要求来编制，选用20m³侧卸式矿车，考虑每节渣车留出部分装渣余地及操作误差，每列车需要5辆渣车即能够完全满足TBM一个掘进循环的出渣要求。此外，考虑环保等要求，避免洞内污染，渣车机车采用电瓶车驱动，其机车充电后一次性最大运输距离及爬坡高度等均满足线路要求。渣车洞内平均运行速度一般为5～8km/h。

2. 轨道布置

出渣及进料轨道按照四轨三线布置，四根轨道边距为900mm，中心距离为970mm，可以根据洞内运输要求采用浮放道岔并利用两侧或中间轨距变换单、双线运输，如图9-7、图9-8所示。

图9-9为洞内钢排架及轨道布置图，钢排架间距按0.75～0.8m设置，采用工字钢及H175型钢，排架上布置43kg轨道，四轨三线。轨道旁的洞壁上布设临时人行通道，便于施工人员洞内走行，避免渣车通行对洞内人员造成碰撞等危险。

TBM后配套拖车尾部轨道由四轨三线经道岔转换为双轨单线，保证一列车可以进入后配套门架拖车内，便于出渣进料运输，如图9-10、图9-11所示。

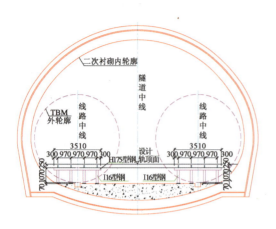
图 9-7　大跨断面运输轨排设置图

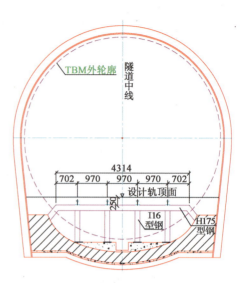
图 9-8　单洞单线运输轨排设置图

图 9-9　洞内轨道布置图

图 9-10　TBM 后配套拖车尾部轨道岔线布置图

TBM 采用单工序作业，即掘进后衬砌不同步，待 TBM 施工转场或完成掘进任务后，再分区间施作二次衬砌。若要在 TBM 掘进的同时进行区间的衬砌施工，则需将左右线运输集中于一条线内进行，另一条线空出运输通道施作衬砌。图 9-12 为 TBM 利用钻爆法大跨区间进行左右线道岔"倒边"，通过"倒边"将左右线双线运输集中于一条线区间内进行。

图 9-11　洞内轨道上渣车运输

图 9-12　洞内运输"倒边"岔线布置图

有轨渣车走行于洞内轨道之上,为满足施工要求,一列车通常包括1节机车,5节渣车(20m³/节),2节料车,1节喷射混凝土罐车,1节人车。

洞外采用2台45t的龙门吊,协助完成卸渣及装料等工作,如图9-13所示。

如图9-14所示,在两台龙门吊的一侧设渣坑,渣车为侧翻式,龙门吊提升渣车后,悬臂伸出,料斗侧翻,完成卸渣工作,速度快、效率高。

图9-13 渣车洞外装卸　　　　　图9-14 龙门吊及侧卸式渣坑位置图

综上所述,区间布置四轨三线后,采用矿车运输能够满足施工组织要求,位于TBM施工段适当车站(大龙山站,详见出本章节四出渣进料转场选择)转场后出渣进料采用站端龙门吊垂直提升矿车,增加龙门吊提升能力可满足施工要求,矿车在转场前后可以重复使用,无需新增运输设备,设备可全部实现国产化,节省投资。所以,推荐城市轨道交通TBM施工段均采用矿车出渣、进料的运输方式。

3. 出发场地

重庆轨道交通6号线一期工程始发场地平面布置除办公区、生活用房布置于五里店车站东侧,其余均布置于车站北侧规划居住用地的范围内,如图9-15~图9-18所示。五里店站与TBM施工场地总占地约72917m²,场地前期作为TBM出渣进料场地,后期作为轨道铺架基地使用,场地占用时间为2008年11月~2011年12月。场地归江北嘴中央商务开发投资有限公司所有,目前场区内原有民房已拆除搬迁完毕,后续尚未开发,经与江北嘴中央商务开发投资有限公司建设部会谈,业主同意该场地可作为TBM施工场地使用,具体施工场地范围可根据实际需要适当调整扩大。

4. 出渣进料转场

重庆轨道交通6号线选择大龙山车站为敞开式TBM施工出渣、进料转场场地,大龙山站(见图9-19)为明挖车站,基本位于TBM施工段中部。车站位于龙山大道之上,车流量不大,周边环境(见图9-20)具备施工场地布置条件,因此选择在大龙山站转场。

图9-15 重庆轨道交通6号线一期工程始发场地

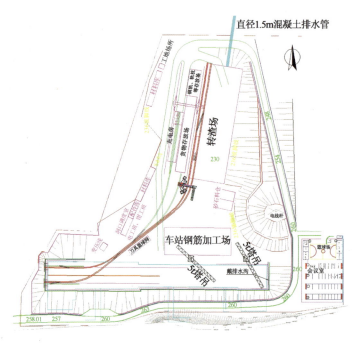

图 9-16　五里店 TBM 施工场地布置

图 9-17　五里店 TBM 施工场地

图 9-18　两台 TBM 于五里店车站基坑内组装

图 9-19　大龙山车站原始地貌

图 9-20　龙山大道周边地貌

TBM 大龙山转场施工场地位于大龙山站南北两侧，通过与车站施工场地结合，转场场地占用上下行龙山大道(各 2 车道)及路中绿化带(宽约 20m)，总占地面积约 11700m²，场地占用时间约为 2010 年 12 月～2012 年 2 月(TBM 掘进出洞后期作为轨道铺架基地)。龙山大道现为双向 8 车道,南北方向车流量不大,该场地用作 TBM 施工场地是可行的。

根据 TBM 施工段全线出渣进料运输方式,大龙山站转场后仍采用矿车出渣进料,矿车出渣、进料须通过车站两端顶板及中板预留的孔洞,通过龙门吊提升实现。为此,车站两端均设孔洞,施工场地布置于车站两端(见图 9-21、图 9-22)。由于大龙山站为 5、6 号线的同台换乘车站,5、6 号线分别位于车站两侧,上下两层垂直布置。6 号线右线区间在上,左线区间在下,为减小相互间的干扰,右线区间出渣进料通过车站大里程开孔实现,左线区间出渣进料及花卉园至大龙山区间的二次衬砌施工进料通过车站小里程端开孔实现。根据大龙山站内场地布置及矿车尺寸,目前确定每个孔洞的大小均为 6.0m×8.0m(宽×长),车站大里程端开 1 个孔,小里程端开 2 个孔。车站结构及预留孔洞的布置相互位置关系如图 9-23～图 9-27 所示。图 9-28 为大龙山站基坑围护图。

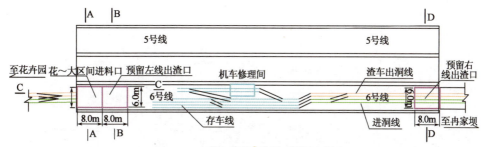

图 9-21　大龙山站内右线通过层场地布置

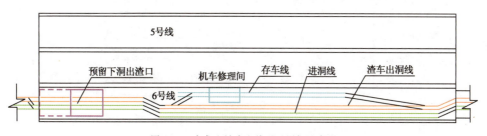

图 9-22　大龙山站内左线通过层场地布置

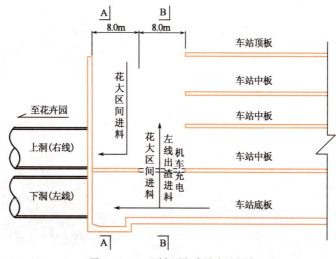

图 9-23　C—C 剖面图(车站小里程端)

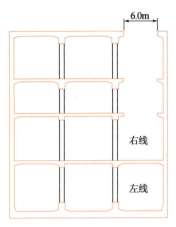

图 9-24　A-A 剖面图

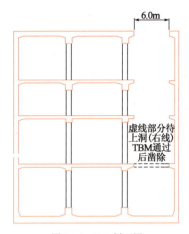

图 9-25　B-B 剖面图

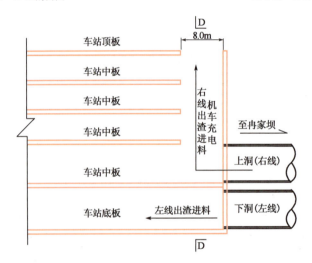

图 9-26　大龙山车站大里程端结构剖面图

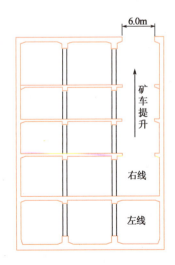

图 9-27　D-D 剖面图

图 9-28　大龙山站基坑开挖围护图

5. TBM 拆卸及场地

重庆轨道交通 6 号线一期工程 TBM 拆卸场地设于山羊沟水库敞开段。

如图 9-29 所示,山羊沟水库敞开段 TBM 拆卸场地位于重庆金开大道西段北侧,山羊沟水库西侧,占地约 2500m²,规划为绿化用地,目前位于市郊,现场为坡地,尚未开发,如图 9-30 所示。该场地肩负着 TBM 洞外拆卸及洞口处钻爆法段区间的施工。

图 9-29 山羊沟水库敞开段周边原始地貌

二、重庆轨道交通 6 号线二期工程 TBM 施工筹划

在重庆轨道交通 6 号线一期工程成功采用敞开式 TBM 施工的基础上,为进一步加大重庆轨道交通机械化施工程度,根据二期线路线形条件,充分考虑地质、地形因素,确定采用 8 台复合式 TBM 及 2 台单护盾 TBM 施工,开创了重庆轨道交通大规模机械化施工的新时代。

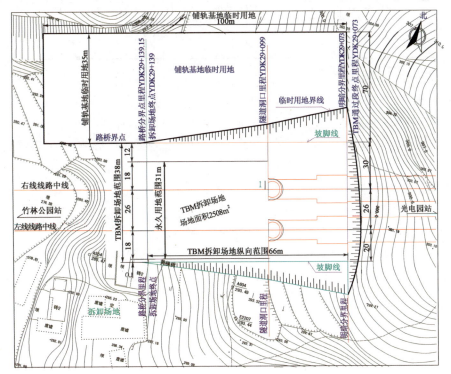

图 9-30 山羊沟水库敞开段洞口场地图

(一)掘进循环时间安排及指标分析

1. 砂岩段循环时间安排及指标分析

1)循环作业时间

掘进循环各项作业时间见表 9-5,每一循环按 170min 考虑。

复合式TBM掘进循环各项作业时间　　　　　　　　　表9-5

作业名称		时间段(min)	循环作业时间(单位:min) 0　20　40　60　80　100　120　140　160　180	备注
主要工序	复合式TBM掘进	125		1.机动时间1为从重载列车从隧道内驶出、卸完渣土、装好管片、砂浆等具备进入隧道的条件到需要进入隧道时的机动时间; 2.机动时间2为重载列车驶出、装材料列车驶入后具备向前掘进的条件与TBM向前掘进之间的机动时间
	同步注浆	125		
	排水清理	5		
	管片安装	45		
辅助工序	列车开出隧道	23		
	列车卸渣	45		
	砂浆拌制	24		
	砂浆装上列车	20		
	管片装上列车	30		
	列车开到作业面	17		
	砂浆卸入浆罐	15		
	管片卸到工作面	18		
	机动时间1	118		
	机动时间2	5		

2)月掘进进尺计划

10h/班×60min/h×90%÷170min/循环=3.8循环/班

1.5m/循环×3.8循环/班×2班/d×30d×80%=273.6m/月,取270m/月。

考虑掘进工作效率(按90%计)、小的故障、工序停机、辅助工序影响、导向系统延伸、电缆延伸、刀具检查及其他不可预见情况等,设备时间使用率按80%计。

2. 泥岩、砂质泥岩段复合式TBM掘进循环时间安排及指标

1)循环作业时间

除掘进时间与砂岩段不同外,其他工序时间与砂岩段相同。

考虑本工程地质条件,结合国内其他TBM和盾构工程的经验,复合式TBM掘进穿越中风化泥岩、砂质泥岩时,掘进速率一般为15~30mm/min,平均为25mm/min,本工程按20mm/min考虑,每循环复合式TBM纯掘进时间按75min考虑。

整个循环的作业时间为120min。

2)月掘进进尺计划

12h/班×60min/h×90%÷120min/循环=5.4循环/班

1.5m/循环×5.4循环/班×2班/d×30d×80%=388.8m/月,取387m/月。

考虑掘进工作效率(按90%计)、小的故障影响、工序停机、辅助工序影响以及导向系统延伸、电缆延伸、刀具检查及其他不可预见情况等,设备时间使用率按80%计。

3. 土质段复合式TBM掘进循环时间安排

除掘进时间与岩石段不同外,其他工序时间与岩石段掘进相同。

考虑本工程地质条件,结合国内其他TBM和盾构工程的经验,复合式TBM在土质段掘

进时按掘进速度30mm/min考虑,每循环复合式TBM纯掘进时间按50min考虑。

整个循环的作业时间为95min。

4. 上软下硬段复合式TBM掘进循环时间安排

除掘进时间与岩石段不同外,其他工序时间与岩石段掘进相同。

考虑本工程地质条件,结合国内其他TBM和盾构工程的经验,复合式TBM在上软下硬段掘进时按掘进速度12mm/min考虑,每循环复合式TBM纯掘进时间按125min考虑。

整个循环的作业时间为170min。

5. 始发、到达段的掘进指标分析

始发、到达段考虑姿态调整、补充注浆、设备调试等因素,在整机始发时,其进度指标考虑为正常掘进时的70%左右;延长管线分体始发、调头后分体始发时,其进度指标考虑为正常掘进时的50%左右。

6. 始发井TBM掘进反方向无法设置双线时的施工进度分析

复合式TBM在始发井中始发,且始发井的复合式TBM掘进反方向无法设置双线运输线路时,复合式TBM的出渣和进料运输组织将采取2列编组列车完成一个循环的施工,2列编组分别为1节机车+3节渣车和1节机车+2节渣车+1节砂浆车+2节管片厂。与1次列车完成一个循环相比,它增加了1次列车进出时间,循环时间约增加30min,施工进度指标约为整列列车的80%。

7. 空推段复合式TBM施工指标

复合式TBM空推段除可设置导台用千斤顶空推通过外,也可采用装管片通过。考虑到距离不长,按始发到达段的进度指标考虑。

(二)各段掘进进度指标统计

1. 茶园段

考虑到茶园段复合式TBM采用延长管线始发,复合式TBM空推段采用设置导台用千斤顶空推通过,始发井反方向有一定长度的隧道便于进行列车编组,茶园段砂岩、泥岩、砂岩泥岩混合段所占比例分别为62.4%、3.67%、33.93%等因素,茶园段复合式TBM的进度指标考虑见表9-6。

茶园段进度指标表 表9-6

序 号	区 段	指标(单位:m/d)
1	延长管线始发段	3.5
2	整机试掘进段	8
3	整机正常始发段	6
4	到达段	6
5	正常掘进段	10
6	空推过明挖段	6.6

2. 蔡家段

1) 蔡家站始发井—嘉陵江北桥头

考虑到复合式 TBM 需要井下分体始发,运输距离较长,隧道埋深较大可能存在不明地质情况,复合式 TBM 地面生产系统需要在曹家湾车站转场,向家岗始发井埋深较大且需要延长管线始发,该段砂岩、泥岩、砂岩泥岩混合段所占比例分别为 40.19％、48.44％、11.37％ 等因素,该段的复合式 TBM 施工指标详见表 9-7。

蔡家段蔡家站始发井—嘉陵江北桥头进度指标表　　表 9-7

序　号	区　段	指标(单位:m/d)
1	延长管线始发段	4.5
2	整机试掘进段	10.5
3	到达段	7.5
4	正常掘进段	10.5
5	空推过风井、出渣进料井段	7.5

考虑到复合式 TBM 需要井下分体始发、施工工期紧、该段砂岩、泥岩、砂岩泥岩混合段所占比例分别为 40.19％、48.44％、11.37％ 等因素,该段的复合式 TBM 施工指标见表 9-8。

蔡家段蔡家站始发井—嘉陵江北桥头进度指标表　　表 9-8

序　号	区　段	指标(单位:m/d)
1	延长管线始发段	4.5
2	整机试掘进段	10.5
3	到达段	7.5
4	正常掘进段	10.5
5	空推过风井、出渣进料井段	7.5

2) 蔡家站站后明挖段—向家岗站

考虑到复合式 TBM 需要在明挖配线段整体始发,运输距离较长,隧道埋深较大可能存在不明地质情况,该段砂岩、泥岩、砂岩泥岩混合段所占比例分别为 40.19％、48.44％、11.37％ 等因素,该段的复合式 TBM 施工指标见表 9-9。

蔡家段蔡家站后明挖段　向家岗站后吊出井进度指标表　　表 9-9

序　号	区　段	指标(单位:m/d)
1	延长管线始发段	4.5
2	整机试掘进段	9
3	整机正常始发段	6
4	到达段	6
5	正常掘进段	9
6	空推过风井、出渣进料井段	6

3. 北碚段

1) 北碚站前入洞口—天生站

考虑到复合式 TBM 可在北碚前入洞口整机一次始发、运输组织方便、复合式 TBM 地面生产系统需要在北碚站转移、该段砂岩、泥岩、砂岩泥岩混合段所占比例分别为16.95%、61.04%、22.01%以及施工工期紧等因素,该段的复合式TBM施工指标见表9-10。

北碚段北碚站前入洞口—天生站进度指标表　　　　表9-10

序　号	区　段	指标(单位:m/d)
1	始发段	7.5
2	整机试掘进段	10.5
3	到达段	7.5
4	正常掘进段	10.5
5	空推过风井、出渣进料井段	7.5

2)天生站—五路口站区间隧道

考虑到复合式TBM需要井下整体始发、复合式TBM需要在五路口前调头、该段砂岩、泥岩、砂岩泥岩混合段所占比例分别为16.95%、61.04%、22.01%以及施工工期紧等因素,该段的复合式TBM施工指标见表9-11。

北碚段天生站—五路口站区间进度指标表　　　　表9-11

序　号	区　段	指标(单位:m/d)
1	延长管线始发段	4.5
2	整机试掘进段	9
3	调头后始发段	4.5
4	到达段	6
5	正常掘进段	9

(三)洞内运输及轨道布置

洞内采用双轨单线,轨道布置于管片上方,采用有轨电瓶车出渣进料运输。一个循环开挖进尺为1.5m,安装一环管片,出渣量换算成松方约为80~90m³,为此需要4~5节渣车(20m³/节),2节管片车,1节砂浆车,1节人车,洞内运输及轨道布置如图9-31~图9-33所示。

最外侧两根轨道走行后配套拖车,中间两根轨道走行运输轨道车。

(四)始发场地选择

复合式TBM始发分为整机始发和分体始发。

工程始发场地允许时,复合式TBM始发采用整机始发,如图9-34所示。

图9-31 洞外运输轨道布置

图9-32 有轨运出车辆走行于轨道上

图 9-33 复合式 TBM 区间洞内轨道及人行通道布置　　图 9-34 复合式 TBM 施工组装场地

分体始发井截面尺寸根据复合式 TBM 主机尺寸确定，重庆轨道交通 6 号线二期工程复合式 TBM，机头长 9.174m，考虑配套管线的干扰，始发井内净空采用 15m×9m 的截面形式，如图 9-35 所示。

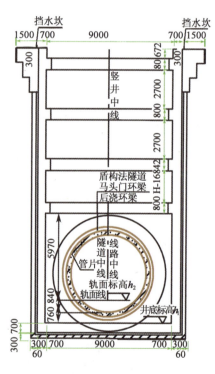

图 9-35 复合式 TBM 始发洞始发

(五)拆卸形式及场地选择

1.洞外、洞内拆卸

复合式 TBM 拆卸可采用拉出洞外进行拆卸，或者设置拆卸洞，在洞内进行拆卸。重庆轨道交通 6 号线二期工程拆卸洞设置长度为 40m，截面采用直墙扩拱形断面。直墙墙顶全长设钢筋混凝土托梁，用于布置起重机设备走行轨。断面布置详见图 9-36。

2. 吊出井拆卸

由于复合式TBM主机长度相对较短,大约为10m,吊出吊进相对灵活,可采用吊出井方式或利用明挖车站预留条件吊出,图9-37为重庆轨道交通6号线复合式TBM利用长生桥明挖车站小里程端预留条件吊出。

(六)施工段落规划

重庆轨道交通6号线二期工程与一期工程所处地层基本相同,但线路及埋深情况不同特点,对6号线二期采用复合式TBM施工的可行性研究后,采用复合式TBM。

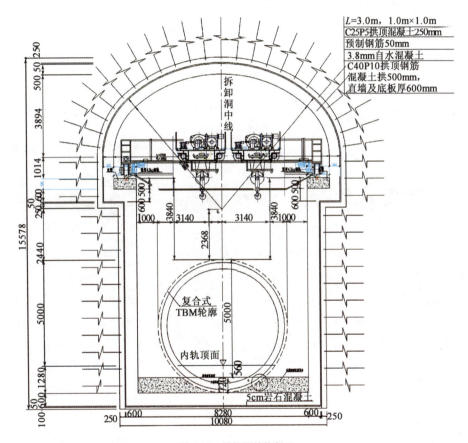

图9-36 拆卸洞结构断面

通过对6号线二期工程的地下区段进行划分,二期采用复合式TBM施工的段落可大体分为三段,即茶园段、蔡家段及北碚段。考虑地下区间长度及土建工期要求,结合工程地质及工期条件,综合考虑各种施工风险,中梁山隧道及礼嘉站后折返线~嘉陵江小里程端地下区间经分析比选后采用钻爆法施工;茶园段、蔡家段及北碚段三处地下区段采用复合式TBM法;铜锣山隧道采用"复合式TBM+钻爆法"工法;其余地下区间采用钻爆或明挖法施工。

根据6号线二期工程复合式TBM施工段落划分,茶园段为茶园站~邱家湾站~长生桥站区间采用2台;铜锣山隧道进洞口段采用2台;蔡家段为嘉陵江北桥头~曹家湾站~蔡家站~向家岗站区间,共采用3台;北碚段为北碚站前入洞口~天生站~五路口站区间,共采用

图 9-37 复合式 TBM 吊出

3 台。经统计，全线区间采用复合式 TBM 法的施工长度为 15.2km，占地下区间总长度的 53%，共采用 10 台复合式 TBM 施工，开创了重庆轨道交通大规模机械化施工的新时代。

1. 茶园段复合式 TBM 施工组织方案

该段位于 6 号线二期工程南岸区，根据二期工程南段线路平、纵断面，线路在二期工程南段通江大道下方走行，区间埋深普遍不大，局部段落设计为明挖段及钻爆法暗挖段，复合式 TBM 可在茶园站后区间的竖井内完成组装、调试并开始掘进，途经邱家湾站后到达长生桥站，利用长生桥明挖车站小里程端预留条件吊出，其平面示意图如图 9-38 所示。

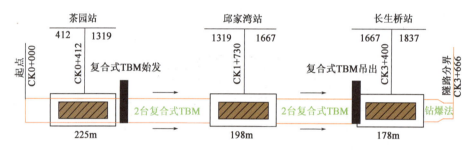

图 9-38 复合式 TBM 掘进平面

2. 铜锣山隧道

铜锣山隧道位于刘家坪～上新街站前折返线区间，线路经铜锣山隧道后进入一期工程的起点上新街站，隧道从小里程端起目前设计为 28‰ 的下坡、3‰ 的上坡及 24.29‰ 的下坡，进出口高差约为 25.0m。根据该隧道地质条件，隧道中部存在一定范围的灰岩岩溶段，地质风险较大。隧道进出口一定范围为砂泥岩段，可采用复合式 TBM 施工，全隧道为两条单洞单线隧道，线间距为 15.0m，全隧道辅助坑道设置如图 9-39 所示。

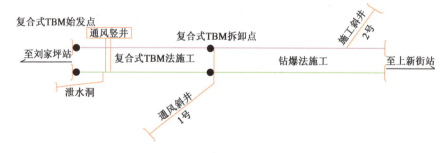

图 9-39 铜锣山隧道辅助坑道设置

2 台复合式 TBM 于铜锣山隧道小里程端洞口处进行组装、调试并进洞掘进，出渣、进料场地均设在进洞口处，于隧道洞身中部 1 号斜井与正洞的交口处采用钻爆法预先施工拆卸洞，复合式TBM掘进至此后于洞内拆卸,通过1号斜井运出洞外,完成复合式TBM段的掘进任务。1号斜井接入正洞后,向大里程方向采用钻爆法施工,2号斜井接入正洞后,也采用钻爆法施工正洞左右线区间,直至全隧道贯通。

3. 蔡家段复合式TBM施工组织方案

该段蔡家站和向家岗站为明挖车站,曹家湾站为暗挖车站,2台复合式TBM利用蔡家站小里程端明挖区间进行组装、调试,向小里程方向掘进,经过曹家湾站后一次转场。如果曹家湾车站尚未施工,则TBM掘进过站,如果车站已施工,则TBM步进过站,车站预留TBM通过条件,掘进至嘉陵江北桥头路基段出洞拆卸,完成掘进任务。另外1台复合式TBM利用蔡家站大里程端配线明挖区间组装始发,向大里程方向掘进,至向家岗站小里程端吊出,运回始发点,继续进行另一条线的掘进施工,再次施工至向家岗站小里程端后拆卸吊出,完成该段的掘进任务,如图9-40所示。

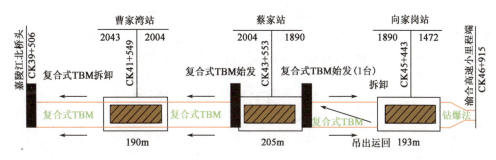

图9-40 TBM掘进平面

4. 北碚段复合式TBM施工组织方案

该段的龙凤溪为高架车站,北碚站、天生站及五路口站均为暗挖车站。2台复合式TBM于龙凤溪站向大里程端由高架转入地下线的过渡段(北碚站前入洞口处)进行组装、调试,进洞始发掘进,至北碚站后一次转场。如果北碚站尚未施工,则复合式TBM掘进过站,如果车站已经施工,则复合式TBM步进过站,车站预留TBM通过条件,掘进至天生站前,设接收竖井拆卸吊出,完成该段地下区间的掘进任务。另外1台复合式TBM于天生站后设竖井始发,向大里程方向掘进,于五路口站小里程端区间内调头,往返施工天生—五路口区间,最后于天生站大里程端接收竖井吊出,如图9-41所示。

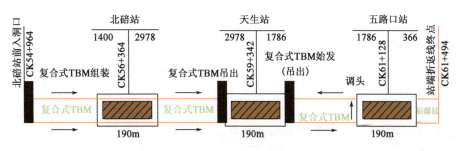

图9-41 TBM掘进平面

第十章　城市轨道交通工程TBM施工控制

TBM施工控制、通风及配套技术是其安全、快速掘进的重要保障。本章以重庆轨道交通6号线 TBM 试验段工程为依托,通过对施工中具体工程案例的介绍,详细阐述了城市轨道交通工程施工中 TBM 步进、掘进、测量和导向、通风、拆机及设备管理等技术。

第一节　TBM 步进施工

一、工艺概述

TBM 步进可分为两种方式:

第一种情况:TBM 在组装场地组装完成后,需要步进进洞施工,在步进架(油缸支撑在支座上)、马凳等的支撑状态下,走一步支一步地前进。场地空出后,铺设道砟、枕木,每走 12.5m 接一次长轨。

第二种情况:TBM 步进通过车站及区间已施工完成洞室或敞开段时,通过掘进机的步进机构在地面直接向前移动。

二、工艺流程

TBM 步进至始发断面的一般步骤为步进前现场材料、机具准备→TBM 在预备洞外步进施工→铺设道岔及 TBM 轨线、运输轨线延伸→暗挖隧道段步进→TBM 上始发台(或入始发洞)→拆除步进机架,将支撑顶住岩壁→TBM 始发定位→TBM 始发。如图 10-1 所示。

三、质量控制措施

1. 步进

掘进机利用支撑机构换步到开挖面的过程。

2. 步进小车

安装于刀盘及护盾下部,在机器平底步进时使用,通过竖向、横向辅助油缸的作用,实现护盾在其上部滑移。

第十章 城市轨道交通工程TBM施工控制

3. 步进机架

安装于机器撑靴下部,在机器步进时使用。通过水平油缸及竖向油缸的顶推作用,实现机器的向前步进。步进机架可分为平底步进和弧形底步进两种形式。

4. 后支撑

安装于机器后部下面,在机器复位时,支承机器后部重量的机构。

5. 平底步进

TBM步进洞结构形式,下部为平面,满足步进小车、步进机架等平底步进,须在步进中线位置预留导向凹槽。

6. 弧形底步进

TBM步进洞结构形式,其下部为弧面,步进中线两侧预埋导向轨,两侧预埋件为TBM步进提供反力。

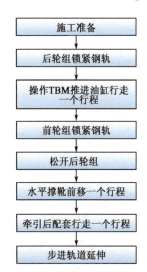

图 10-1　TBM步进作业流程

7. 始发台

始发台主要作用是用于稳妥、准确地放置掘进机,并在基座上进行掘进机安装与试掘进。所以,基座必须有足够的强度、刚度和安装精度,并要考虑掘进机安装调试作业方便。

四、TBM步进

1. 步进前的准备工作

(1) 安装步进行走梁总成(步进架),此项工作在开始组装时进行;
(2) 当步进段地面为弧面,预埋TBM步进行走轨;
(3) 当步进段地面为平面,先期预留导向凹槽。

2. TBM步进物资准备

平底步进须准备好轨排架、平底异形轨排架、始发洞轨排架、轨线材料、平板车、人行踏步板、方木等步进物资。

3. TBM步进前的质量检查

(1) 导向槽的中线位置、结构尺寸等进行确认复核;
(2) 预备洞断面、始发洞断面是否有侵入TBM步进限界,始发洞导轨标高复查;
(3) 步进底面平整度及步进导轨光滑程度的复查。

4. 步进阶段轨线材料运输

TBM始发阶段,轨排采用人工倒运。在TBM步进前将步进时需延伸的钢轨存放在洞外对应TBM后配套中部位置,TBM步进时,通过平板车向前倒运钢轨。

5. 轨线延伸

步进段轨线采用43kg/m钢轨,钢轨长12.5m/根,轨线形式布置为四轨三线,外侧两轨中心距为2910mm,各股轨道中心距离均为970mm,轨排纵向间距为80cm。轨道延伸采用人工配合轨排吊机施工作业,先用人工将轨枕倒至后配套拖车前轨道吊机下部,轨道吊机吊起轨排架,人工摆放到位,钢轨扣件采用成品垫板、M16 螺栓连接,采用风动扳手进行紧固。所有扣件螺栓必须紧固,不得出现松动现象,在钢轨连接处,对轨枕间距可作适当加密,防止 TBM 走行时剪断钢轨。

重复步进相关步骤使 TBM 不断前进,步进步骤图详见第 6 章相关内容。

五、TBM 步进注意事项

(1)掘进机步进之前应使用断面仪对始发洞净空进行测量,严禁侵限。底面宽度、平整度及混凝土强度等满足步进要求。

(2)在始发洞、预备洞铺底顶面测出隧道设计中线,以便于掘进机导向施工。

(3)掘进机步进时将锚杆钻机、支撑靴以及钢拱架安装器的支撑油缸锁定在最小状态。

(4)掘进机主机步进后,后配套紧跟主机同步前进。

(5)步进时,操作人员密切注意操作室各相关仪表显示,作出正确判断后,加强步进监控,作业人员加强巡视工作并作好施工轨道延伸。

(6)步进完成,掘进机在支撑状态下,拆除步进装置,准备始发。

(7)步进期间,进行始发洞、预备洞段的风管、风管挂钩等的锚固工作以部分段落补喷等工作,所有支护作业系统均应在步进前调试完毕。

第二节 TBM 掘进施工

一、敞开式 TBM 掘进

(一)TBM 掘进工艺概述

掘进机的核心部分是主机系统,主机系统主要由带刀具的刀盘,刀盘驱动和推进系统组成。主机刀盘上安装有一定数量的盘形滚刀,当刀盘旋转时,盘形滚刀划出的痕迹是以刀盘中心为圆心的、间距均匀的同心圆切槽。在掘进时,支撑系统把主机架牢固地锁定在开挖的隧道洞壁上,承受刀盘扭矩和推进力的反力。推进油缸以支撑系统为支点,把推力施加给主机架和刀盘,推动刀盘破岩掘进。

(二)TBM 开挖特点

1. 同步协调性

掘进机施工时,主系统及各辅助设备系统都要同时运转,其中任何一个环节不协调或某一设备运行失灵,都将影响 TBM 整个系统的正常运转,迫使整个系统全部停工。

2. 快速性

掘进机是集隧道开挖、支护、装渣等为一体的大型施工机械,TBM 利用其刀盘挤压切割进行破岩掘进,大大提高了掘进速度。在正常情况下,每小时可掘进 1.0~3.6m。

3. 连续性

掘进机施工各工序,如破岩、出渣、运输、初期支护等都是连续不断运转的,任何一个环节出现问题,都将影响整个工序的连续运行,系统生产就会立即停止。

4. 集中性

基于前面几个特点,掘进机施工受诸多因素制约,掘进任务是在正常情况下集中在短时间内完成的。当掘进机运转时,要求各个系统都要有序进行。各个系统必须保证在最快时间内集中运作,从质量和速度上都必须满足掘进的需要。

5. 安全性

采用TBM开挖施工,对围岩扰动小,开挖断面成形好,且围岩出露后能及时进行初期支护以稳固岩体,在正常的硬岩隧道施工中,能够使围岩失稳和发生坍方的几率减小到最低。

6. 施工环境好

TBM配套有强大的通风、除尘和降温、空气质量报警系统,使TBM施工的隧道作业环境大大改善。

7. 每日必须安排一定的维修保养时间以保证掘进机正常施工

(三)工艺流程

TBM掘进作业流程如图10-2所示。

TBM施工集开挖、支护于一体,两者可平行作业。掘进机提供了三种操作模式:自动扭矩控制、自动推力控制和手动控制模式。自动扭矩控制只适用于均质软岩,自动推力控制只适用于均质硬岩,手动控制模式操作方便、反应灵活,适用于各种地质,因此在掘进中通常采用手动控制模式。

在手动控制模式作业过程中,若围岩较硬,推力先达到额定值,此时应以推力变化为参照,选择掘进参数,控制推进压力不超过额定值;若围岩节理发育、裂隙较多或遇破碎带、断层带等时,主要以扭矩变化并结合推进力参数选择掘进参数,控制单机电流不超过额定值。

(四)工序步骤及质量控制措施

TBM掘进时,水平撑靴撑紧在洞壁上为掘进机提供掘进反力,刀盘在主推进油缸的推力作用下向前推进,后配套台车停在隧道中,刀盘破岩切削下来的岩渣随着刀盘铲斗和刮板转动从底部沿溜渣槽到达刀盘顶部后进入刀盘中心的皮带输送机上,主机皮带机和后配套皮带机将岩渣转运到矿车或正洞连续皮带机上。在TBM掘进的同时,进行初期支护和相关配套作业。当刀盘向前掘进1.5m时,完成一个循环的掘进。TBM掘进步骤如下:

1. 撑紧撑靴,收起后支撑

撑紧撑靴,收起后支撑,如图10-3所示。

2. 刀盘旋转,开始掘进推进

刀盘旋转,开始掘进推进,如图10-4所示。

3. 掘进行程完成后,进行换步,放下后支撑

掘进行程完成后,进行换步,放下后支撑,如图10-5所示。

4. 收回水平撑靴,前移撑靴,再撑紧水平撑靴,进行下一掘进循环

收回水平撑靴,前移撑靴,再撑紧水平撑靴,进行下一掘进循环,如图10-6所示。

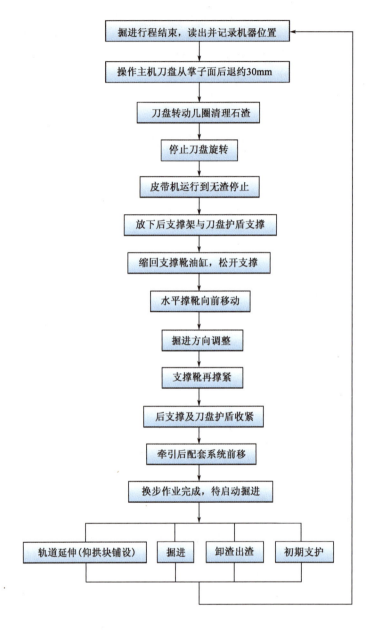

图 10-2　掘进作业流程

在 TBM 掘进过程中,要根据地质预报及现场对围岩的观察,确定掘进模式和掘进参数调整范围,适时调整掘进推力、撑靴压力、刀盘转速和循环进尺,在尽量保护设备的前提下实现快速掘进。在掘进过程中,操作司机应根据隧道测量导向系统显示的掘进偏差适当地进行方向调整。

敞开式 TBM 配置了钢拱架安装器和喷锚等辅助设备,以适应地质的变化。当遇有局部不稳定的围岩,由 TBM 所带的辅助设备通过打锚杆、挂钢筋网、喷混凝土、架立钢拱架等方法进行加固,以保持洞壁稳定。当遇到局部地段特软围岩及破碎带,则 TBM 可由所带的超前钻机及注浆设备,预先固结前方上部周边一圈的岩石,待围岩强度达到自稳要求后,再进行安全掘进。

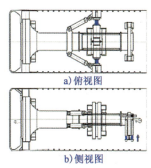

图 10-3　撑紧撑靴,收起后支撑

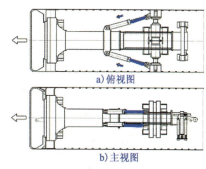

图 10-4　撑紧撑靴,收起后支撑,刀盘旋转开始掘进

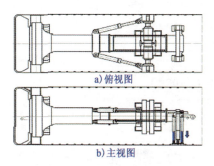

图 10-5　掘进行程完成,放下后支撑换步

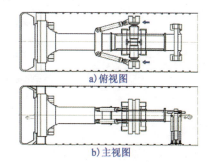

图 10-6　收回水平撑靴,前移撑靴,再次撑紧撑靴

二、复合式 TBM 掘进

(一)工艺流程

复合式 TBM 掘进作业流程如图 10-7 所示。

(二)质量控制措施

复合式 TBM 在完成始发后,对掘进参数进行必要的调整,为后续的正常掘进提供条件。主要内容包括:

(1)根据地质条件和始发段掘进过程中的监测结果进一步优化掘进参数。

(2)正常推进阶段采用始发掘进阶段掌握的最佳施工参数,通过加强施工监测,不断完善施工工艺,控制地面沉降。

(3)推进过程中,严格控制好推进里程,不断将人工测量结果与电子测量系统的数据进行比较,发现问题及时调整,将偏差控制在误差范围内。

(4)根据技术交底设定的参数推进,推进出土与衬砌背后注浆同步进行,不断完善施工工艺,控制施工后地表最大变形量在 $+10 \sim -30\text{mm}$ 之间,管片不出现上浮,管片姿态符合设计和规范要求。

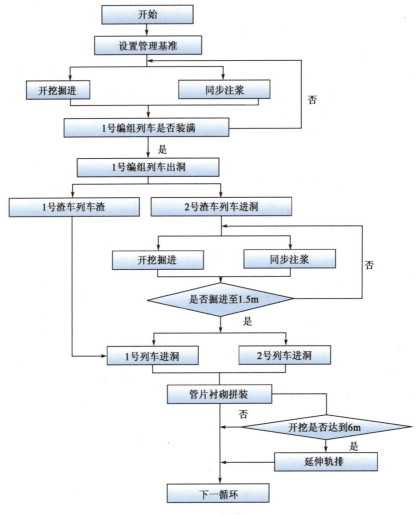

图 10-7 掘进控制流程

(5) 复合式 TBM 掘进施工过程中严格受控，工程技术人员根据地质变化、隧道埋深、地面荷载、地表沉降、复合式 TBM 姿态、刀盘扭矩、千斤顶推力等各种勘探、测量数据信息，正确下达每班掘进指令，并即时跟踪调整。

(6) 复合式 TBM 操作人员严格执行指令，谨慎操作，对初始出现的小偏差应及时纠正，应尽量避免复合式 TBM 走"蛇"形，复合式 TBM 一次纠偏量不宜过大，以减少对地层的扰动。

(7) 做好施工记录，记录内容见表 10-1。

施工记录项目表　　　　　　　　　　　　　　　　　表 10-1

序　号	隧道掘进	同步注浆	测　量
1	施工进度	注浆压力	复合式 TBM 倾斜度
2	油缸行程	注浆量	—
3	掘进速度	浆液性质	推进总长度
4	刀盘、螺旋输送机转速	浆液配比	本环轴心坐标
5	盾尾间隙	—	—

(三)掘进模式的选择及操作控制

1. 掘进模式选择

根据城市地层的实际特点并结合复合式 TBM 相关的施工经验,可采用以下三种掘进模式:敞开式、半敞开式和土压平衡式施工。在施工过程中,应时刻注意地层的变化情况,并根据实际的掘进情况及时调整复合式 TBM 掘进模式。

1)敞开式掘进的技术措施

(1)敞开式掘进的技术措施以滚刀破岩为主,采用高转速、低扭矩和适宜的螺旋输送机转速推进。

(2)采用敞开模式掘进时,掘进中复合式 TBM 易产生滚动,施工中若复合式 TBM 发生滚动,则使刀盘反转来纠正。

(3)同步注浆时,浆液可能渗流到盾壳与周围岩体间的空隙甚至刀盘处,为避免此现象发生,可采取适当增大浆液黏度、缩短浆液凝结时间、调整注浆压力等方法来解决。

2)半敞开式掘进技术措施

(1)半敞开式掘进模式介于土压平衡和敞开式之间,采用滚刀、齿刀混合破岩切削,或采用全滚刀。

(2)半敞开式掘进模式要求既能稳定开挖面和防止地下水渗入,又能避免出渣时螺旋输送机发生喷涌,压缩空气压力应控制在 0.1~0.15MPa 以内。

(3)该模式下掘进时,应注入泡沫对渣土进行改良,遇地层变换、涌水较大时,及时转换模式掘进。

3)土压平衡模式掘进的技术措施

(1)土压平衡模式掘进采用以齿刀、刮刀和边滚刀为主切削土层,以低转速、大扭矩推进。

(2)土仓内土压力值 P 应略大于静水压力和地层土压力之和 P_0,即 $P=KP_0$,K 一般介于 1.1~1.3 之间。

(3)土仓压力通过采取设定掘进速度、调整排土量或设定排土量、调整掘进速度两种方法建立,并应维持切削土量与排土量的平衡,以使土仓内的压力稳定平衡。

(4)在过岩层段掘进时,需要添加泡沫剂、聚合物、膨润土等改善渣土的止水性,以使土仓内的压力稳定平衡。

(5)复合式 TBM 的掘进速度主要通过调整主机推进力、转速(扭矩)来控制,排土量则主要通过调整螺旋输送机的转速来调节。在实际掘进施工中,应根据地质条件、排出的渣土状态,以及复合式 TBM 的各项工作状态参数等动态地调整优化,此模式掘进时应采取渣土改良措施增加渣土的流动性和止水性。

2. 螺旋输送机和皮带机双模出渣方式的使用

由于工程地质特点,如区间隧道地层主要以砂岩为主,砂岩对掘进和出渣系统易产生较严重的磨损,认为采用螺旋输送机可行时采用螺旋输送机出渣为宜。考虑到采用螺旋输送机会因砂岩对其磨损严重而严重影响掘进效率时,则该段复合式 TBM 可采用螺旋输送机和皮带机双模出渣方式。若采用螺旋输送机出渣,则其掘进同复合式 TBM 施工。若采用皮带机出渣,则其施工为刀盘在敞开式下掘进,掘进下的渣体通过刀盘开口的刮渣板刮渣,通过溜渣槽将渣体溜入设在刀盘中心部位的皮带机上,通过皮带机接力将渣体运到隧道外,其他工序同复合式 TBM 施工。两种出渣方式尽量在车站内转换,由螺旋输送机转换为皮带机出渣的程序为把螺旋输送机从中间筒体法兰处拆除并运出洞外→固定前段螺旋轴及封堵螺旋筒→拆除中心回转接头和主轴承中心隔板→安装刀盘 4 块溜渣板→土仓内安装固定接料斗→主机内安装主机皮带机两侧主梁(兼除尘风道),两主梁内部安装主机皮带机→安装除尘风机及配套设施→调试掘进。由皮带机出渣转换为螺旋输送机出渣采用与此流程相反的流程。

3. PDV 数据采集系统

PDV 数据采集系统可采集、处理、储存、显示与评估 PLC 采集的相关数据。测量数据通过被时钟脉冲控制的测量传感器连续地采集和显示。复合式 TBM 的工作状态及其主要的掘进参数均以图形的形式直观地显示在 PDV 监测器上。复合式 TBM 操作人员可在这些屏幕页之间切换并从中获取需要的数据。通过 PDV 数据采集系统收集到的信息,可以实现对复合式 TBM 状态的实时信息化管理。

掘进控制流程如图 10-8 所示。

(四)复合式 TBM 掘进渣土管理

在复合式 TBM 施工中,渣土的管理也是一个重要的内容,渣土管理包括渣土改良、出渣量控制、渣土性状鉴别等内容。

1. 渣土改良

通过向刀盘前方加膨润土、泡沫剂、聚合物、外加剂与刀盘切削下来的渣土拌和,增大渣土的流动性、和易性,方便出渣,同时在掌子面形成泥膜,保护掌子面的稳定性,对刀具也可起一定的保护作用。

2. 出渣量的控制

通过调节掘进速度和螺旋输送机的转速来控制出渣量,防止冒顶,保护上部地层的稳定。

3. 渣土性状鉴别与渣温的控制

在施工中,随时根据渣土温度、渣土形状颜色判断所掘地层的岩性。渣温的控制是指通过对渣土温度的感知了解刀具的工作环境,同时指导渣土改良,对刀具进行保护。

4. 双模式出渣方案

根据地质条件,复合式 TBM 设计了主机皮带机和螺旋输送机可相互转换的双模式出渣方式。从螺旋输送机出渣模式转换为主机皮带机出渣模式时,需要进行局部换装工作:螺旋机从中间筒体法兰处拆除,后筒体及螺旋轴拆除洞外;旋转接头及主轴承中间隔板拆除;刀盘安装 4 块溜渣板及刮刀(螺栓连接),土仓内安装固定接料斗,主机内安装皮带机两侧主梁(兼除尘风道),2 主梁内部安装皮带机。皮带机可在主梁内滚轮上滑动,由液压油缸牵引,向后退出以便让出中心刀的更换空间,刀具更换时仍需从人舱进出。

(五)复合式 TBM 管片拼装及注浆

管片拼装是复合式 TBM 施工隧道的一个重要工序,是用环、纵向螺栓逐块将高精度预制钢筋混凝土管片组装而成,整个工序由复合式 TBM 司机、举重臂操作工和拼装工等三种专业岗位工种协作配合完成。

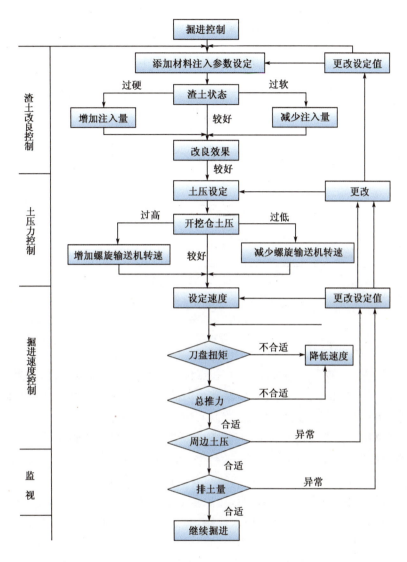

图 10-8　复合式 TBM 掘进控制流程

1. 管片安装程序

管片安装流程如图 10-9 所示。

2. 拼装前的准备

(1) 管片清理：管片下井拼装前，用灰刀清除管片上的浮灰、浮砂，对管片进行清理。

(2) 防水密封条、防水涂料检查：管片清理干净后，在地面上按拼装顺序排列堆放，按设计图要求，及规定粘贴传力垫及防水材料，经质检人员检查合格并填写《管片防水材料粘贴检查表》。

(3) 将检查合格后已粘贴防水材料的管片及管片接缝的连接件和配件、防水垫圈等，用龙门吊运送到井下，装入管片车，由编组列车运送至工作面。

(4) 操作人员应全面检查管片拼装机的动力及液压设备是否正常，管片吊具是否安全

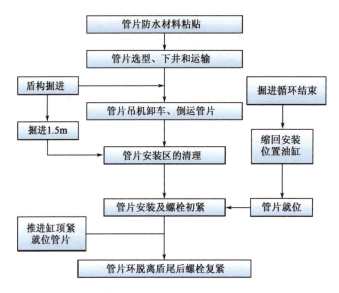

图 10-9　管片安装程序流程

可靠。

3. 管片安装方法

(1) 管片采用左、右转弯环加标准环,安装点位以满足隧道线形为前提,重点考虑管片安装后盾尾间隙要满足下一掘进循环限值,确保有足够的盾尾间隙,以防盾尾直接接触管片。管片安装前根据盾尾间隙、推进油缸行程差选择拟安装管片的点位。

(2) 复合式 TBM 掘进到预定长度,且拟安装封顶块位置的推进油缸行程大于 1.5m 时,复合式 TBM 停止掘进,进行管片安装。

(3) 为保证管片安装精度,管片安装前须对安装区进行清理。

(4) 管片安装时必须从隧道底部开始,然后依次安装相邻块,最后安装封顶块。每安装一块管片,立即将管片纵、环向连接螺栓插入连接,并戴上螺帽用电动扳手紧固。

(5) 在安装封顶块时先搭接 1.0m,用安装机径向顶进,调整位置后缓慢纵向顶推,为防止封顶块顶入时损坏防水密封条,应对防水密封条进行必要的润滑处理。

(6) 管片安装到位后,应及时伸出相应位置,推进油缸顶紧管片,其顶推力应大于稳定管片的所需力,然后方可移开管片安装机。

(7) 管片环脱离复合式 TBM 尾后后,要及时对管片连接螺栓进行二次紧固。

(8) 安装管片时采取有效措施避免损坏防水密封条,并应保证管片拼装质量,减少错台,保证其密封止水效果。安装管片后顶出推进油缸,扭紧连接螺栓,保证防水密封条接缝紧密,防止由于相邻两环管片在复合式 TBM 推进过程中发生错动,防水密封条接缝因错动而增大,影响止水效果。

4. 同步注浆及二次补强注浆

1) 注浆目的

管片衬砌背后注浆是复合式 TBM 施工中的一项十分重要的工序,其目的主要有以下三个方面:

(1)及时填充盾尾建筑空隙,支撑管片周围岩体,有效地控制地表沉降;
(2)凝结的浆液将作为复合式TBM施工隧道的第一道防水屏障,增强隧道的防水能力;
(3)为管片提供早期的稳定并使管片与周围岩体一体化,有利于复合式TBM掘进方向的控制,并能确保复合式TBM施工隧道的最终稳定。

2)注浆方式

在复合式TBM掘进过程中采取以下两种注浆方式:
(1)通过盾尾注浆管在掘进的同时进行同步注浆;
(2)管片脱出盾尾后,通过管片上预留的注浆孔进行补强的二次注浆。

3)同步注浆

同步注浆采用复合式TBM自带的注浆泵在盾尾注入,及时填充管片与地层间环形空隙、控制地层变形、稳定管片结构、控制掘进方向,加强隧道结构自防水能力,对建筑空隙采用盾尾内置的注浆管进行同步注浆,同步注浆示意如图10-10所示,注浆工艺流程如图10-11所示。

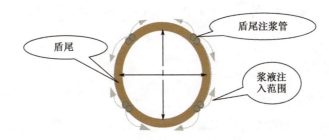

图10-10 同步注浆

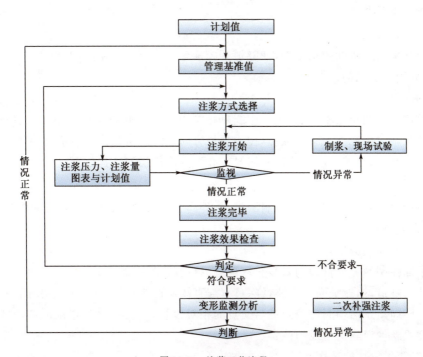

图10-11 注浆工艺流程

4)二次补强注浆

同步注浆后使管片背后环形空隙得到填充,多数地段的地层变形沉降得到控制。在局部地段,同步浆液凝固过程中,可能存在局部不均匀、浆液的凝固收缩和浆液的稀释流失,为提高衬背注浆层的防水性及密实度,并有效填充管片背后的环形间隙,根据监测结果,必要时进行二次补强注浆。

二次注浆对同步注浆起到进一步补充和加强作用,同时也是对管片周围的地层起到充填和加固作用。当地下水特别丰富时,需要对地下水封堵。同时为了及早建立起浆液的高粘度,以便在浆液向空隙中充填的同时将地下水疏干(将地下水压入地层深处),获得最佳充填效果,这时需要将浆液的凝胶时间调整至 1~4min,必要时二次注浆可采用水泥-水玻璃双液浆。

二次补强注浆采用 KBY-50/70 注浆泵。二次补强注浆的注浆管路自制,能够实现快速接卸以及密封不漏浆的功能,并配有止浆阀。二次补强注浆的注浆压力选定在 0.5~0.6MPa,注浆量根据监测到的空隙和监控量测结果确定。注浆时主要以注浆压力控制。

第三节　TBM 的测量及导向

一、TBM 控制测量

1. 控制测量的主要任务

保证隧道按照规定的精度在预定位置贯通;保证洞内各项建筑物以规定的精度按照设计位置修建,不侵入建筑限界。

2. 控制测量的特点

1)洞外总体控制

作为指导隧道施工的测量工作,在隧道开挖前建立具有必要精度的、独立的隧道洞外施工控制网,作为引测进洞的依据。

2)洞内分级控制

洞内控制点控制正式中线点(正式中线点是洞内衬砌和洞内建筑物施工放样的依据),正式中线点控制临时中线点,临时中线点控制掘进方向。洞内高程控制与平面相仿,临时水准点控制开挖面的高低,正式水准点控制洞内衬砌和洞内建筑物的高程位置。

3. 控制测量主要内容

洞外平面控制测量、洞内平面控制测量、洞外高程控制测量、洞内高程控制测量;洞内中线测设、贯通误差调整及竣工测量。

1)洞外平面控制测量

洞外平面控制测量的目的主要是获取两端洞口较为精确的点的平面位置和引测进洞的方向。对于曲线隧道,洞外平面控制测量除具有与直线隧道相同的目的外,还在于间接求算隧道所在曲线的转向角及两端洞口控制桩与交点的相对位置,进而按设计选配的圆曲线半径和缓和曲线长度重新确定隧道中线的位置。

(1)控制测量方法的选用

本项目平面控制测量计划采用精密导线法，导线点的位置根据隧道的长度及分布情况，并结合地形条件和仪器测程选择。导线最短边长不小于300m，相邻边长的比不小于1：3，并尽量采用长边，以减小测角误差对导线横向误差的影响。

(2)施测及计算

导线的水平角采用方向观测法。当水平角只有两个方向时，按奇数和偶数测回分别观测导线的左角和右角，这样可以检查出测角仪器的带动误差，数据处理时可以较大程度地消除此项误差的影响。导线的内业计算采用严密平差法。

2)洞外高程控制测量

洞外高程控制测量的任务，是按照测量设计中规定的精度要求，以洞口附近一个线路定测点的高程为起算高程，测量并传算到隧道另一端洞口与另一个定测高程点闭合。

闭合的高程差设断高，既可使整座隧道具有统一的高程系统，又可使之与线路正确衔接，从而保证隧道按规定精度在高程方面正确贯通，保证各项建筑物在高程方面按规定限界修建。

3)洞内平面控制测量

隧道进洞测设采用极坐标法，将隧道的中线控制桩纳入洞外平面控制网，控制测量完成后，即可求得它们的精确坐标。根据这些点的坐标和洞口(或洞内)中线点的坐标，反算出极坐标法的放样数据，进而现场测设。

(1)隧道洞内控制测量

洞内控制测量起始于两端洞口处的洞外控制点，随着隧道的开挖而向前延伸，敷设成支线形式，通过重复观测的方法进行检核。

(2)隧道洞内导线布置原则

导线点尽量布设在施工干扰小、通视良好、地层稳固的地方；点间视线离开洞内设施0.2m以上，导线的边长在直线地段不短于200m，在曲线地段不短于70m，并尽量选择长边和接近等边；导线点埋于坑道底板面以下10~20cm，上面盖铁板以保护桩面及标志中心不受损坏，为便于寻找，在边墙上用红油漆予以标注。

(3)洞内导线测设方法

采用双照准法测角，测回间要重新对中仪器和觇标，以减小对中误差和对点误差的影响；由洞外引向洞内的测角工作，安排在夜晚或阴天进行，以减小折光差的影响；要求洞内导线应重复观测，定期检查，在设立新点前必须检查与之相关的既有导线点，在对既有导线点确认的基础上测量新点；导线要求构成多边形闭合导线或主副导线环。

4)洞内高程控制测量

洞内高程控制测量的目的，是由洞口高程控制点向洞内传递高程，即测定洞内各高程控制点的高程，作为洞内施工高程放样的依据。

(1)洞内高程点的布设

洞内每隔200~500m设立一对高程控制点。高程控制点可选在导线点上，也可根据情况埋设在隧道的顶板、底板或边墙上。

(2)高程点测设方法

水准测量时，必须进行往返观测；采用光电测距三角高程测量时，应进行对向观测；要求高程导线构成闭合环。除采用常规的方法外，有时为避免施工干扰可以采用倒尺法传递高程。

二、敞开式 TBM 导向技术

PPS 导向系统是 TBM 自备的导向系统,它是由德国 PPS 隧道导向公司研制的。它能全天候动态测量 TBM 的里程、姿态、掘进趋势、滚动角、俯仰角。TBM 操作人员可根据显示的偏差及时调整 TBM 机器的掘进姿态,使得 TBM 掘进机能够沿着正确的方向掘进。如图 10-12 所示,为 PPS 导向界面图。

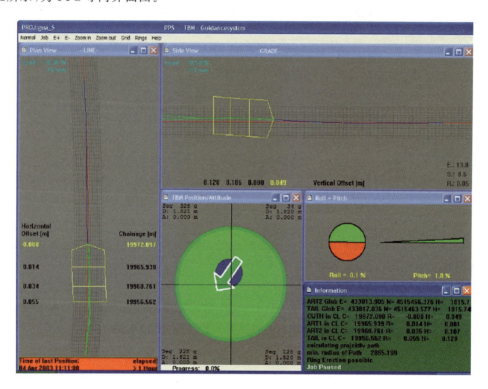

图 10-12　PPS 导向界面图

1. PPS 系统组件阐述

PPS 主要由马达全站仪、倾斜仪、系统计算机、马达棱镜、数据传输电缆组成。

1)马达全站仪

本套全自动的系统功能需要一个马达全站仪,这个马达全站仪在系统计算机的控制下自动测量安装在 TBM 上面的两个马达棱镜并定期地检查后视棱镜。

2)倾斜仪

在 TBM 前部还有一个高精度的倾斜仪,用来检测 TBM 的倾斜和滚动。

3)系统计算机

系统计算机通过马达全站仪传输的测量数据和倾斜仪的读数,自动地计算准确的地球坐标、方位和 TBM 的倾斜和滚动,并将 TBM 姿态实时显示给 TBM 操作人员。

4)马达棱镜

为了防止由于两个目标棱镜之间相互干扰而产生测量错误,本系统软件的采用的两个马达棱镜,在软件的控制下能交替地打开和覆盖,这样能确保无论什么时候只能单独测量一个棱镜,从而避免了由于二者相互干扰产生的测量错误。

5)数据传输电缆

包括各仪器与系统计算机的连接线,还有洞外监控系统与主机操作系统的连接电缆。

马达全站仪在系统程序的控制下,将自动跟踪马达棱镜,并定期地检查后视棱镜,以便检查和更正全站仪的定向,这项功能也包括全站仪测站的稳定性检查,当发生围岩变形较大时,也能检测出来,告诉给 TBM 操作人员,需对点位进行复测。

无论何时一组数据被收集(两个目标棱镜的测量结果和读取的倾斜仪的数据),系统将会自动计算一个新的 TBM 方向和位置,所有的信息将以图像和数据形式的显示给 TBM 操作人员。

2. 导向系统的工作原理

通过固定在隧道比较稳定的岩壁左上方的专用托架(坐标高程已知)上的全自动全站仪,以一定的时间间隔实时测量出两个控制点(马达棱镜)坐标高程,同时安装在 TBM 前部的双轴倾斜传感器确定出 TBM 的俯仰角和滚动角数据,分别经无线信号传输(或控制电缆)给位于主控室中的工业电脑,再经过计算机专用的隧道掘进软件计算和整理,对 TBM 当前实际位置和相应里程的设计位置进行综合比较,盾构机的位置和姿态就以数据和模拟图表两种形式显示在控制室内的电脑屏幕上,TBM 操作人员以此为准操纵 TBM 保持沿隧道设计轴线掘进。

导向系统的设计在最大限度上给司机提供了 TBM 的位置信息,从而有效地减轻了司机的注意力。

系统从三维空间来自动确定 TBM 的确切方位和掘进方向,同时也给司机提供了关于机器偏离设计中线的所有信息。设计路径的显示给主司机提供了一条使偏离的 TBM 返回到中线的最佳路径。

测量 TBM 的位置和掘进方向时,必须从三维空间上来测量 TBM 上的两个确定点以及坡度和滚动。这两个确定点是安装在 TBM 前面的两个棱镜。它们相对于 TBM 轴线的确切位置和局部 TBM 坐标系统必须在 TBM 安装设置时确定。

由于 TBM 会发生滚动和移动,TBM 坐标系统通常与大地坐标系统不平行。因此,必须要精确测量 TBM 的滚动和移动,该任务由安装在 TBM 内的电子化两轴向倾斜仪完成。

TBM 上的两个棱镜由经纬仪自动测量,经纬仪的站点坐标和方位通过测量隧洞横向装置已经被预先确定。

由于经纬仪的水平角测量系统没有明确的参照点,经纬仪在安装的时候要通过人工测量经纬仪到一个基准点来定向,基准点的坐标已经被预先确定。此信息由测量人员输入到计算机系统中。

一个新的经纬仪站点可以通过系统中的辅助功能很容易地用普通的测量方法来测定。

TBM 上的两个主要点的地球坐标可以通过定位的经纬仪测量距离、水平角度和垂直角度来确定。由于 TBM 坐标系统的棱镜的位置在 TBM 设置时被确定,而且一直知道 TBM 的滚动和移动,那么 TBM(如刀盘的中心点)上的任意一点都可以通过地球三维空间计算出来。

设计中线已经预先存在于大地坐标系统并被输入到计算机系统中。因此可以很容易地计算出 TBM 相对于中线的水平和垂直偏差以及 TBM 的方向,并且以图的形式展现给主司机。如果需要的话,也可以计算并给司机显示一条返回到设计中线的最佳路径,要考虑的参数,如最小拐弯半径,或者有关轨迹的几何元素。

后视棱镜的重要性不能被轻易忽视。后视棱镜不仅能够进行经纬仪的定位,同时它也允许自动联机来检测由于经纬仪站点的任何移动而引起的潜在错误。因为经纬仪通常安装在刚刚开挖的可能不稳定的隧道里,距离 TBM 有 25~300m 远,它有一个高位移的可能。如果这种移动没有被发觉的话,会给隧道开挖的精确度造成严重影响。因此,TBM 导向系统通过定期检测后视棱镜来检查经纬仪站点的稳定性并通知操作人员是否发生偏差。这些基准测量的时间间隔由用户通过密码保护参数菜单进行操作。

3. TBM 姿态、方向控制

根据 PPS 导向系统的指引,TBM 按照设计的轴线向前掘进,但由于地层软硬不均以及操作等因素的影响,TBM 推进不可能完全按照设计的隧道轴线前进,而会产生一定的偏差。TBM 施工中必须采取有效技术措施控制掘进方向,使掘进偏差处于质量标准允许的范围之内。

水平单撑靴掘进机方向控制工作原理为根据测量导向系统显示掘进机的位置及方位,需要随时调整掘进机掘进方向,单撑靴敞开式掘进机的掘进方向在掘进过程中可随时调整,掘进机以刀盘护盾为支点,通过调整主梁的左右上下位置来完成。如需要向左方掘进时,左侧支撑油缸伸出,右侧支撑油缸收回,主梁向右移动,改变了掘进方向。如需要上下调整时,可以调整倾斜油缸调整主梁的上下。因此,隧道的方向在掘进过程中随时可以调整,隧道中心是一条连续的曲线,保证掘进方向可控。其方向控制原理如图 10-13 所示。

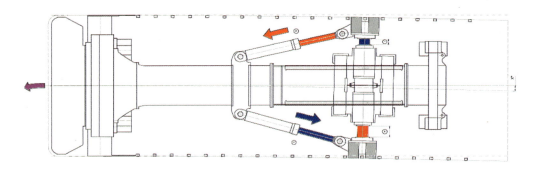

图 10-13 掘进方向控制原理

1) TBM 姿态监测

PPS 自动导向系统辅以人工复核测量,对 TBM 姿态监测是控制 TBM 掘进方向的有效方法和手段。PPS 能都能够全天候地动态显示 TBM 当前位置与隧道设计轴线的偏差以及预测在当前状态下一定距离的偏差趋势。定期人工复核 PPS 系统的状态,每 80m(或每两次移站)人工从导线点引测一次 PPS 系统坐标点,复核其坐标精度,以保证系统的准确性。

2) TBM 姿态方向的控制与调整

(1)在掘进过程中主要进行 TBM 的中线控制,当掘进一个循环完成后,在进行换步作业时,对主机的倾斜和流动值进行调整控制,纠正偏差。

(2)为确保边刀不受损伤,每次调向的幅度不应太大,在更换完边刀的第 1 个掘进循环中不宜进行调向作业。

(3)当 TBM 出现下俯时,通过调整上下油缸,增大主机的坡度,反之,则减小主机坡度。

(4)水平方向纠偏主要是在通过调节水平撑靴的油缸伸缩量进行调整。

(5)方向控制及纠偏注意事项

①根据掌子面地质情况应及时调整掘进参数,防止 TBM 突然"低头"。

②方向纠偏时应缓慢进行,如修正过程过急,会对设备产生不利影响。

③TBM 始发、贯通时,方向控制极其重要,应按照始发、贯通掘进的有关技术要求,做好测量定位工作。

3)导向系统的管理与维护

(1)影响自动系统正常工作的原因

在正常掘进施工中,主要有以下几个方面的原因导致 PPS 导向系统不能正常工作:

①灰尘:若洞内灰尘太大,导致全站仪无法前视到目标马达棱镜,使系统无法正常工作。

②杂物阻挡或半阻挡全站仪通视线,造成无法前视到目标马达棱镜。

③水雾:地下水进入目标马达棱镜,使之在棱镜片上形成一成水雾,将导致无法前视到棱镜内的照准目标,使系统无法正常工作。

④PPS 系统故障,如马达棱镜坏、线路故障、全站仪故障及数据转换器故障等问题,都会造成系统无法正常工作。

(2)自动导向系统的管理

在施工过程中,应加强对导向系统的管理和维护,经常检查系统工作环境,并在施工中做好以下几个方面的工作:

①工程技术人员在施工过程中应及时了解 PPS 系统的工作状态,对 PPS 显示屏上出现的任何问题应作出正确的判断,并及时解决。

②在掘进过程中做好对测量仪器的防护。做好倾斜仪、马达棱镜、全站仪、后视棱镜和数据线的遮挡防护,避免地下水和高压水直接喷洒到仪器或碰撞等意外情况发生。

③经常检查导向系统中各测量仪器的运行环境,主要查看仪器是否进水和仪器是否固定牢固,防止系统带病工作。

④掘进过程中做好掘进偏差的详细记录,以备核查、分析。

⑤在长时间停机时,应将 PPS 系统的电脑关闭,进行彻底的散热。

⑥每隔一定的时间,应将 PPS 测量存储的数据备份一次。

三、复合式 TBM 导向技术

1.导向

复合式 TBM 姿态监控可通过 ZED 自动导向系统和人工测量复核进行复合式 TBM 姿态

监测,该系统配置了导向、自动定位、掘进程序软件和显示器等,能够全天候动态显示复合式 TBM 当前掘进位置与隧道设计轴线的偏差以及趋势。随着复合式 TBM 推进,导向系统后视基准点必须前移,过程中必须通过人工测量来进行精确定位。为保证推进方向的准确可靠,施工过程中拟每 20~50m 进行一次人工测量,以校核自动导向系统的测量数据并检查复合式 TBM 的位置、姿态,确保复合式 TBM 掘进方向的正确,该系统的组成如图 10-14 所示。

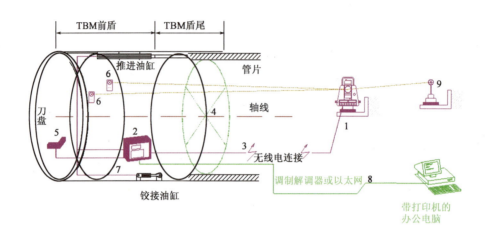

图 10-14 ZED 导向系统示意图

1-电机驱动全站仪;2-工业电脑;3-盾尾间隙测量装置;4-数据传输盒;5-倾斜与滚动测量装置;6-前置棱镜;7-串行数据传输装置;8-办公电脑;9-后置棱镜

随着复合式 TBM 推进导向系统后视基准点需要前移,必须通过人工测量来进行精确定位,为保证推进方向的准确可靠性,曲线段每 30m、直线段每 100m 进行一次人工测量,以校核自动导向系统的测量数据并复核复合式 TBM 的位置、姿态,确保复合式 TBM 掘进方向的正确。

2. 采用分区操作复合式 TBM 推进油缸控制复合式 TBM 掘进方向

本合同施工的复合式 TBM 共 30 个推进油缸,分 4 区,每区油缸可独立控制推进油压。复合式 TBM 姿态调整与控制可通过调整各分区推进油缸压力差来实现复合式 TBM 掘进方向的调整与控制。

在上坡段掘进时,适当加大复合式 TBM 下部油缸的推力;在下坡段掘进时,则适当加大上部油缸的推力;在左转弯曲线段掘进时,则适当加大右侧油缸推力;在右转弯曲线掘进时,则适当加大左侧油缸的推力;在直线平坡段掘进时,则应尽量使所有油缸的推力保持一致。

在地质条件均匀时,保持所有油缸推力一致;在土石交界地层中掘进时,则应根据不同地层在断面的具体分布情况,遵循硬地层一侧推进油缸的推力适当加大,软地层一侧油缸的推力适当减小的原则来操作。

3. 复合式 TBM 掘进姿态调整与纠偏

在实际施工中,由于地质突变等原因,复合式 TBM 推进方向可能会偏离设计轴线并达到管理警戒值;在稳定地层中掘进,因地层提供的滚动阻力小,可能会产生盾体滚动偏差;在线路变坡段或急弯段掘进,有可能产生较大的偏差。因此应及时调整复合式 TBM 姿态、纠正偏差。

1)姿态调整

参照上述方法分区操作推进油缸来调整复合式 TBM 姿态,纠正偏差,将复合式 TBM 的方向控制调整到符合要求的范围内。

2)滚动纠偏

当滚动超限时,复合式 TBM 机会自动报警,此时应采用复合式 TBM 刀盘反转的方法纠正滚动偏差。

允许滚动偏差≤1.5°,当超过 1.5°时,复合式 TBM 会报警,提示操纵者必须切换刀盘旋转方向,进行反转纠偏。

3)竖直方向纠偏

控制复合式 TBM 方向的主要因素是千斤顶的单侧推力,当复合式 TBM 出现下俯时,可加大下侧千斤顶的推力;当复合式 TBM 出现上仰时,可加大上侧千斤顶的推力来进行纠偏。

4)水平方向纠偏

与竖直方向纠偏的原理一样,左偏时应加大左侧千斤顶的推进压力;右偏时则应加大右侧千斤顶的推进压力。

第四节 施工监控量测

一、监控量测的必要性

地下工程穿越或所在的地层地质条件较复杂,开挖时会对支护结构及周围地层产生一定的位移和变形,这些位移超出一定范围,必然对支护结构及周围地层产生破坏。另一方面,对于地下工程,在施工以前,对地质等的评价总有不完善的地方,设计和施工方案及细节也总有需要在施工中检验和改进之处,而施工监测正是使施工顺利进行和积极改进支护措施的一个关键环节,也是确保施工安全和经济性的重要手段。因此在隧道及其他地下工程施工过程中,开展施工监控量测以研究施工引起的地层运动机理、预测相应的支护结构变位、确保施工安全非常必要。

二、监控量测的目的及意义

监控量测的目的及意义主要有以下几方面:

(1)施工过程中对周围房屋及构筑物沉降和倾斜监测及地面、管线沉降监测,确保周围房屋、构筑物及管线在施工过程中的安全,以及行车路面的车辆安全运行。

(2)实时监测地下工程支护结构和周围岩层的变形特征,为施工日常管理提供信息,保证施工安全

隧洞及地下工程支护结构和周围岩体的变形及应力状态和其稳定情况密切相关,支护结构和周围岩体的各种破坏形式产生之前通常有大的位移、变形、受力异常等,监测数据和成果是现场施工管理和技术人员判断工程是否安全的重要依据。因此,在施工过程中,通常依据观测结果来验证施工方案的正确性,调整施工参数,必要时采取辅助工程措施,以此达到信息化施工目的。

(3)修正工程设计,使工程置于动态管理之下

研究监测工程状况的累计记录,有助于对工程设计进行修改,并通过观测数据与理论上的

工程特性指标进行比较,以便了解设计的合理程度。

(4) 验证支护结构设计,为支护结构设计和施工方案的修订提供反馈信息

地下结构周围岩层软弱,复杂多变,结构设计的荷载常不确定,而且荷载与支护结构变形、施工工艺有直接关系,因此,在施工中迫切需要知道现场实际的应力和变形情况,与设计值进行比较,必要时对设计方案和施工过程进行修改。施工监测是支护结构设计的重要组成部分。

(5) 通过监控量测了解该工程条件下所表现和反映出来的一些地下工程规律和特点,为今后类似工程或该工法本身的发展提供借鉴、依据和指导作用。

(6) 通过监控量测了解地下工程支护结构在施工过程中受力的动态变化,明确工程施工对周边岩体的影响程度及可能产生失稳的薄弱环节。

三、监控量测内容及监测控制措施

1. 监测内容

1) 监测点的布设

监测观测点根据地形地质条件及地面建筑的分布情况布置,且满足设计及相关规范、规程要求。

地表建筑物、地下管线测点布置如图 10-15、图 10-16 所示。

图 10-15　建筑物测点布置

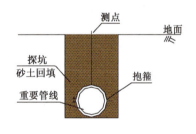

图 10-16　管线测点布置

2) 区间隧道监控量测项目

区间隧道监控量测项目见表 10-2。

区间隧道监测项目表　　　　表 10-2

序号	监测项目	监测方法	测点布置	频率
1	拱顶下沉	精密水准仪	每 5~20m 一个断面,每断面 3 个测点	1~15d 内 1~2 次/d,16d~1 个月内 1~2 次/2d,1~3 个月内 1~2 次/周,3 个月以后 1~3 次/月
2	水平净空收敛	收敛计	每 5~50m 一个断面,每断面 2 对测点	1~15d 内 1~2 次/d,16d~1 个月内 1~2 次/2d,1~3 个月内 1~2 次/周,3 个月以后 1~3 次/月
3	地表沉降	精密水准仪	一般:30m/断面,建筑物:10m/断面	开挖面距量测面后<2B 时,1~2 次/天;开挖面距量测断面后<5B 时,1 次/2 天;开挖面距量测断面后>5B 时,1 次/1 周

续上表

序号	监测项目	监测方法	测点布置	频率
4	围岩及支护情况观察	现场观测地质描述		每次开挖后立即进行
5	地表建（构）筑物沉降、倾斜	精密水准仪，钢钢尺	建筑物四角，每栋布点不少于4点	1～2次/1d
6	地下管线沉降	苏光 DSZ-2 水准仪，钢钢尺	分别于浅埋区间隧道线位上方开挖范围内地下管线密集处，布设必要数量观测点	

注：B 为隧道开挖宽度。

区间隧道监测点布设如图10-17所示。

2. 监测方法及控制措施

净空变化、拱顶下沉和地表下沉（浅埋地段）等必测项目应设置在同一断面，其量测断面间距及测点数量应根据围岩级别、隧道埋深、开挖方法确定，按表10-3进行。

净空变化量测点的布置：沿进洞方向，左侧量测桩焊接位置为直腿脚板底上 2.4m，右侧量测桩焊接位置为直腿脚板底上 2.2m（即左侧量测桩焊接位置为起拱点脚板底下 2.5m，右侧量测桩焊接位置为起拱点脚板底下 2.5m）。拱顶下沉量测点的布置：拱顶正中。

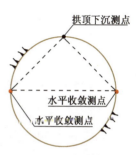

图 10-17 区间隧道监测测点断面布置

必测项目量测断面间距和每断面测点数量　　　表 10-3

围岩级别	断面距离(m)	每断面测点数量	
		净空变化	拱顶下沉
Ⅴ～Ⅵ	5～10	1条基线	1点
Ⅳ	10～30	1条基线	1点
Ⅲ	30～50	1条基线	1点

净空变化、拱顶下沉量测应在每次开挖后 12h 内取得初读数，最迟不得大于 24h，且在下一循环开挖前必须完成。测点应牢固可靠、易于识别，并注意保护，严防爆破损坏。拱顶下沉和地表下沉量测基点应于洞内、外水准基点建立联系。

隧道浅埋地段地表下沉的量测宜与洞内净空变化和拱顶下沉量测在同一横断面内。横断面方向应在隧道中心及两侧间距 2～5m 处设地表下沉测点，每个断面设 7～11 个点，监测范围应在隧道开挖影响范围以外，地表下沉量测应在开挖工作面前方，隧道埋深与隧道开挖高度之和处开始，直到衬砌结构封闭、下沉基本停止时为止。

地表下沉量测频率应与拱顶下沉和净空变化的量测频率相同，各项目量测频率应根据位移速度和量测断面距开挖面距离，分别按表10-4、表10-5确定。

量测频率（按位移速度）　　　表 10-4

位移速度(单位：mm/d)	量测频率
≥5	2次/d
1～5	1次/d

续上表

位移速度(单位:mm/d)	量测频率
0.5～1	1次/2～3d
0.2～0.5	1次/3d
<0.2	1次/7d

量测频率(按距开挖面距离) 表 10-5

量测断面距开挖面距离(单位:m)	量测频率
(0～1)B	2次/d
(1～2)B	1次/d
(2～5)B	1次/2～3d
>B	1次/7d

注:1. B 为隧道开挖宽度;
2. 当按上表选择量测频率出现较大差异时,宜取量测频率较高的作为实施的量测频率。

各量测作业均持续到变形基本稳定后 2～3 周结束。对于膨胀性和挤压性围岩,位移长期没有减缓趋势时,适当延长量测时间。

四、监控量测数据的整理

1. 数据处理

各项监测数据收集后及时整理、绘制位移—时间曲线、应变应力等随施工作业面的推进时间变化规律曲线,即时态散点如图 10-18 所示。

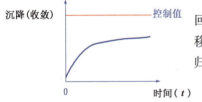

图 10-18 时态散点示意图

当位移—时间曲线趋于平缓时,对初期时态曲线进行回归分析以预测可能出现的最大变形值、应力值和掌握位移变化规律,并视散点的数据分布状况选择合适的函数,回归分析时在下列函数中选用:

对数函数

$$U = a\lg(1+t)$$

$$U = a + \frac{b}{[\lg(1+t)]}$$

指数函数

$$U = ae - b/t$$

$$U = a(1 - e - bt)$$

双曲函数

$$U = \frac{t}{a+bt}$$

$$U = a\left(1 - \frac{1}{1+bt}\right)$$

式中:a、b——回归系数;
t——初读数后的时间(d);
U——位移值。

2. 数据管理基准

根据施工监测的成功经验,采用Ⅲ级监测管理并配合位移速率作为监测管理基准,即将允许值的 2/3 作为警告值,允许值的 1/3 作为预警值。将警告值和预警值之间称为警告范围,实测值落在此范围,应提出警告,说明须商讨和采取施工对策,预防最终位移值超限。警告值和基准值之间称为注意范围,实测值落在基准值以下,说明岩体是稳定的。检测管理等级见表 10-6。

监测管理等级表   表 10-6

管 理 等 级	管 理 位 移	施 工 状 态
Ⅲ	$U_0 < U_n/3$	正常施工
Ⅱ	$U_n/3 \leqslant U_0 \leqslant 2U_n/3$	加强监测
Ⅰ	$U_0 > 2U_n/3$	加强监测并采取相应工程措施

根据有关规范和类似工程经验确定控制标准,根据上述监测管理基准,调整监测频率:一般在Ⅲ级管理阶段监测频率可适当放大一些;在Ⅱ级管理阶段则注意加密监测次数;在Ⅲ级管理阶段则加强支护,并加强监测,密切关注工程过程,监测频率达到 1～2 次/d 或更多。

五、施工监测反馈程序

监测信息主要以日报表、月报表的形式进行施工期间的反馈工作。施工期间有特殊情况时,将以阶段小结形式进行及时反馈,如图 10-19 所示。

日报表:在取得监测数据后,及时对原始数据进行计算,对测点数据变化较大者,组织人员进行复测,并查看测点的可靠性,观察测点施工附近情况,确认所取得数据的真实性,将所测得数据输入计算机,由相关软件自动计算得出,并生成相应的日报表,日报表上附简短反馈信息,以指导施工。

月报表:监测工作历时 1 个月后,对本月监测工作进行阶段总结,提出施工中存在的问题、需注意的事项、应采取的对策等。月报表在日报表的基础上,由相应软件直接输出,包括月报说明、分析图、表、汇总表、测点布置图、工况记录表等。

工程结束后,根据业主要求,提供一份完善的施工期间监测总结报告。

六、监控量测信息的处理、分析及应用

(1)根据所绘各曲线的变化情况与趋势,判定围岩的稳定性,及时预报险情,确定施工时应采取的措施,提供修改参考依据。

(2)当隧道喷射混凝土出现大量的明显裂缝或隧道支护表面任何部位的实测收敛值已达到规定允许值的 70%,且收敛速度无明显下降时,及时根据实测值找出回归方程,绘出回归曲线,由回归方程推算最终位移值,若最终位移值接近或超过规定的净宽允许相对位移值时,立即采取补强初期支护措施,并改变支护设计参数。

七、监控量测管理体系和质量保证措施

为保证量测数据的真实可靠及连续性,确定了以下各项措施。

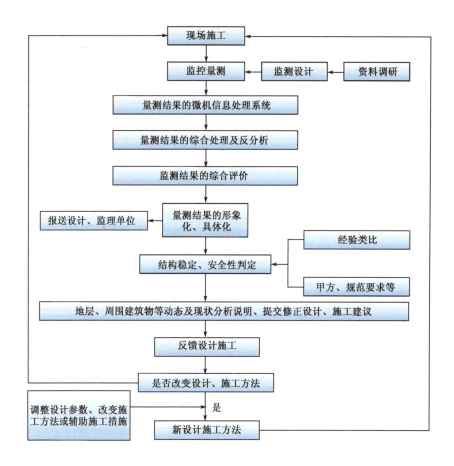

图 10-19　测信息反馈程序图

(1)建立专业组织机构,组成监控量测及信息反馈小组,成员由多年从事地下工程施工及监测经验的技术人员组成,监测主管由具有丰富施工经验,具有较高结构分析和计算能力的专职监测工程师担任。监测小组在监测主管的领导下负责日常监测工作及资料整理工作。

(2)制定监测实施性计划,使监测按计划、有步骤地进行。建立质量责任制,确保施工监测质量。

(3)设定控制值,采用三级监测管理,当发现监测物理量接近或超过警戒控制值时,立即报告监理,并向监理报送应急补救措施。

(4)观测前,对所有仪器设备按有关规定进行检验和校核,确保仪器的稳定可靠性和保证观测的精度。

(5)制定各监测点位的保护措施,定期对使用的基准点或工作基点进行稳定性检测。

(6)监测资料保持有完整、清晰的监测记录、图表、曲线及文字报告。

(7)建立监测复核制度,确保监控数据的真实可靠性。

(8)量测资料的储存、计算、管理均采用计算机系统进行。

第五节　TBM 拆机技术

一、敞开式 TBM 拆机技术

TBM 掘进完成后,如果距离洞口距离较短,并且具备场地、对外运输条件,则可以考虑将 TBM 牵引出洞或者步进出洞,在洞外进行拆卸,这是比较理想的方案。如果 TBM 掘进完成后,距离洞口距离很长或者 2 台 TBM 相向掘进,则只能在隧道内施工扩大洞室,实施洞内拆卸。

1. TBM 拆卸前的状态检测与标志

TBM 拆卸前必须对其整机的工作状况做一次全面的科学评价,把握各主要设备、部件的运行态势,检测零部件的剩余寿命、相互的配合关系(间隙、振动频谱、基态等),以便为今后 TBM 维护、下场检修和状态监测提供必要的依据。

TBM 拆卸前,还要全面核对电气、液压等系统的标志是否齐全、清晰。如有必要,补充残缺、模糊、遗失的标志,并做好登记汇总,为再次组装保留原始依据。

同时,如果是第一次拆卸,还要对各部位从不同角度拍摄照片,整理成册并对每张照片作出必要的说明,存档备查。

2. TBM 拆卸

TBM 拆卸工艺流程如图 10-20 所示。敞开式 TBM 在洞外拆卸场地拆卸,主机部分用门吊拆卸,后配套用汽车吊拆卸。

拆除的大件直接用拖车运到指定的存放厂区,小件存放在临时的出口存放场,配车运到厂区。

1)拆卸前准备工作

(1)设备总成拆卸时,对要拆卸的场地和周围环境进行清理、除污(油污、油泥、脏污)、擦干并铺垫、遮盖,防止人员滑倒、脏物混入、重物坠落。

(2)拆卸前,必须断开设备用电,释放 TBM 运行时形成的封闭油箱的气压、油压和其他弹性构件的预压缩力,必要时放油。对电气、易氧化、易锈蚀的零件须进行保护。

(3)必须有专人负责在拆卸部位作标志和记号(系统类别、名称、装配图号、原始安装方位、接口符号等),并填写拆卸登记表,以便了解拆卸顺序、掌握进度、利于交接,也为后序的再次安装做好铺垫。

(4)拆卸人员不得跨专业、跨系统拆卸,同一系统,专人负责到底,以保持工作的延续性。

(5)对于高空、容易坠落、非人力所能控制的结构件和大件,在拆卸之前,必须采取一定的支承和起重措施,拴绑牢靠,悬挂可靠,才能拆卸和起吊。

2)拆卸的一般顺序

先电路、信号、通信系统,再液压、管路系统,最后才能拆机械;先强电、后弱电;自上而下、先外后内;先主流,后分支;先主体、后框架结构;先设备,后总成,再部件,最后是零件。

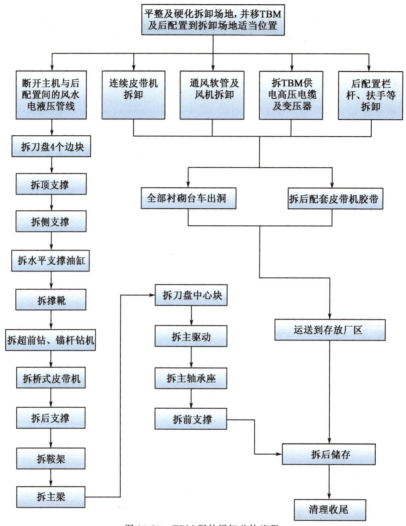

图 10-20　TBM 洞外拆卸总体流程

3）拆卸工具和设备

（1）对于高压拆装设备（如液压预紧螺栓的拆卸装置和电动、气动扭矩扳手等），没有经过操作检验，一律不得投入使用。

（2）对于螺纹紧固，优先选用梅花扳手或套筒扳手，其次才是开口扳手和活动扳手。依照紧固力矩量程由小到大排列，可以使用的工具分别为公斤扳手、可调式小扭矩扳手、套管式可调扭矩扳手、比例放大（行星轮式）扳手、冲击式电动扳手、冲击式气动扳手、气推油式液压扳手和气推油式液压张紧成套工具。

4）拆卸的一般原则

（1）从实际出发，可不拆的尽量不拆

为了减少拆卸工作量和避免破坏配合性能，对于尚能确保使用性能的零部件可不拆，但需要进行必要的试验或诊断，确信无隐蔽缺陷方可。

对不可拆的连接或拆后降低精度的结合件，拆卸时需注意保护。

第十章 城市轨道交通工程TBM施工控制

若不能肯定内部技术状态如何,必须拆卸检查,确保维修质量。

(2)尽量少拆

对于某些设备总成、液压泵站等自身连接的线路和管路,只要不影响吊装、运输,尽量不拆,维持原状。

(3)液压系统拆卸时,应特别小心、谨慎,注意元件外表及环境的清洁,尤其是管路接头随时拆卸、随时装上堵头和防护帽,以免人为污染。

(4)在拆卸轴孔装配件时,通常应坚持用多大的力装配,就用多大的力拆卸。若出现异常情况,要查找原因,防止在拆卸中将零件碰伤、拉毛,甚至损坏。热装零件需利用加热来拆卸。一般情况下不允许进行破坏性拆卸。

(5)拆卸应为下次装配创造条件。如果技术资料不全,必须对拆卸过程进行记录,以便在安装时遵照"先拆后装"的原则重新装配。拆卸精密或复杂的部件,应画出装配草图或拆卸时做必要的记号,避免误装。

(6)分类存放。

拆开后的零件,均应分类存放,以便查找,防止损坏、丢失或弄错。存放时按照"总成、部件、零件"、"电气、液压、机械"、"大件、小件"、"粗糙、精密"分开的原则,单独存放。

临修部件,也可以按照装配图顺序,在洁净的工作台上依次摆放。

根据零件的结构特点,细长零件要悬挂,防止弯曲变形;对不能互换的零件或高速旋转盘类零件,防止运转性能变化带来的不利影响(如偏心、质量不平衡、静态与动态不平衡等),要成组存放或用记号笔打上标记。

5)其他注意事项

(1)TBM贯通前需全面仔细复查,补全机、电、液各零件的标志。

(2)除组装所用设备、机具以外,TBM拆卸专用的拖车牵引连接装置,连接桥支承轮架应准备完好。

(3)检查各种管接头、堵头短缺数量、规格,并补充加工。

(4)TBM贯通前应进行主机、后配套及其辅助设备的带负荷性能测试,以全面鉴定各机构、设备的性能状态,为拆卸后及时维护、修理和制定配件计划提供依据。

(5)TBM主机零部件采用后配套平台拖车装载,机车拖运,须注意装载重量及隧道限界尺寸。

(6)TBM后配套拖车及连接桥拖拉出洞运行速度限制为5km/h。

(7)TBM零部件的包装储存,必须事先制定可行方案,并考虑可能的储存期限以及再次运输的道路情况。

(8)对于主轴承驱动组件,拆机停放时间久远的部件,内部应充满润滑油,并在对低位置设置截止阀和小管段,适当时放出积存的水分。杜绝水分对金属部件的锈蚀。

(9)对于护盾类圆弧钢板,有条件时考虑内部加焊支撑构件,避免久放变形。

3.TBM拆卸过程的技术状况鉴定

TBM拆卸过程中主要观察:

(1)零部件磨损、疲劳、腐蚀等产生的损伤状况;

(2)零件原有的几何形状、尺寸、表面粗糙度、硬度、强度以及弹性等发生的变化程度;

(3)零件技术性能的变坏或失效引起的机械损伤程度和性质,以便为以后是否维修提供依据。

4. 拆后整修

经过一项工程的掘进施工，TBM 整机各部位、各系统均会存在不同程度的损伤，为确保储存期间以及再次上场前的设备质量，TBM 拆卸后必须进行较全面的整修。

5. 拆后储存

TBM 拆卸、整修后，需根据可能的储存时间，选择适当的场所存放，并采取适当的防护、保安措施，以减少各部件的自然老化、损耗，避免额外损坏。

二、复合式 TBM 拆机技术

复合式 TBM 掘进完成后，如果距离洞口距离较短，并且具备场地、对外运输条件，则可以考虑将复合式 TBM 牵引出洞或者步进出洞，在洞外进行拆卸，这是比较理想的方案。如果复合式 TBM 掘进完成后，出场条件限制，则可采用接收井接收吊出方式。在城市地铁施工中，通常遇到的情况以接收井及吊出井居多。

1. 拆卸前的准备工作

TBM 到达后制定详细的拆卸计划，编制 TBM 拆卸的技术说明和要求。拆卸工作必须有专人负责指挥，保证拆卸工作安全有序。

拆机前必须准备好拆卸所需的各种设备机具，即组装时所用的工具，保证风、水、电的供应，同时做好设备的检修和管线标志等工作，为下一次组装提供方便。按包装类别和设备的状态情况进行分类，以便计划拆机后的设备修理和性能恢复。对已拆除的设备进行清洗包装，按性能进行修复。

2. 复合式 TBM 拆机

复合式 TBM 在分别到达接收井、吊出井后进行拆卸，大件的吊卸由 300t 吊机完成，后配套拖车由 90t 吊机完成。拆卸主要设备：300t 汽车吊机一台，90t 汽车式吊机一台以及相应的吊具。

3. 拆卸技术措施

(1) TBM 拆卸前必须制定详细的拆卸方案与计划，同时组织有经验地由经过技术培训的人员组成拆卸班组。

(2) 汽车吊机工作区应铺设钢板，防止地层不均匀沉陷。

(3) 复合式 TBM 大件吊装时采用 90t 的吊车辅助翻转。

(4) 拆卸前必须对所有的管线接口进行标志(机、液、电)。

(5) 所有管线接头必须做好相应的密封和保护，特别是液压系统管路、传感器接口等。

(6) TBM 主机吊耳的布置必须保证吊装时的受力平衡，吊耳的焊接必须由专业技术工人操作，同时必须有专业技术人员进行检查监督。

第六节　TBM 配套临时工程及资源配置

一、布置原则

本着"满足施工、精简节约、因地制宜、便于管理、方便施工、利于环保"的原则，合理高效地组织和使用。

下面以重庆 6 号线 TBM 试验工程 TBM 配套临时工程为例加以说明。

二、施工便道

1. 修建标准

便道宽度：TBM 进场及出渣便道宽度设为 6.0m，钢筋混凝土路面。最小曲线半径：一般最小曲线半径为 25m。TBM 运输主干道的修建标准满足大件设备运输（100t 拖车）的需要。便道最大坡度：一般情况下为 8%，极困难条件下为 10%。道路设单侧排水沟，沟底宽和深度不小于 30cm，土边坡处根据现场情况设下挡和护坡；陡岩及临便道基坑一侧地段设置防护墩，路边按规定设备种道路标志。

2. 施工便道布置

改扩建 TBM 运输及弃渣便道，便道长约 2km，便道通至五里店车站基坑底部，满足 TBM 组装、材料运输及弃渣外运等要求。

TBM 掘至大龙山站后，施工生产设备移至大龙山站，大龙山站位于龙山大道上，车辆繁忙，施工期间占用公路中间绿化带，并占用部分人行便道。

山羊沟水库出口场地平整，距金开大道西段约 200m，便道修建及场地平整量小，能满足 TBM 拆卸及外运要求。

3. 养护维修

因便道出渣期间长期使用，为保证施工便道的正常使用，配备必要的机械、工具和材料，组织专人对施工便道进行养护，做到"晴天不扬尘、雨天不泥泞"，并保证路况完好，无坑洼、无落石、排水通畅，保证正常天气情况下的不间断运输需要。

三、TBM 施工通风技术

1. 通风方式概述

TBM 施工与钻爆法施工在通风除尘方面要求明显不同。钻爆法施工由于爆破排烟、运输车辆尾气稀释等需求，要求供风量大。TBM 风量需求小，但设备复杂，液压、电气、控制系统、激光导向系统对空气环境要求较高，空气中粉尘含量和环境温度要求更为严格。

TBM 设备本身配备了先进的除尘系统，首先是在刀盘上设有若干个喷水嘴，掘进过程中连续向掌子面喷射水雾，以达到降尘、降温的目的；其次，TBM 上安装有除尘器，将刀盘区域经喷水处理后的污浊空气吸入除尘器，再除尘，其除尘率可达 95% 以上；再次，由除尘器排出的空气，被隧道通风系统送来的新鲜空气稀释、顶推向洞口方向移动，达到清洁洞内空气、降温等功效。喷锚等工作过程中产生的粉尘，完全依靠新鲜风稀释。

由于地铁区间被车站结构分割，通风长度较短，在施工过程中，TBM 掘进区间隧道采取独头分区段压入式通风。通过风量计算及工程类比，常规地铁区间敞开式 TBM 可采用 2×55kW 轴流式风机，通风管直径为 1.2m。为了节约能源，通风机选用多级变速轴流风机。风管将新鲜风压入 TBM 后配套尾部，利用 TBM 后配套上的接力风机向掌子面供风。风管采用 100m 一节，存放在 TBM 后配套上风筒内，TBM 掘进后配套拖拉时，自动延伸。洞外设置一个备用风筒,倒换使用。风管自动延伸完成后,利用提升装置进行倒换,人工配合安装。

考虑到施工线路长,通风距离过长不能保证通风质量,每次通过车站或施工竖井都将风机迁移到该处,以便继续给掌子面供风。

2. 施工通风及管理

通风技术管理包括通风方案的实施、方案的局部调整、通风效果的监测与评价等,这些都由专业技术人员来完成。

(1)由专人进行现场施工通风管理和实施,风管安装必须平、直、顺,通风管路转弯处安设刚性弯头,并且弯度平缓,避免转锐角弯,以减小管路沿程阻力和局部阻力,并且要加强日常维修和管理。

(2)根据检测结果及时对通风系统作局部调整。

(3)风机操作配专业风机司机负责操作,并做好运转记录,上岗前进行专业培训,培训合格后上岗。

(4)通风管理还满足以下要求

①为了保证通风机能够正常启动和运转,应为通风机提供合适的供电设备。

②加强日常通风检测,保证足够的风量和风压,并且爱护通风管路,避免对通风管路的破坏,降低漏风率。

③洞口风机需要安设在距离工作井口20m以外的上风向,避免发生污风循环。

④保证衬砌台车和各种台架有足够的净空,避免发生过往车辆和机械刮破风管而影响施工。

四、施工用水

该项目与重庆市自来水公司联系,施工及生活用水由自来水公司指定城市供水管口接入,场区内部安设引水管路,满足施工需要。

如就近取水,一定要保证水源洁净度,否则污水进入掘进机冷却系统隐蔽部位极难清洗,极大影响系统散热。为防止结垢,水箱内应添加一定比例防冻液,除防冻之外还有缓蚀作用。

五、施工用电

工程施工用电接口从龙头寺变电站(距五里店6.7km)接出,由YJV22-10-3×400高压电缆引入五里店站的10kV开闭所,该开闭所由江北供电局下属的专业施工企业负责施工建造。开闭所出线包括:2台3500kVA(10kV/20kV)的升压变压器,单独给TBM提供20kV供电电源;2台630kVA(10kV/0.4kV)的箱式变压器和1台500kVA(10kV/0.4kV)的箱式变压器负责五里店工区的其他常规用电。该开闭所具有高压进线、计量、出线综合开关柜和过流、速断、零序电流保护等功能。本项目采用2台敞开式TBM施工,临电通过升压后,20kV电缆引入隧道对TBM供电。

六、临时通信

临时通信通过与地方通信部门协调,架设通信线路,洞内采用对讲机、有线电话或者网络视频系统进行过程控制,解决施工临时通信,必要时通过无线电解决。TBM护盾后部、后配套尾部、TBM皮带转接口等作业面均安设有摄像头。

七、临时房屋

生产房屋修建标准:生产房屋及现场办公用房均采用彩钢板结构;部分生活用房在附近租房,尽量减少用地面积。

八、混凝土生产系统

五里店站主体结构混凝土及隧道二次衬砌采用商品混凝土集中供应,混凝土罐车运输。隧道喷射混凝土及其他一些临时性用混凝土采用工地混凝土搅拌机生产,前期在五里店车站TBM施工场地内设2台1000L混凝土搅拌机,TBM掘进施工转场到大龙山车站后,将搅拌机迁移到大龙山站施工场地。

九、试验室筹建

本工程所有试验全部委外,仅在工地现场修建混凝土试件标养间并配备相应设备及简单的现场试验设备、检测设备。

十、TBM组装场地

TBM组装场地设在五里店站内,五里店站基坑开挖完成后,先施作TBM组装场地。组装场地长200m,宽28m,采用30cm厚C30钢筋混凝土,TBM组装时刀盘距离洞口预留20m距离。

十一、临时弃渣

在五里店站TBM施工场地内设一处临时弃渣场,大龙山站施工场地内设两个临时弃渣场。五里店考虑20000m³储存量(进度较快时7d的弃渣量);大龙山站每个弃渣场考虑9000m³储存量(进度较快时3d的弃渣量)。弃渣场地面全部采用钢筋混凝土硬化。弃渣卸入临时渣场后,由装载机配合封闭式自卸汽车将渣二次倒运至指定弃渣场。

隧道弃渣采用封闭自卸式汽车外运,弃渣场地设在五里坪,距离五里店车站约14km,大龙山弃渣场地为大石渣场。

十二、污水及垃圾处理系统

在五里店、大龙山各设一处污水处理站,对生产、办公区污水集中进行处理,达到国家及重庆市排放标准后排入市政管网。

生产、生活垃圾定点收集、定期运至垃圾场。洞外采用洒水降尘措施,洞内采用水幕降尘器降尘和干式除尘机除尘,如图10-21所示。

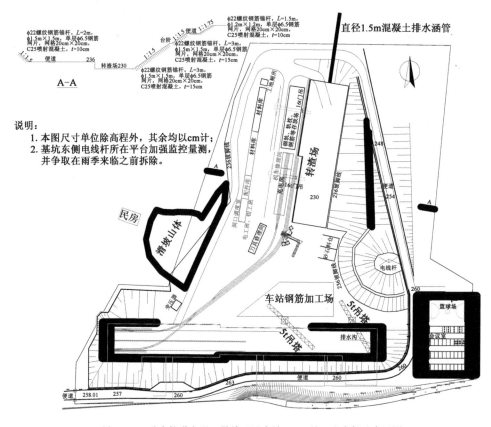

图 10-21 重庆轨道交通 6 号线五里店站 TBM 施工生产场地布置图

十三、资源配置

1. 设备配置（见表 10-7～表 10-10）

五里店车站施工主要设备表　　　　表 10-7

序号	设备名称	规格型号	数量	国别产地	制造年份	额定功率(kW)	生产能力	用于施工部位	备注
1	挖掘机	CAT320C	6	卡特	2006	138	1m³	开挖	租赁
2	振动压路机	YZ18	2	山东	—	133	18t	回填	租赁
3	自卸车	XC3320	20	重庆铁马	2007	170		运输	租赁
4	气腿式凿岩机	YT-28	30	天水	—			开挖	新购
5	拌和站	JS1000	1	成都	2006	75	60m³/h	混凝土生产	自有
6	混凝土输送泵	HBT60D	3	湖北	2005	70	60m³/h	混凝土灌注	租赁
7	汽车混凝土输送车	JC6	3	上海建筑机械厂	2005		8m³	混凝土运输	自有
8	空压机	20m³/min	2	北京	2006	110	20m³/min	五里店站	自有
9	抽水机	15kW	9	—	—			排水	新购

续上表

序号	设备名称	规格型号	数量	国别产地	制造年份	额定功率(kW)	生产能力	用于施工部位	备注
10	潜水泵	5.5kW	28	—	—	—	—	排水	新购
11	电焊机	ZX$_5$-250	8	—	—	—	—	加工	新购
12	风镐		20					开挖	新购
13	绞架		20					挖孔桩	新购
14	地质钻机	HZ-100Y	3	山东	2007	11		锚索	自有
15	喷浆机	TK-961	3	成都		7.5		初支	新购
16	插入振捣棒	3N35	30	—	—	—	—	混凝土施工	新购
17	平板振捣器	2B3	10	—	—	—	—	混凝土施工	新购
18	蛙式打夯机	HW-70	6					加填	新购
19	双液注浆机	UBY-50/70	4	河北柏乡机械厂	—	—	—	注浆	新购
20	拌浆机	YM44	4	—	—	—	—	注浆	新购
21	高压洗车泵	—	2						新购

TBM掘进施工主要设备表 表10-8

序号	设备名称	规格型号	数量	国别产地	制造年份	额定功率(kW)	生产能力	用于施工部位	备注
1	TBM	φ6.36m	2	欧美				TBM掘进	新购
2	蓄电池车	45t	11	新购				TBM掘进	新购
	蓄电池车	25t	6	新购				TBM掘进	新购
3	出渣矿车		45	河南				TBM掘进	新购
4	轨行式混凝土输送车	6m³	9	河南				TBM掘进	新购
5	充电机		16		2009	30		充电	新购
6	轨行式混凝土输送车	10m³	12	河南				TBM掘进	新购
7	材料平板车		9	河南				TBM掘进	新购
8	人车		4	河南				TBM掘进	新购
9	通风机	55×2	2	山西侯马	2003	110	—	TBM掘进	新购
10	翻渣系统		2	河南				TBM掘进段	新购
11	装载机	ZLC50	4	柳州				TBM掘进	新购
12	模板台车	12M	10	河南				TBM掘进	新购
13	滑模	自制	10	河南				TBM掘进	新购
14	变压器	S11-630	2			—		生产区	租赁
	变压器	S11-500	2			—		生活区	租赁

续上表

序号	设备名称	规格型号	数量	国别产地	制造年份	额定功率（kW）	生产能力	用于施工部位	备注
14	变压器	S11-200	4			—		二衬	租赁
15	注浆机	UBY-50/70	2	河北				TBM掘进	新购
16	污水处理站		1					TBM掘进	新购
17	发电机	250GF-XD	1	重庆康明斯电机厂				TBM掘进	租赁

吊装运输主要设备表 表10-9

序号	设备名称	规格型号	数量	国别产地	制造年份	额定功率（kW）	生产能力	用于施工部位	备注
1	龙门吊	45t	2	河南	2009	120		吊装	新购
2	龙门吊	15t	1	杭州	2009	—		吊装	新购
3	叉车	6t	1	厦门	2007	57		吊装	自有
4	汽车吊	25t	2			—		吊装	租赁
5	汽车吊	150t	1			—		吊装	租赁
6	拖车	60t	3			—		吊装	租赁
7	拖车	40t	3			—		吊装	租赁

加工车间主要设备表 表10-10

序号	设备名称	规格型号	数量	国别产地	制造年份	额定功率（kW）	生产能力	用于施工部位	备注
1	交流电焊机	BX1-400	4	沈阳	2006			加工车间	自有
2	摇臂钻床		2	天津	2006			加工车间	自有
3	车床	CY6140	2	沈阳	2006	7.5	—	加工车间	自有
4	木工圆锯	MJ-106	6	西安	2005	—		加工车间	自有
5	木工锯床	MJ-30	2	西安	2005			加工车间	自有
6	砂轮机	S35L-400	2	—				加工车间	新购
7	液压锻钎机	PYZ-12	1	新乡	2007			加工车间	自有
8	钢筋弯曲机	GW40	2	山东	2007			加工车间	自有
9	钢筋调直机	GT40	2	山东	2007			加工车间	自有
10	钢筋切割机	GQ40	2	山东	2005			加工车间	自有
11	钢筋对焊机	UN1-75	2	上海	2005	—	—	加工车间	自有

2.人员配置(见表10-11)

人 员 配 置 表   表10-11

班组名称		任 务 安 排	作 业 总 人 数	作业总人数
项目部		管理及服务人员	经理1人,书记1人,生产经理4人,技术负责1人,工程技术部36人,机械设备部34人,安全质量3人,生产部4人,财务4人,服务人员25人	113
综合班		机械设备的修理、风、水、电供应及维护、材料加工等	班长2人,普工74人	76
掘进1班		TBM掘进、初支	班长2人,普工18人	20
掘进2班		TBM掘进、初支	班长2人,普工18人	20
掘进3班		TBM掘进、初支	班长2人,普工18人	20
掘进4班		TBM掘进、初支	班长2人,普工18人	20
掘进5班		TBM掘进、初支	班长2人,普工18人	20
掘进6班		TBM掘进、初支	班长2人,普工18人	20
电工班		电力设施安装维护	班长2人,电工10人	12
维保班		设备维修、保养	班长2人,普工38人	40
衬砌队		二次衬砌施工	班长4人,普工54人	58
主体结构队		车站主体结构施工	队长1人,班长10人,普工80人	91
运输班		运输、轨线养护	机车操作人员36人,调车员36人,轨道工8人,普工10人	90
冉光区间	工区	管理及服务人员	工区主任1人,书记1人,生产经理1人,技术负责1人,工程技术部20人,机械设备15人,安全质量2人,材料物资4人,后勤6人	51
	开挖钻爆班	钻孔、装药爆破、通风排烟、人工风镐协助开挖	凿岩工50人,炮工10人,班长7人	67
	出渣运输班	装渣、扒渣、运输、清底	装载机(挖机)驾驶员6人,自卸车驾驶员5人,普工30人	41
	机电班	拉线、接电、机电维修	班长1人,机电工4人	5
	喷锚支护班	锚杆安装、钢架支护、喷混凝土等	喷锚工26人,普工57人	83
光敞区间	工区	管理及服务人员	工区主任1人,生产经理1人,技术负责1人,工程技术部5人,机械设备3人,安全质量1人,材料物资2人,后勤6人	20
	电工班	电力设施安装维护	4人	4
	开挖钻爆班	钻孔、装药爆破、通风排烟、人工风镐协助开挖	凿岩工6人,炮工2人,班长1人	9
	出渣运输班	装渣、扒渣、运输、清底	装载机(挖机)驾驶员2人,自卸车驾驶员4人	6
	喷锚支护班	锚网安装、钢架支护、喷混凝土等	喷锚工8人,普工8人	16
合计(人)				581

第七节　TBM设备管理系统

TBM设备管理,即加强对设备使用过程中的保养和检测。施工中,对设备的所有过程进行监控,利用检测仪器、设备进行科学地分析、化验,掌握设备的实际状态,有针对性地进行保养和预测可能的故障,保证设备的正常工作,减少因突发故障的停机,提高掘进效率。其控制技术及管理分为刀具控制技术、液压控制技术、润滑控制技术、通风控制技术、电气控制技术、给水排水控制技术、辅助设备(空压机、除尘系统、材料运输系统、喷混系统、钻机、拱架安装器等)控制技术等。现将主要的刀具管理技术、液压控制技术和润滑控制技术介绍如下。

一、刀具管理技术

1. TBM施工对刀具整备的技术要求

TBM施工中的刀盘检查、刀具更换、刀具维修等一系列为使刀盘上的刀具处于良好状态的工作统称为刀具整备。它是TBM施工作业的重要组成部分,对隧道施工进度与造价有直接影响,且专业性强,是TBM施工技术的重点之一。

1)提高刀具可靠性,减少掘进中的停机换刀

TBM施工时,其掘进、出渣、支护等工序能平行作业且连续进行,因而具有掘进速度快的特点。但由于受地质因素、机器故障、刀具故障、施工管理技术等因素的影响使机器停机待掘进的时间长,运转掘进的利用率不高。加强刀具的定时检查和按规矩维护,就可以减少换刀次数,提高刀具使用可靠性。

2)减少刀具消耗,降低掘进费用

硬岩掘进机施工成本中刀具费用占较大比例,石质越硬,刀具费用比例越高。减少刀具消耗,是降低隧道掘进成本的主要手段,是TBM施工刀具整备工作的主要任务之一。减少刀具消耗应从以下几方面着手:

(1)正确使用刀圈,换刀时坚持调整刀位,使相邻刀之间的刀尖高差不超过规定范围。使刀圈的实际磨损量不小于允许磨损量的90%。

(2)合理使用轴承并保证使用品牌轴承,保证轴承油脂(油液)充分,发挥轴承的使用寿命。

(3)合理使用密封,充分发挥密封的使用寿命。

(4)减少掘进中刀具的事故性损坏。由于对机器调向过大、不均匀地质段推进过快等原因造成的刀具弦磨等意外损坏,所占比例较大,且损坏的刀具往往不是一把,而是多把,一般都很严重,难于修复,影响大。因此,必须改进调向操作和施工组织与管理,减少事故性的损坏和造成的损失。

(5)减少刀体、刀盖、刀轴等大件的消耗。这些大件造价高,使用中往往发生变形和磨损,能否继续使用,较难判定。因此,必须制定正确的检定标准和检测方法,并要用校正、刷镀等方法进行恢复性修理,减少这些零件的消耗。

2. TBM刀具的机械管理

硬岩隧道掘进机在掘进一段时间以后,刀具就会逐渐磨损变小或者破损,经TBM刀具工

测量、检查确认某些刀具不能继续使用以后，就需要对其进行更换，否则会影响 TBM 的正常掘进。TBM 刀具的磨损、破损情况有许多种形式，认真分析每一种破损形式可以帮助刀具工正确掌握刀具的更换时间，有利于使每个刀具发挥出最大的能量，更有利于 TBM 的正常掘进，对于降低生产成本、节约检修更换时间，将起到积极的作用。

1) TBM 刀具更换标准

TBM 刀具更换标准没有一个固定的值，需要刀具工根据工作实际情况来判断是否需要更换和什么时候更换。但在一般正常磨损的情况之下，当边刀刀圈磨损掉 10~15mm 左右、面刀和中心双刃刀刀圈磨损掉 20~25mm 左右时，就需要对它们进行更换。因为此时刀圈的刀刃变宽，其切削岩石的能力降低，TBM 掘进时所需要的扭矩和推力就会增大，加大了 TBM 液压系统和电机系统的负荷，而且切削下来的岩石也会磨损到刀盘面，会降低 TBM 的使用寿命。而如果在小于上述更换标准的情况之下频繁地进行更换，则不能发挥每一个刀圈应有的效能，也将浪费掉许多宝贵的时间。另外，在非正常磨损的情况之下，如发生刀圈的刀刃破损严重、转动轴承失灵坏掉、密封润滑油泄露等等情况，刀具就需要及时进行更换，因为这样会加重相邻刀具切削岩石的负荷，不仅影响 TBM 的正常掘进，而且还会影响到与其相邻刀具的正常使用，会造成刀具连锁性大量破损。

2) TBM 刀具破损情况分析及处理对策

TBM 刀具破损的原因有许多种，主要是由刀具的质量、围岩软硬程度和人工操作这 3 种因素所造成。根据刀具的破损情况，正确分析其产生的原因，有利于 TBM 操作人员的正确操作，避免人为因素造成刀具破损，也有利于刀具工及时发现问题，及时作出正确的处理措施。TBM 刀具一般有以下几种磨损或破损情况：

（1）刀圈均匀磨损

这种情况属于正常磨损，只要达到了规定一般的磨损尺寸，即可以进行更换。

（2）刀圈被磨掉一侧（偏磨）或者是被磨成多边形

这主要是由于滚刀的轴承损坏，不能正常转动所致，一经发现就需要马上进行更换。

（3）刀圈卷刃

这主要是由于岩石较硬，TBM 的掘进推力较大所造成的，有时是因为生产这批刀具的钢材质量较软，也可造成刀具卷刃情况发生。当这种情况发生以后，TBM 操作人员需要适当降低掘进推力和掘进速度，即可大大缓解卷刃的严重程度。另外刀具工根据实际情况，在不影响掘进的条件之下，可以等其磨损到一定程度后再进行更换。

（4）刀圈打刃呈锯齿状（蹦刃）

在围岩较硬的情况之下，刀圈普遍比较容易出现打刃现象。如果刀圈钢材的质量较硬、发脆，在其切削岩石时也容易发生这种现象。当只有 1 个或 2 个滚刀出现这种情况时，一般是由于 TBM 操作人员在某个行程的初始阶段，当滚刀与围岩接触时推进速度太快、掘进推力太大、刀具与围岩碰撞时所造成的。不管哪种情况，在刀刃掉落不太严重、不影响其切削岩石的能力时，可以继续使用，不作更换。当刀刃掉落比较严重时，一经发现就需要马上进行更换。

（5）刀体发热、漏油

这主要是由于刀体的内部轴承已经损坏所致。这种情况一经发现就需要马上进行更换。

（6）刀圈断裂、滑脱（移位）

当 TBM 滚刀的刀圈断裂以后，刀圈就不能正常切削岩石，其很容易从转动轴上脱落下来，TBM 的掘进推力就会明显增大，液压和电机系统的负荷加重，正常掘进会受到影响。这主要是由于刀圈安装时温度控制不好、刀圈安装得太紧，或者是 TBM 初始掘进速度太快、刀具与围岩剧烈碰撞所致。这种情况发生以后，需要马上对该刀具进行更换。对于刀圈移位造成的问题，要注意刀圈挡环的焊接牢靠性检查。

(7) 刀体密封圈掉(脱)落

这种现象主要是由于刀具在组装时安装得不太到位，以及密封圈焊接不牢所致。另外，在 TBM 掘进时，当刀盘转速设置得太大时也可造成这种情况的发生。当发现有密封圈掉落时，刀具工可以在刀盘内部对它们进行补装，而不需要拆卸下来进行维修。如果发现刀圈已经错位或者脱落，就需要马上对其进行更换。

(8) 一般的性损坏

TBM 的双刃刀一般情况均因为转动轴承损坏，则需要进行更换，而且一经发现就必须马上对其进行更换，如果更换不及时，容易发生连锁反应，使 4 个双刃刀会同时损坏掉，损失惨重。而边刀一般因为频繁调向，瞬时受力较大且不均匀，容易将刀具磨损为多边形，这就需要 TBM 操作人员在调整 TBM 掘进方向的时候，首先应当停止 TBM 向前推进，或者放慢掘进速度，然后再调整方向，即可有效地减缓边刀的磨损程度。

3) TBM 刀具检查管理制度和刀具更换原则

刀具工在生产实践中扮演着十分重要的角色，他们不仅仅是对 TBM 的机头进行日常的清理、维护、更换破损刀具和铲斗刮板，确保 TBM 的正常掘进，更重要的是他们的工作直接关系着 TBM 的使用寿命，以及工程掘进费用的多少。

在此这里将 TBM 刀具工在日常工作中需要特别重视的一些管理制度列出。

(1) TBM 刀盘每天进行清理，一方面将依附在刀具刃口和铲斗刃口的岩土清理掉，减少岩粉进入浮动油封的几率；另一方面可以检查刀盘、刀具及铲斗刮板的磨损程度。在维修时间较短、人员缺乏等特殊情况下，将刀具刃口及铲斗刃口对称清理、掏挖几个，以保持刀盘的运转平衡。

(2) 每天检查所有刀具的固定螺丝，对松动者及时拧紧，对丝扣损坏的螺丝及时更换。检查每一个刀具的轴承是否能够转动，如果转动不畅，则更换该刀具总成。检查轴承时，使用专门工具进行转动或用手试其温度，当轴承转不动或比其他刀具的温度高时，该轴承肯定坏了，必须更换这个刀具。

(3) 边刀每天检查、量测，当它们的磨损程度达 10~15mm 时，须及时进行更换，以免 TBM 开挖出的隧洞洞径变小，会将 TBM 机身卡住或发生调向困难，影响 TBM 的正常掘进，另外也会导致铲斗刮板磨损严重。

(4) 该更换的刀具一经发现就立即更换，否则该刀具削切、挤压围岩的能力降低以后，势必导致其周边相邻刀具削切、挤压围岩的负担加重，时间一长这些与之相邻的刀具也会损坏，如此恶性循环下去，许多刀具会同时一次性损坏掉，将给施工造成很大的经济损失。

(5) 因为边刀比面刀所使用的钢材耐磨强度较高，刀刃更厚，而且价格也高，所以一般情况下两者不混装，如果面刀装在边刀处，易损且不耐磨，寿命缩短；而边刀装在面刀处，价格明显偏高，两种情况均不经济。但更换下来的边刀可以安装到面刀的位置继续使用。面刀一般要求磨损程度达到20~25mm,在岩石没有磨到刀盘面以前即需要更换。

(6)当更换了新刀具以后,需及时告知TBM操作人员,在首次掘进时需放慢推进速度,使刀盘面上的刀具缓慢接触岩石。因为此时刀具边缘不在同一个平面上,新换上的刀具较突出,与掌子面围岩上旧的痕迹也不相配,推进速度较快时就会很容易将新装的刀具损坏掉。

(7)当铲斗刮板磨损严重时,须及时更换,一则有利于TBM出渣,二则可以防止磨损刀盘。如果补装不及时,铲斗刮板的底座会因磨损严重而变形,将导致补装困难,并且TBM出渣将不很通畅,驱动电机的负荷也会加重,直接影响到TBM的正常掘进。

(8)TBM掘进时,如果发现岩石较软,而TBM电机的电流较大而且不稳定时,可能是刀盘里的进渣口或者传送带的下料斗已经被岩渣逐渐堵住,此时需要停机进行检查和清理。在岩石含水量不大的情况下,用手动风镐清理;如果岩石含水量较大,用高压水枪进行清洗。不论是哪种情况均要将清理出的岩渣及时转出刀盘,以防止岩渣再次沉积堵塞刀盘。

(9)当围岩较硬、TBM掘进较困难时,TBM操作人员需将刀具喷水打开,一则除尘,二则使刀盘和刀具降温,从而延长刀具的使用寿命。另外视围岩的硬度,每掘进5~10个行程,TBM操作人员必须停机,让刀具工进机头里对刀具进行检查,对破损刀具进行及时更换。

(10)岩石较硬且更换边刀时,禁止采用钻爆扩挖边刀区域办法,虽然更换容易,但凸出的刀尖掘进后很快遇到坚硬岩石,极易因猛烈冲击作用,造成边刀异常损坏。

(11)在非检修期,TBM刀具工就将各种使用工具、各类型刀具及各种零配件准备就绪,TBM机头一出现问题就马上着手处理,不至于临阵时手忙脚乱,浪费宝贵的掘进时间。

二、液压控制技术

液压技术是基于帕斯卡定律(Pascal Law),以有压流体(压力油)为介质,来实现能量传递和自动控制的一种应用技术。液压传动传递动力大,运动平稳。液压技术可应用在需要传递高功率及负载运动需要精确控制的场合。

对于液压系统来说,压力和流量是两个基本参数。液压系统的压力是由负载来确定的,而流量是系统重点要控制的变量。流量与压力的乘积为功率。因此,对这两变量进行控制,关系到系统的功率利用率问题。

下面以负载敏感控制技术为依据,论述液压系统功率、效率及控制问题,并以实例加以说明。

1. 负载敏感技术原理

负载敏感技术,就是将负载需要的压力、流量与泵的压力、流量相匹配,以最大限度地提高系统效率的技术。要提高系统效率,一方面,需要将负载的压力与泵的输出压力相适应;另一方面,泵的输出流量正好满足负载运动速度的需要。此外,还需要实现待机状态的低功耗。

实现负载敏感控制的系统由下列元件组成:负载敏感变量柱塞泵1,速度调节元件(节流阀)2,压力传感元件(梭阀)3。

在柱塞泵1上有压差控制阀4和压力控制阀5。压力控制阀用来限定泵的最高工作压力P_{max}。负载的驱动压力P_1,通过梭阀3反馈到泵的控制口X,压差控制阀4用来设定泵的出口与执行元件(油缸)进油口之间的压差ΔP。从而,执行元件的运动速度取决于节流阀2的开度[节流阀的流量关系式确定$Q=f(A,\Delta P)$]。即在此系统中,节流阀和压差控制阀共同组成了一个调速阀。

只要 $P_1 \leqslant P_{max} - \Delta P$，无论负载怎么变化，泵提供的流量能始终与负载的要求相适应，而泵的输出压力为 $P_1 + \Delta P$。

这样，液压系统的效率（不计入泵的效率及执行元件的效率）为 $P_1/(P_L + \Delta P)$。

当系统未工作且处于待机状态时，负载压力 $P_L = 0$，系统的待机功率损耗为 $\Delta P Q_P$。其中，Q_P 为泵的泄露和控制流量损失。

采用负载敏感技术的优点是系统的输出压力及流量直接取决于负载，可以大大提高系统的功率利用率。

2. 结论

随着变量泵的应用，负载敏感控制技术在现代液压系统中得到广泛应用，特别是变量泵和各种比例阀件的组合，使得液压控制越来越精确。

负载敏感控制有以下特点：

(1) 负载敏感控制技术能提高系统的效率，并节能。

(2) 运用负载敏感控制技术可以消除系统的溢流损失，泵源的流量输出可与负载的流量要求完全匹配。

(3) 在不考虑泵源的容积效率情况下，负载敏感系统的效率是与变量柱塞泵的压差控制阀的设定压力有关。

三、润滑系统控制技术

润滑分为油润滑和脂润滑，而 TBM 掘进机采用油、脂两种润滑方式。

1. 油润滑原理

以重庆轨道交通 6 号线两台 TBM 主轴承润滑为例，该掘进机主轴承润滑系统由泵站、进回油路、滤芯等组成。在掘进过程中润滑流程为密封冲洗→密封润滑→大小齿轮润滑。

2. 脂润滑

TBM 掘进机上的传动机构、转动机构及其密封大部分采用脂润滑，脂润滑在掘进机各副运动中比较普遍，所以就不作详细介绍。润滑良好可以防止各种卡滞，保持运动副运动平顺和密封严谨。

3. 润滑的重要性

众所周知，机械设备在运转过程中，润滑系统必不可少。润滑系统发挥了良好的效应，减少润滑点胶合几率，可延长机械设备使用寿命，提高设备利用率，降低维修或更换成本。

4. 润滑过程中注意事项

在润滑主轴承的过程中，主司机应注意压力、温度、流量、油位、电流、滤芯状况以及断路器状态的显示变化。

四、TBM 油水检测及设备监测

TBM 是一台机电液集中控制的设备，TBM 的油水检测及设备状态监测至关重要。正确地选用 TBM 各系统油品及时进行油水检测、油液金属磨损监测和采用先进的检测仪器进行状态监测与故障诊断,是 TBM 设备管理工作中非常重要的工作。

1. TBM 油水检测及状态监控管理制度

针对 TBM 这种大型设备制定详细的油水检测及状态监控管理的各项制度,指导 TBM 的检测和状态监测工作的开展。

现场设立专人负责的油水检测人员进行日常油水检测和状态监测,并采用专用仪器定期对各大型设备的油水及振动等进行现场实时检测,及时收集掌握各设备的运行状况和运转参数,确立按需检测和视情维护的原则,实时把握及评估各设备的机况。

根据检测结果对设备各系统的隐性故障作出准确的超前预测,对各种检测报表、诊断数据资料进行管理,并进行统计分析,对设备的日常维护工作提出具有针对性的意见。

根据先易后难、由简入繁的原则,对 TBM 关键部位(如主轴承)等设备的油品的色泽、油位和黏性以及磨粒情况进行初步判断和并作必要的理化指标分析,依据异常情况的决断进行后续精密分析,包括对油品进行铁谱分析、用振动测试仪进行振动测试分析以及液压系统测试等。

根据此制度并结合施工单位的设备情况及施工实际情况制订严格的检测管理制度,根据相关国家标准(如旋转机械国家标准、油液换油标准)及设备状况制订故障诊断和状态监测各项标准,并不断修正。

根据监测分析结果,组织实施设备的油品更换或维修保养计划,制订油料等材料和配件的采购计划。

建立关键设备的监测档案,及时填报各类设备状态监测报表,并通过网络给大型设备运行监测中心传输和汇总各种监测数据,依据劣化趋势对检测设备作出客观评估。

油品采购。必须符合机械使用说明书规定的油品牌号(或允许代用的相应油品的牌号),禁止采购牌号不明的油品。油品运输时必须防止水分、杂质混入,防止阳光曝晒。严格各类油品加注和多级过滤制度,杜绝加错油、混用油错误。

油品储存防止轻组分蒸发和氧化变质,装至安全容量,减少气体空间,减少与铜和其他金属接触,减少与空气接触,尽量密封储存,防止进入水和杂质等,以免造成油品变质,防止各种油品混合以及容器污染而变质。由专人负责废旧油品的回收利用及处理,严禁随地乱倒。

取样的正确工况。进入油品的磨粒、杂质多以有机化合物、胶状悬浮物和自由颗粒形态存在,一部分挂于管路内壁,一部分存于油中,油处于静态时还有一部分沉淀于油箱底。设备必须运转 30min 以上,在运转中或刚停机情况下取油,以保证颗粒处于悬浮状态。

取样部位。取样部位应取在回油管路上,即取在摩擦副之后、滤清器之前。若无法取,则只有在油箱加油口处抽取。

取样规范。取样部位一旦确定,就要相对固定下来,以后每次抽取都应保持原位置,以免造成分析误差。同样,停机后取样的时间也要固定,取样的程序一定要规范,并把每台设备的油品使用部位及名称、加油点和取油点,每个加油点油品牌号、生产厂家、所加油品的数量、规定的换油周期、设备运行小时、用油时数等进行规范化。

取样工具和取样量。必须用专用的取样工具取油,油样瓶和取样管均为一次性用品,用最严密的包装,用后废弃。每次每种油液取样量应定在 200mL,便于作各种项目分析。

取样频率。参考工程机械的取样频率,TBM 和盾构等大型设备的运转初期,酌情增加取样次数,正常运转第一次换油后,主轴承的取样频率暂定 7d(建议改为 50 循环)取油一次,对于各液压系统,在第一次换油之前,取样频率暂定为30h;在第一次换油之后,在正常磨损阶段,取样频率定为50h。其他部位通过类比和实验确定。

原始记录,为使分析原始可靠,取样的原始记录必须准确无误。内容包括单位、部位名称、油品牌号、取样日期及取样时的设备运转情况等。

对于TBM这种大型重要设备,一般的油样要保存一个月,重要部件的油样,如主轴承和液压系统的油样要保存到工程结束(每个换油周期内至少要保存4个油样),以作为故障分析的资料以及作为与生产厂家进行设备状况讨论分析的原始依据。

TBM设备的关键系统需要开展油液磨屑检测分析,采用PALL便携式分析装置进行污染度分析(过滤器法),采用铁谱分析及光谱分析技术对润滑油中磨损颗粒的成分、数量、尺寸分布和形貌进行跟踪监测和统计分析,以便及时准确地诊断机械以及零部件的磨损程度和磨损性质,判断和预报机械的技术状态和故障趋势,为预防修理奠定基础。

油液理化性能指标检测分析。润滑油的理化性能指标为粘度、油性或极压性、闪点、粘度指数、酸值、水分、凝点、灰分、泡沫性质及机械杂质等。通常现场主要检测运动粘度、水含量及机械杂质即可,设备下场时对于长时期使用的油品,是否更换,需要慎重化验氧化特性后再做决定。

为使油品分析准确可靠,必须对检测数据按规定表格进行记录,并保证原始记录准确无误。各理化性能指标及污染度实测结果等检测数据要记录。

通过油质分析,发现润滑油理化性能指标及污染情况下降到报废更换标准时,由检测人员填写换油通知单,由机电总工审核签发给维保作业班组,维保作业班必须按换油通知单规定品牌,在规定期限内更换在用的油品。

换油制度采取以按质换油为主,按期换油为辅,两种制度结合进行。在换油周期到时,经油质检测还可使用,可以继续使用,但要对该润滑油进行跟踪监测。

综合采用各种先进的监测手段,按照制订的检测周期对设备重要和关键的系统、总成的各种性能参数和故障诊断参数进行监测,以期达到故障预报和控制的目的。

2. TBM主要监测控制的项目及内容

主轴承:机内仪表参数监测、油液磨损分析、电涡流遥测装置监测滚子、滚道的磨损、振动信号监测轴承元件和损伤状况、通过预留孔口,用内窥镜观察滚子和滚道的损伤情况,掘进时严密观察主轴承唇形密封油脂分配阀处脉冲次数和唇口油脂挤出情况。

主驱动系统迷宫式密封:目视监测迷宫密封处液体流动状况及润滑脂流量,通过油样监测,监测油中杂质和水的侵入情况。

刀盘齿轮箱及大齿圈:与主轴承监测方法基本相同(机械故障听诊器更为实用)。

主液压泵站:振动检测、听诊器故障监测、压力监测、流量监测、噪音监测、温度监测和液压油油质检测。

主驱动电机:振动检测、听诊器故障监测和温度监测辅之以绝缘度检测。

锚杆钻机:控制盘仪表参数监测、振动检测、温度监测,液压系统监测方法同主液压泵站。

各类吊机:振动检测,液压泵站监测方法同主液压泵站。

翻车机:振动检测,液压泵站监测方法同主液压泵站。

皮带机、卸渣装置:液压驱动系统监测方法同主液压泵站,红外测温仪监测驱动液压马达,监测驱动液压马达壳体回油压力;机械故障听诊器、噪声计监测皮带滚筒驱动液压马达噪声。

混凝土输送泵:振动检测、听诊器故障监测、压力监测、温度监测和液压油油质检测。

混凝土喷射机械手:仪表参数,监测驱动马达回油压力、回油泄漏量、表面温度场变化、噪声变化。

供水系统:电动机监测方法同主驱动电机,水泵监测壳体表面温度、噪音、振动参数。

台车和常规设备主要监测控制的项目及内容:油水质量监测以及生产厂家要求的各项检测。

常用的检测技术:感官检查诊断技术;温度检测技术,分为常规测温技术和红外测温技术;无损检测技术,使用工业内窥镜;性能参数趋势检测技术,检测的参数主要有压力、转速、流量、温度、频率、振动量、电压、电流阻值、功率、沉降量等;油样检测分析技术,分为磨损残余物检测和润滑剂状态监测,监测手段采用污染度、运动粘度、水分、机械杂质、斑点、铁谱、光谱等化验分析技术。

3. TBM大型设备运行监测现场主要的检测技术及要求

1)温度

设备在运转过程中密切注意其温度传感器及温度计等的显示,工地检测站再配备一台红外测温仪,根据工地所采用设备的实际情况,向生产厂家了解其允许的温度范围,定期对各受控设备进行温度检测。

2)振动

各旋转设备在运转时,故障出现前都会有故障初期振动特征信号产生,对各特征信号进行采集、处理并分析,便会大大提高故障预报的准确率。在进行设备振动诊断时,采用 HG-3518 数据采集仪,可实现设备状态参数(振动加速度、速度、位移)振动波形的现场采集与分析,并与计算机结合,可对各种故障信号进行处理,早期预报及诊断。设备的振动具有加速度、速度、位移三个描述参量,通常基于振动的设备运行状态判定标准相应地有加速度、速度、位移标准。由于低频时的振动强度由位移值度量,中频时的振动强度由速度值度量,高频时的振动强度由加速度值度量,在进行轴承与齿轮部件的中频与高频振动时,一般采用速度判断与加速度判断,选用能够客观地评定振动大小的绝对单位制(即 MKS 制)进行状态评估,速度 v 的单位以 m/s 表示,加速度 a 的单位以 m/s^2 表示。

根据旋转机械振动诊断的国际标准 ISO2373,结合各大型设备在实际施工中的本身技术要求、不同的工况与现场多次测试的结果给予修正,制定出了企业标准,以便提高设备的诊断能力,减少设备故障的发生。

3)油水检测技术

对油液主要采用运动粘度、水分、机械杂质、斑点、污染度等化验分析技术,关键设备油样还须用到铁谱、光谱化验分析技术。

4)听诊器技术

根据设备运转的噪音来判断设备的动运行状况。此法需要责任心,定期听诊,逐渐积累故障频域,简单易操作,准确率比较高。

依据日常检测监视中发现的不正常现象和通过对设备状态监测数据的统计分析以及对重

要设备系统磨损规律和故障发生趋势的研究,每周对设备关键系统的故障发生可能性和发展趋势预报一次。

每月应对各种油品检测数据以及其他监测数据进行统计分析,由机电总工主持召开机况分析会,检测人员和负责维护的技术人员共同进行机况的分析及故障预测,根据分析结果写出机况分析报告。

检测人员依据各项检测数据以及机械设备的结构特点、性能及操作、维修保养的特殊要求,判断出故障隐患,并与维修工程师、维保工人一道,以不拆卸或局部解体的方法,借助于仪器测定,找出故障原因及准确部位,将故障原因、诊断依据和处理建议等写成报告,并将报告发给负责工程师、机械总工和公司领导审批。

五、TBM 维修保养计划

1. 可供选择的维修模式

在设备发生故障或有故障迹象时,操作人员必须立即停机,并报告维修保养工程师,由维保工程师安排维修处理并做好每次维修记录和开会分析故障原因。维保工程师处理维修中大致分为以下几种模式:

(1)临时维修:该方式主要是为了保持 TBM 掘进进度,只有当这种故障对设备影响不大的时候,可以安排这种方式暂时处理,并另外安排利用其他停机时间进行彻底处理维修。这种方式为灵活安排处理模式,该方式对维保工程师管理要求高。

(2)彻底维修:当故障对设备的影响较大时,就需要使用这种模式进行维修。该方式缺点是停机时间长,停机造成生产损失大。

(3)按需提前维修:这种模式是最重要也是最难的,此模式做好了,既保证了施工进度又做到了处理故障。此模式需要维保人员每天对设备的检查保养,然后根据检查结果进行提前维修。此模式的优点是不影响掘进时间。

2. 保养(检查)模式

保养工作以保为主、以保带养。保养内容主要是检查、清洁、紧固、调整、润滑、防腐,亦称"十字作业法"。

保养工作根据 TBM 各个设备的运行情况来制定保养计划。制定例行保养(日检)、周保养(周检)、月保养(月检)和季保养计划,并安排专人负责落实,并做好每次记录;对不同的设备的作用和运行情况分别归类到例行保养(日检)、周保养(周检)、月保养(月检)和季保养;必要时对特别设备的特殊情况安排时间保养维护。

总之,硬岩掘进机(TBM)的利用率和设备的完好率取决于设备的维修保养。只有设备做好了维修保养,才能更好地利用硬岩掘进技术(TBM)来稳定并持续满足工程需要。硬岩掘进机(TBM)的维修保养必须贯彻"养修并重,预防为主"的原则,采用日常巡检保养和定期停机维修保养相结合,以日常保养为主、停机维修保养为辅的方式进行。

第十一章　总结与展望

第一节　总　　结

本书以重庆轨道交通 6 号线为依托，全面阐述了 TBM 的设备组成、分类、选型及国内外的发展历程，并辅助典型工程案例加以介绍，对 TBM 在城市轨道交通中的应用作了系统的研究探讨，论述了 TBM 过站、施工支护、下穿建(构)筑物、浅埋段施工、小间距施工、工程组织筹划、施工过程控制及防排水等多项关键技术。TBM 在重庆轨道交通 6 号线的首次应用，开创了我国城市轨道交通工程采用岩石掘进机施工的先河，在重庆轨道交通(集团)有限公司的精心组织下，设计、施工、监理、科研及监测等单位经过近 3 年的不懈努力，取得了一批创新成果，指导了重庆轨道交通 6 号线 TBM 的设计与施工，并通过该工程的实际应用，为总结我国城市轨道交通 TBM 施工技术奠定了基础。在重庆轨道交通 6 号线一期工程中，敞开式 TBM 充分发挥了其掘进速度快、安全、优质、环保的技术特点，TBM 最快月掘进速度达 862m，最快日掘进速度达 47m，完全达到了设计的预期目标。重庆轨道交通 6 号线二期工程地质条件与一期基本相同，但局部线路埋深较浅，隧道通过填土及破碎带段，地层特点为"上软下硬"，为更加适应线路地质特点，在总结一期工程成功经验的基础上，首次提出了复合式 TBM 的概念及其相关设计方案，既能适应较完整的岩质地层，又能适应不均匀的或相对较差的软弱地层，进一步拓宽了 TBM 的选型范围及适用领域。

(1)城市轨道交通工程采用 TBM 施工，不仅拓宽了 TBM 的应用领域，而且实现了我国城市轨道交通岩石地层修建技术的突破。

岩石地层中修建轨道交通工程，常规的钻爆法因对居民扰动大、施工风险高、污染环境等缺点，难以适应城市轨道交通快速度、大规模修建的需要。本项目结合重庆的地层地质情况，首次在重庆轨道交通工程中采用 TBM 施工，施工中切实做到：①施工对围岩的扰动少，洞内施工人员及地面构筑物安全得到了保障；②无爆破，方便出渣，施工过程环保无污染；③开挖断面光滑，施工质量好；④工厂化作业，文明施工；⑤施工快速、高效，缩短了建设工期。TBM 在重庆轨道交通 6 号线的成功应用，开创了岩石地层中轨道交通工程快速、安全、环保建设的新理念。

(2)论述了敞开式(复合式)TBM 施工轨道交通隧道的衬砌结构形式及参数。

岩石地层城市轨道交通工程区间机械化施工,宜优先采用敞开式 TBM 及复合式 TBM 施工技术。本文详细介绍了敞开式 TBM 在城市轨道交通工程中的结构设计方法、隧道衬砌断面及支护参数、掘进技术参数的选择、后配套及运输方式的选择以及始发和接收设置等;详细介绍了在城市轨道交通应用中复合式 TBM 结构设计内容及设计方法、复合式 TBM 掘进机工作参数、复合式 TBM 后配套及运输方式的选择、复合式 TBM 始发及接收设计等。

(3)论述了与车站施工相协调的 TBM 过站方案及与 TBM 区间隧道配套的新型"TBM 车站",辅以动态调整的过站预案,形成了成套的 TBM 过站技术,填补了国内 TBM 过站技术的空白。

城市轨道交通工程具有站间距普遍较短的特点,与 TBM 快速、长距离掘进的特点相冲突,从而注定了 TBM 过站技术将成为 TBM 在轨道交通工程应用中的一大特点和难点,也是必须处理好的重要环节。如果过站问题处理不好,不但可能导致 TBM 快速掘进的优势无法发挥,还会对车站的施工造成很大干扰,处理不当将会严重影响建设工期。本文针对不同施工方法、不同站台形式及不同施工阶段的车站,以"掘进速度快、相互干扰少、安全可靠、节省工期"为原则,提出 TBM 掘进、步进、半掘进等过站方案;针对轨道交通施工场地狭小、施工控制因素多的特点,提出了 TBM 的组装、转场及拆卸方案;针对车站施工受控因素多、施工进度慢的特点,提出了 TBM 过站预案,根据现场实际情况动态调整过站方案。现场施工表明,合理的过站技术确保了 TBM 的快速掘进,最大限度减小了对车站的影响,保证了工程的顺利实施。

为保证 TBM 的快速掘进要求,TBM 尽量不要在洞内停机等待,车站形式作出相应的调整优化,以适应 TBM 施工通过的要求,TBM 掘进可与车站修建尽量相互结合,相互辅助,特此提出了"TBM 车站"这一新型的车站形式。

(4)针对城市建(构)筑物的保护要求,结合地质及线路埋深情况,论述了 TBM 下穿建(构)筑物掘进技术,最大限度地减小了对建(构)筑物的扰动,确保了洞内施工及地表建(构)筑物的安全。

城市轨道交通工程区间隧道下穿城市建(构)筑物是难以避免的,保证建(构)筑物的安全是城市轨道交通施工的难题之一。

收集学习现有的国内外隧道下穿建(构)筑物设计、施工资料,深入研究建筑物的变形机理及控制变形措施,针对 TBM 施工影响区域、TBM 下穿建筑物的控制因素(工程地质和水文地质条件、空间位置关系及既有建筑物结构的现状评价)、TBM 下穿施工对建筑物的影响判断准则、TBM 下穿建筑物的控制标准、TBM 下穿建筑物的处理方法等内容进行了研究和界定。

对 TBM 在施工过程中可能产生影响的建筑物进行数值模拟分析,确定既有建筑物对区间隧道的影响及区间隧道施工时对既有建筑物的影响大小,据此给出合理的区间隧道衬砌支护参数及既有建筑物的保护措施,以达到安全、快速地通过建筑物影响区段。对于下穿建筑物段,设计施工中采用了超前管棚+小导管注浆的预加固方案及早强喷混凝土支护,掘进中调整 TBM 参数,减小推力,控制掘进速度。TBM 下穿构筑物的掘进技术保证了区间隧道顺利通过浅埋构筑物地段。

(5)区间隧道两线小间距并行地段,采用 TBM 小间距掘进技术,方便了线路敷设,保证了小间距隧道的安全、快速建成。

对于城市轨道交通中的小间距隧道,通过设置 TBM 步进段,选择适合于 TBM 掘进的净岩层厚度,掘进中遵循"先上后下"的次序,控制下部掘进的推力及速度,减小两管隧道的相互影响,保证了小间距隧道的安全、快速建成。

(6)结合轨道交通特殊的技术要求,TBM 区间隧道结构的防水设计应遵循"以防为主、刚柔并济、多道防线、因地制宜、综合治理"的原则,根据地形地质条件,在适当排水不会对地面建筑、交通、水利设施、居民生活等造成影响的前提下,可采取"防排结合"措施。

TBM 隧道防排水技术是确保工程质量的关键技术之一,是实现结构物功能的重要保障。TBM 开挖面光滑,开挖轮廓圆顺,这为防水设施的敷设创造了良好的条件。但由于城市轨道工程站间距小、附属洞室多、断面变化频繁的特点,加之 TBM 施工的防排水要求,如敞开式 TBM 施工的初支防水、结构自防水、薄弱环节防水及墙脚排水,复合式 TBM 的管片防水、接缝防水等,使得 TBM 施工隧道的防水技术尤为复杂和重要。

(7)小半径、大坡度区间隧道掘进技术的应用,确保了在不同线路条件下 TBM 的快速掘进,使得 TBM 在轨道交通工程中具有更为广泛的适应性。

TBM 作为集开挖、出渣、支护、衬砌、通风、进料等为一体的大型综合机械设备,以往在山岭及水工隧洞施工中,其转弯半径及线路纵坡均受到严格控制,且转弯半径均较大。城市轨道交通由于其运行速度较低,车站间距小,地表及地下建(构)筑物控制条件较多等因素,小半径、大纵坡的线路很常见。经过研究得出:①TBM 掘进机设备相关参数及线路曲线要素(最小曲线半径、最大线路纵坡)之间的关系;②为适应轨道交通线路平、纵断面的特点,TBM 设备制造过程中进行了针对性的配置,施工中调整设备相关参数,确保了特殊地段的顺利掘进。

(8)TBM 施工过程中的相关控制、测量导向、通风及配套技术。

TBM 施工控制、测量导向、通风、始发接收及其相关配套等技术是其安全、快速掘进的重要保障。本文以重庆轨道交通 6 号线 TBM 试验段工程为依托,通过对 TBM 施工过程中具体工程案例的介绍,推广展开,详细阐述了城市轨道交通工程施工中 TBM 步进、掘进、测量、导向、通风、拆机、保养及设备管理等相关关键技术。

综上,本文各项研究成果在实践中均得到了良好的验证和成功的应用,TBM 在国内轨道交通领域的首次成功应用,获得了社会各界的广泛好评,取得了良好的经济和社会效益。采用 TBM 掘进施工,不仅安全、环保、优质、快速、高效,拓宽了 TBM 设备的应用领域,丰富了我国城市轨道交通隧道的修建技术,提高了岩石地层城市隧道的修建技术水平和施工工艺,也为岩石地层城市地下工程的修建技术提出了发展方向。

第二节 展 望

城市轨道交通是解决城市交通拥堵最有效的交通方式,具有节能、环保、快捷、高效的特点,因而在各大城市得到了飞速发展。目前,中国已成为世界上城市轨道交通发展最迅速的国家,截至 2012 年年底,中国内地已有 17 座城市拥有 64 条运营线路,总运营里程达 2008km;运营、建设及规划发展城市轨道交通的城市总数已达到 53 座,总规划线路超过 400 条,总规划里程超过 13000km,城市轨道交通建设的发展前景十分广阔。随着城市轨道交通建设规模的不断扩大,以岩石地层为主的城市轨道交通工程将大量出现,为硬岩掘进机提供了广阔的应用前景。

硬岩掘进技术（TBM）的引进和推广，提升了岩石隧道及地下工程修建的技术水平。TBM从上世纪八十年代由国外引入国内后，在水利、铁道、市政等多个领域得到应用，先后建成了秦岭、磨沟岭、桃花铺铁路隧道等数座交通隧道及一大批长大水工隧道。重庆轨道交通6号线首次在国内城市轨道交通建设中采用TBM施工，实现了硬岩掘进技术在城市轨道交通工程领域的突破，取得了一批创新性研究成果及珍贵的工程实践资料，可为青岛、宁波、大连等以岩石地层为主的国内其他城市轨道交通工程建设提供有益的借鉴和参考，也可为一些采用TBM施工技术的山岭及水工隧道提供类似的工程经验和技术帮助。同时，TBM应用领域还可以进一步拓宽至其他市政工程、市政管网、市政排水隧道等的建设中，以提高其修建技术水平、降低施工风险。因此，随着时代发展和技术进步，工程建设环境、建设要求及建设水平不断提高，我国未来硬岩掘进技术的应用领域将十分宽广。

硬岩掘进技术（TBM）对于带动相关产业发展及重要部件的国产化具有重要意义。硬岩掘进机是集机、电、液及自动控制于一体的先进大型设备，设备费用较高，技术复杂，相对于国内地下空间工程领域的快速发展，硬岩掘进机技术国产化的发展比较滞后。现阶段掘进机能够实现国产化的只是技术含量相对不高的部分，如盾壳、后配套等，其核心部件如主梁、主轴承、电控部分、动力部分、刀具等核心技术仍未完全掌握。因此，以城市轨道交通工程建设为依托，充分利用已有的工程经验，借鉴国外TBM制造与施工应用等方面的先进经验和技术，逐步提高硬岩掘进机的国产化进程，进而自主研发生产掘进机并建立自己的掘进机工业体系，是硬岩掘进技术发展的另外一个方向。同时，TBM生产横跨机械制造、液压电气、自动化控制等诸多行业，对炼钢、计算机、测量、零部件等生产加工行业具有明显的带动作用，TBM产业的发展必将推动我国工业化领域相关产业的发展。

可以相信，通过广大工程技术人员及相关各行业的共同努力，TBM施工技术在我国必将得到进一步的推广和应用，无论是TBM设备制造技术，还是城市轨道交通工程的岩石地层TBM修建技术，将随之得到更大的发展。

展望未来，TBM的应用前景将更加广阔。

参考文献

[1] 王梦恕,等.岩石隧道掘进机(TBM)施工及工程实例[M].北京:中国铁道出版社,2004.
[2] 张照煌,李福田.全断面隧道掘进机施工技术[M].北京:中国水利水电出版社,2006.
[3] 吴波,阳军生.岩石隧道全断面掘进机施工技术[M].合肥:安徽科学技术出版社,2008.
[4] 铁道部工程管理中心.西安—安康铁路秦岭隧道 TBM 掘进施工技术总结[M].北京:中国铁道出版社,2004.
[5] 钱七虎,李朝甫,傅德明.全断面掘进机在中国地下工程中的应用现状及前景展望[J].建筑机械,2002.
[6] 王占生,王梦恕.TMB 在不良地质地段的安全通过技术[J].中国安全科学学报,2002.
[7] 关宝树,等.地下工程概论[M].成都:西南交通大学出版社,2001.
[8] 刘赫.秦岭特长隧道 TBM 设计与施工[J].山西建筑,2000.
[9] 关宝树.隧道工程设计要点集[M].北京:人民交通出版社,2003.
[10] 关宝树.隧道工程施工要点集[M].北京:人民交通出版社,2003.
[11] 关宝树.隧道力学概论[M].成都:西南交通大学出版社,1993.
[12] 仇文革.地下工程近接施工力学原理与对策的研究[D].成都:西南交通大学,2003.
[13] 张镜剑.TMB 的应用及其有关问题和展望[J].岩石力学与工程学报,1999.
[14] 张虎发.隧道掘进机(TBM)在工程施工中的应用研究[J].城市地铁理论,2011.
[15] 贾春年.TBM 在隧道掘进中应用[J].矿山压力与顶板管理,1999.
[16] 水利部科技推广中心.全断面岩石掘进机[M].北京:石油工业出版社,2005.
[17] 孙钧,侯学渊.地下结构[M].北京:科学出版社,1994.
[18] 谢和平,陈忠辉.岩石力学[M].北京:科学出版社,2004.
[19] 尹俊涛,尚彦军,傅冰骏,等.TBM 掘进技术发展及有关工程地质问题分析和对策[J].工程地质学报,2005.
[20] 刘明月,杜彦良,麻士琦.地质因素对 TBM 掘进效率的影响[J].石家庄铁道学院学报,2002.
[21] 徐书林,傅冰骏.推广应用隧道掘进机,促进我国地下空间开发[J].建筑机械,2002.
[22] 于新宏,陈永彰,严凯.TBM 掘进技术的发展与展望[J].水利水电工程造价,2003.
[23] Pelizza,P. Grasso,徐书林.TBM 法隧道掘进综述[J].建筑机械,2002.
[24] 张民庆,李建伟.TBM 在软弱围岩中施工技术研究[J].铁道工程学报,2002.
[25] 高海宏.敞开式硬岩掘进机在软弱围岩中的施工技术[J].隧道建设,2002.
[26] 王忠诚,王晓.深埋长隧洞不良地质洞段 TMB 施工对策[J].海河水利,2003.
[27] 李文芳,毕守森,张劲,等.TMB 用于特殊地质条件下长隧洞施工的研究[J].人民黄河,2003.
[28] 陈秋南,等.隧道工程[M].北京:机械工业出版社,2007.
[29] 张镜剑,傅冰骏.隧道掘进机在我国应用的进展[J].岩石力学与工程学报,2007.
[30] 祁志,宋宏伟,贾颖绚.全断面掘进机的应用现状与发展前景[J].建筑机械化,2002.

[31] 刘孟山,刘得用.秦岭特长隧道TBM施工工程经济分析简介[J].铁路工程造价管理,2006.

[32] 张镜剑.长隧道中隧道掘进机的应用[J].华北水利水电学院学报,2001.

[33] 韩小鸣.TBM与钻爆法隧洞开挖方式的选择[J].山西建筑,2003.

[34] 刘丽萍,谢冰,金中彦.钻爆法与全断面掘进机修建地下隧洞的比较[J].山西水利科技,2000.

[35] 刘春.关于修建乌鞘岭隧道采用TBM的可行性分析[J].铁道工程学报,2002.

[36] 李玲.从施工机械化角度谈TBM施工之利弊[J].西部探矿工程,1997.

[37] 宋天田.TBM应用与施工技术研究[D].绵阳:西南科技大学,2005.

[38] 吴庆鸣,周小宏,等.推进TBM在我国的应用及产业化[J].建筑机械,2004.

[39] 詹与,黄柏洪.支撑式TBM与双护盾式TBM在设计选型中的比较[J].现代隧道技术,2009.

[40] 茅承觉.全断面岩石掘进机(TBM)选型探讨[J].建设机械技术与管理,2006.

[41] 刘春.秦岭1线隧道TBM施工初始阶段的体会和认识[J].世界隧道,1998.

[42] 魏忠良.TBM的进场运输[J].隧道建设,2002.

[43] 陈馈.隧道掘进机产业化及发展方向[J].铁道工程学报,2007.

[44] 段晓晨,张小平.TBM掘进工时利用率动态优化系统研究[J].铁道学报,2000.

[45] 魏忠良.硬岩掘进机刀具消耗分析[J].隧道建设,2004.

[46] 王洁.TBM在不同特性硬岩中的掘进速度[J].隧道建设,2002.

[47] 黄柏洪.岩体全断面隧洞施工技术及支护方案研究[D].南京:河海大学,2006.

[48] 茅承觉.全断面岩石掘进机(TBM)在大伙房水库输水隧洞工程中的应用[J].建设机械技术与管理,2006.

[49] 杜士斌,杜业彦.大伙房水库输水隧洞施工中TBM作业方案的论证与实践[J].水利水电技术,2007.

[50] 魏文杰.中天山隧道TBM法掘进同步衬砌施工技术[J].隧道建设,2009.

[51] 李文芳,毕守森,等.TBM用于特殊地质条件下长隧洞施工的研究[J].人民黄河,2003.

[52] 李文芳.TBM施工隧洞溶洞处理相关技术探讨[J].岩石力学与工程学报,2003.

[53] 王树勋.磨沟岭隧道TBM在不良地质中掘进的探讨[J].隧道建设,2002.

[54] 陈建华.隧洞出渣、材料运输方案设计决策支持系统研究[D].武汉:武汉大学,2004.

[55] 韩广有,等.大伙房水库输水工程隧洞连续皮带机出渣技术[J].水利水电技术,2006.

[56] 黄广星.探索引进TBM设备劳动施工组织管理的尝试[J].建筑机械,2006.

[57] 张奎.杨维训.隧道掘进施工作业机械配套技术[J].山西建筑,2007.

[58] 李培忠.柴永模.秦岭隧道TB880E掘进机及配套设备[J].世界隧道,1998.

[59] 曹催晨.TBM掘进机在引黄工程中的应用[J].科技情报开发与经济,2007.

[60] 唐志林,曲长海,等.大伙房水库输水工程隧洞连续皮带机出渣技术[J].水利水电技术,2006.

[61] 崔原.青海引大济湟调水总干渠工程引水隧洞TBM[J].建筑机械,2006.

[62] 曾有孝,等.引洮供水工程总干渠长隧洞工程设计及TBM施工方案论证[J].甘肃水利

水电技术,2006.

[63] 毛拥政,张民仙,宋永军.引红济石工程长隧洞TBM选型探讨[J].水利与建筑工程学报,2009.

[64] 彭道富.西康铁路秦岭特长隧道Ⅰ线出口段TBM施工[J].现代隧道技术,2001.

[65] 赵文华.TB880E掘进机在各类围岩中掘进参数的选择[J].铁道建筑技术,2003.

[66] 吴晓志.中天山隧道TBM掘进效率影响因素分析[J].铁道建筑技术,2009.

[67] 冉贤厚,张荣山.全断面掘进机在天生桥二级水电站的应用[J].岩石隧道工程技术,2006.

[68] 吴世勇,王鸽.锦屏二级水电站TBM选型及施工关键技术研究[J].岩石力学与工程学报,2008.

[69] 胡永占.西秦岭特长隧道TBM施工地质条件分析研究[J].山西建筑,2009.

[70] 杨维九.莱索托高原调水工程[J].南水北调与水利科技,2004.

[71] Gertsch R, Gertsch L, Rostami J. Disc Cutting Tests in Colorado Red Granite: Implications for TBM performance prediction, International Journal of Rock Mechanics & Mining Sciences, 2007.

[72] M Sapigni, M Berti, E Bethaz, TBM performance estimation using rock mass classsifications. International Journal of Rock Mechanics and Mining Sciences, 2002.

[73] Thuro K, Plinninger RJ, Spaun G. Orilling. Blasting and Cutting-Is It Possible to Quantify Geological Parameters Ralating to Excavatability. In: JLvgn Rooy, CA Jermy. Engineering Geology for Developing Countries-Proceedings of 9th Congress of the International Association for Engineering Geology and the Environment. Durban South Africa, 2002.

[74] Okubo S, Fukui K, Chen W. Expert System for Applicability of Tunnel Boring Machines in Japan[J]. Rock Mechanics and Rock Engineering, 2003.

[75] Gong Q. M, Zhao J, Jiang Y. S. In situ TBM Penetration Tests and Rock Mass Bore Ability Analysis in Hard Rock Tunnels[J]. Tunneling and Underground Space Technology, 2007.

[76] Gong Q M, Zhao J, Jiang Y S. In situ TBM Penetration Tests and Rock Mass Bore Ability Analysis in Hard Rock Tunnels[J]. Tunneling and Underground Space Technology, 2007.